辛格非 著

辛勤格物知是非
——清史探微集

中华书局

图书在版编目(CIP)数据

辛勤格物知是非:清史探微集/辛格非著. —北京:中华书局,
2024.12
ISBN 978-7-101-16616-3

Ⅰ.辛… Ⅱ.辛… Ⅲ.中国历史-研究-清代 Ⅳ.K249.07

中国国家版本馆 CIP 数据核字(2024)第 095448 号

书　　名	辛勤格物知是非——清史探微集
著　　者	辛格非
书名题签	辛　旗
责任编辑	白爱虎
执行编辑	殷　芳
特约编辑	郑再帅
装帧设计	刘　丽
责任印制	陈丽娜
出版发行	中华书局
	(北京市丰台区太平桥西里 38 号　100073)
	http://www.zhbc.com.cn
	E-mail:zhbc@zhbc.com.cn
印　　刷	河北新华第一印刷有限责任公司
版　　次	2024 年 12 月第 1 版
	2024 年 12 月第 1 次印刷
规　　格	开本/920×1250 毫米　1/32
	印张 11⅝　插页 7　字数 300 千字
国际书号	ISBN 978-7-101-16616-3
定　　价	88.00 元

作者简介

辛格非（1988—2021）

满族，北京人。中共党员。故宫博物院宫廷历史部原状陈列组馆员。2011 年 7 月毕业于中国人民大学历史学院，获学士学位，同年 9 月保送到清史研究所攻读研究生；2014 年 7 月毕业于中国人民大学清史研究所边疆民族史专业，获硕士学位。其间，师从北京市文史研究馆馆员、著名满语专家爱新觉罗瀛生先生研习满语文，并参加中国社会科学院民族文学研究所满语文学习班。2014 年 7 月入职故宫博物院，从事文物保管、 陈列与研究工作。出版学术著作及参编书籍有《满语口语音典》（合作整理，华艺出版社，2014 年）、《八旗·八旗》（特约编辑，上海社会科学院出版社，2016 年）、《满通古斯民族语言研究：朝克学术思想评论》（特约编辑，学苑出版社，2017 年）、《清恭王府研究》（特约编辑，学苑出版社，2019 年）。发表学术论文十余篇。

参加寿康宫后殿东稍间布展

于故宫午门东雁翅楼留影

与清史专家杨珍教授合影

与同事验收故宫奉先殿用椅

参加沈阳故宫调研

参加清东陵考察调研

与同事参观《西域回响——新疆古代舞乐文物展览》

参加清东陵考察调研

目　录

序

格非的《清史探微集》即将由中华书局出版,格非父亲辛旗、母亲张琳请我作序。我与辛、张是几十年的挚友,其间不乏以文会友之雅,亦偶有酒酣耳热之时。于格非虽无师徒之名,却有传道解惑之谊。二位既请我作序,又何敢辞?

我长期从事清史研究,母亲祖辈皆为京旗,故对满族史情有独钟。辛旗祖上则为满族世家,对清朝史事乃至家族秘辛均能娓娓道来。在辛旗悉心培育下,格非自幼即对文史产生浓厚兴趣,十年寒窗,焚膏继晷,遂以优异成绩考入中国人民大学历史学院,并相继获取学士、硕士学位。我与格非开始熟悉,缘于2011年举办的海峡两岸首届"满学与清史研究研习营"。营员共20位,两岸各推选10位。其中,格非年龄最小,而她良好的学养、丰富的学识,谦和文静的仪表,都给营员们留下深刻的印象。格非的学位论文题为《清代蒙古旗人史地学探究》,对硕士生而言,这题目颇有难度。辛旗嘱我为格非作些辅导,而格非导师张永江教授又是我的好友,故欣然应承,从此开始我们之间的学术交往。格非毕业后进入故宫博物院工作,每有新作,常送我指点,我亦不揣冒昧,或妄加点窜。教学相长,其乐也融融。

格非工作后,工作繁忙,仍积极参加各项学术活动。其中给我印象最深的,就是她参加满文碑刻的读碑小组一事。我的弟子关笑晶博士毕业后,在北京社会科学院满学研究所就职。自 2015 年起,她于每周三下班后组织了满文碑刻的读碑小组,我对她的创意非常支持。格非是最早"招募"到的成员。一起读碑的都是清史、满学界的年轻翘楚。我多次与会,与年轻学者交流互动,获益多。格非下班后要赶到北四环中路的满学所,路途较远,但她每次都是准时到场。小组开会,安排在晚上 6 点半开始。按照惯例,由笑晶事先准备碑刻拓片,每次由一位会员主讲碑文翻译和释读,然后集体讨论。记得有一次格非主讲,题目是乾隆《七佛幢》满、汉、蒙、藏四体碑。碑立于北海永安寺,乾隆四十二年(1777)乾隆帝御制并书写,碑文内容是介绍释迦牟尼在内七位佛祖的偈语,以及弘历本人对七佛偈的理解。释读这通碑文,不仅需要坚实的满文功底,还要具备深厚的佛学底蕴。格非为此作了认真准备,在对满汉碑文进行转写、对译、翻译、注释的基础上,结合"乾隆题字青玉七佛图钵"等十几件故宫文物,对御制碑文的历史背景和文献价值进行了深入解读。格非有关佛学与文物学知识的熟稔,以及将文献研究与文物鉴赏熔为一炉的研究方法,令在座者叹服。

　　格非《清史探微集》,共收入论著 9 篇。《清代蒙古旗人史地学探究》是 2014 年完成的硕士学位论文。清朝统治的基本特点是二元体制,即以八旗制度管辖满洲人以及早期归附的东北诸族,以州县制度治理中原汉人。八旗组织包括满洲、蒙古、汉军三个部分,其中,蒙古旗人为数最少,相关研究也比较滞后。清代虽是史地学研究的集大成阶段,前人研究却鲜少关注蒙古旗人在其中的作用。格非此文,以蒙古旗人的史地学研究为视角,将两个专题的薄弱环节熔接在一起,加以系统研究,堪称慧眼独识。论文对蒙古旗人史地研究的代表性成果、学术背景、阶段性发展及特点作了系统考察,指出在清代科举文化、儒家诗书传家观念的熏陶下,蒙古旗人中涌现出了一批汉文著作家和满、蒙文翻译家。其中最突出的成果当数史地学著述。作者将蒙古旗人的史地学研究划分为四个时期：康雍乾嘉年间是兴起期，道咸年间是兴盛期，同治年间为低谷期，光宣至民国初年为复兴和转型期。认为蒙古旗人的史地学研究之所以首重西北史地，与其在边疆要员选任方面具有一定优先权有关，同时也是为了满足清廷巩固北部边疆的政治需求。而蒙古旗人与汉人文士的互相切磋以及家族成员的代际交流，也促进了史地研究的发展，并为晚清西北史地学的兴起起到奠基作用。该文资料充实，论述系统，视野开阔，立论严整，集中体现了格非研究的基本风格。

《〈称赞大乘功德经〉金铭版本考》一文，以考古资料为主，将金铭与应县木塔出土的辽藏中纸质印刷版的《称赞大乘功德经》，与应县木塔出土的辽代单刻经《释摩诃衍论通赞疏卷第十》《释摩诃衍论通赞疏科卷下》等经卷加以比勘，考察金铭的真伪、雕刻的年代及版本特点。是一篇将佛学与版本学、考古学结合的精审之作。

《调和儒家文化与西方文化的尝试——浅论满族人德沛之哲学思想》一文，则以德沛为个案，研究宗室贵族与西方宗教的关系。德沛是宗室贵族中外任封疆大吏的第一人。袭封和硕简亲王。他奉教在康熙末年，教名若瑟，妻子也领洗入教，名玛利亚，女名保辣。在宗室贵胄中，他是率先领洗的一位。当时西方耶稣会士供奉于内廷者多娴习满语，与贵族接触往还尤为容易。德沛是天潢贵派的佼佼者，平生淡泊名利，笃志于学。年轻时袭封镇国公，后让爵于兄德普，自己入西山潜心读书凡三十年。平生著述颇多，品行学问均为时人推重。当时宗室贵族无不妻妾成群，天主教却规定不准纳妾，这无疑是贵族人家皈依入教的障碍之一。关于德沛其人其事及奉教始末，史学泰斗陈垣先生《雍乾间奉天主教之宗室》一文已有精详考证。格非的研究另辟蹊径，在确认德沛确实具有天主教徒身份的前提下，重点探讨德沛天主教信仰与中华传统思想的调和、德沛的格致之学与西方近代科学之间的关系。陈垣先生曾考证德沛遵守教规，终生不纳妾。格非则援举《爱新觉罗宗谱》等一手资料，证明德沛纳有三妻两妾。进而指出，德沛虽皈依天主教，但他的伦理观仍是传统儒家的"三纲五常"，而非上帝设定的行为规范。格非的这一结论，是其研究贯彻科学求真精神的一个例证。这对正确理解清前期满洲精英对于中华文化与西方文化的真实态度和接受程度，对正确理解中华文化与西方文化之间的辩证关系，均有启迪。

《清代帝后谥号与宫廷政治格局变迁》一文，研究清朝帝后谥号。谥号是帝制时代生者对死者一生功绩和道德的最终评价。《逸周书·谥法》曰："谥者，行之迹也；号者，功之表也。"谥法制度源于夏商到西周时期。清朝谥法制度，既延续了明朝制度的基本内容，又带有鲜明的满族特色。格非此文就清朝帝后谥号的基本内容、特点，及其与政治格局变迁之间的关系作了深入研讨。

《乾隆帝〈岱庙汉柏图〉的历史文化意义》一文，重点研究乾隆帝御制《岱庙汉柏图》与泰山祭祀乃至中华传统文化间的关系。泰山为五岳之首，别称岱岳、岱宗。祭泰山之庙称泰庙、东岳庙、岱庙，主祭"东岳泰山之神"，也是古代帝王举行封禅大典之所。岱庙始建于汉代，唐、宋年间举行大规模扩建，后经金、元、明、清历代扩建，形成规模宏大的建筑群。乾隆帝尊崇泰山，一生东巡、南巡，十一次登临泰山，十次拜谒岱庙。岱庙中古柏，世传系汉武帝登封泰山时手植。乾隆帝第三次南巡，绘制《岱庙汉柏图》并撰文赋诗勒碑，之后谕令制作与《岱庙汉柏图》相关的玉器、缂丝等工艺品。

格非此文,努力探究乾隆帝这一行为背后的原因以及历史文化内涵,指出其目的既是昭示天下清朝统治尊奉历代王朝之正朔,也是为了彰显清帝"受命于天"的合法性。这是一篇以小见大、多重举证的论文。

此外,格非的《满语口语音变试析》(合著)、《巴尔堪、巴赛二事小考》、《清朝皇帝大婚与文化交流融合》等文,各有专攻。限于篇幅,不再一一评述。

综上所述,可见格非在短暂的学术生涯中已取得丰硕成果。其特点,一是研究范围广泛,涉及历史、语言、宗教、绘画、碑刻、文物等多个领域;二是研究方法科学,尤其是将文献研究与文物研究、考古研究相结合的方法,正是对史学泰斗王国维先生所倡导的"二重证据法"的成功实践。如果天假以年的话,格非在史学研究的出色造诣是完全可以预期的。

2021年10月,一位与笑晶和格非共同参加满学研习营的台湾朋友许富翔(现任吉林师范大学副教授)来京,笑晶为给富翔接风,邀约格非一同见面。格非爽快答应,还说约见那天正好是她33岁生日。正值疫情期间,几位朋友不便出行,最后就只有笑晶、格非、富翔三位到场。格非随身带去故宫出品的"雍正皇帝行乐图"文件夹,作为送给朋友的礼物。三人不禁回忆起满学研习营俗称"黄埔一期"的往事。席间谈到要好好锻炼身体,增加抵抗力,要熬过漫长的疫情。笑晶跟格非提议,日后一起去地坛体育馆打羽毛球。格非高兴地满口应承。这次聚会,笑晶事先已说定自己买单,谁知格非却乘隙偷偷把单买了。她待友之真诚,据此可见一斑。我当时住在怀柔,当晚,笑晶就通过手机把他们欢聚的情况告诉给我,同时传来三人的自拍照。此前好久,我已得知格非患病的消息,疫情期间一直担心她的病情。看到照片上格非灿烂的笑容,心中的隐忧一下子消散，并为他们的欢聚感到由衷的高兴。孰知两天之后，即接到格非撒手人寰的噩耗。格非鲜活的生命和灿烂的笑容，就永远定格在这张照片中。

格非不仅学问做得好，人品亦很端庄，待人真诚，重然诺，乐助人。有同学请她帮忙在故宫图书馆查找档案，总是热情相助。格非自入职故宫起，每届年末，必将新版故宫年历寄给我。从第一册开始，迄今已积累厚厚一摞。睹物思人，白发人送黑发人，悲怆之心油然而生。一颗闪亮的星星划破天际，她把爱永远留给被她爱过，并且永远爱她的人们心间。希望格非著作的出版，将鼓励更多的年轻学子在治学之路上砥砺前行。是为序。

刘小萌

2023 年 10 月 6 日

于怀柔龙山

（刘小萌，中国社会科学院近代史研究所研究员，博士生导师。）

静美格非

（代序）

　　转眼秋凉，案头上格非的《清史探微集》书稿已静置逾月，是该交出序文的时候了。四十年来以书为伴，砚田笔耕，已是常事，琐思随想，形诸笔墨，也早成习惯。为人作序，本非著述，无须精思竭虑，何以踌躇踯躅，迁延至今？实在是因为心境黯然，触目伤情，难以起笔。悼念之作，滴沥心血，古今皆然。

　　三年大疫期间，痛失数位挚爱师友，虽然他们并非染疫而殁。最令人痛惜的，莫过于伤逝格非。以其年在韶华，人生正当奋翮高飞之时，而竟中道陨落，痛哉！2011年，格非从我读清史，攻清代边疆民族史方向学位，印象中还是老友刘小萌教授介绍的。小萌教授是著名清史、满族史专家，与格非父亲辛旗先生是同学和故交。我只知辛家是满族名门，其余则不甚了了。入学以后，日夕授读，了解渐多。三年研究时光，格非读书问学，极其专注，日无虚度。不仅自寻门径，参与满语的学习和研究，还请我审读修改她的大学毕业论文，即收入文集中的《〈称赞大乘功德经〉金铭版本考》。续又独立选题，研究清朝宗室德沛的信教问题，成《调和儒家文化与西方文化的尝试——浅论满族人德沛之哲学思想》一文，因见解新颖，很快就发表在故宫博物院主编的《故宫学刊》上，硕士生尚未毕业，即在专业期刊上发表研究论文，实不多见。表现出她的史学研究极好的天分和潜质。毕业论文选题，我征求她的意见，仍愿致力八旗研究，于是建议她研究八旗蒙古人的史地学成就，以赓续我三十多年前未竟的八旗蒙古史研究工作。格非愉快地接受了这一建议，并以极大热情投入到研究工作中，很快就拿出了既往学界的研究综述和关联八旗的文献资料索引。论文稿成，竟有11万字之多。资料丰富、文理顺畅，颇得师生好评，被推为优秀论文。鉴于格非硕士阶段的成绩和良好学术潜质，私意冀望她硕博连读，再进一步，后考虑到她的健康状况，征求其家人意愿后只能遗憾放弃。但在工作选择上，我仍建议她到学术单位，期待她在将来条件允许的情况下再攻读博士学位。她到故宫博物院工作，应该是包含着这一考虑。她工作之后，也常有交流，偶尔我去故宫开会或参观，必约其见面，并嘱与其同在宫廷部工作的同门师兄多加关照。即便是在疫情肆虐之时，她还两次来家中看望我，告以近况。

格非性格娴静，甚至有些忧郁，待人接物，举手投足，洵有大家闺秀之风范。先后同学，均爱称其"格格"，她虽不恼，但能看出并不喜欢这一称呼。私意揣测，她虽出身满族世家，但因为种种原因，内心里并不以此身份为荣。

"立德、立功、立言"，古人谓之"三不朽"，人生得其一足矣！格非生命短暂，但学术上收获甚丰。面前这部沉甸甸的文集，承载并延续着她生命的价值与意义。她的学术旨趣，大致可分为满语与清史两个领域。清史研究集中在八旗文化、人物、宫廷制度方面，牵涉到八旗史、宫廷史、中西文化交流、口述史及蒙古史等多个专门领域。满语研究则集中在语音流变上，分析满语口语音变的产生与发展。在总结满语口语音变情况的同时，指出满语口语音变对满语学习的重要性，对于当下保存与发展满语以及与汉语普通话的对比研究有所借鉴。此外，其学术发轫之作《〈称赞大乘功德经〉金铭版本考》，也独具慧眼，补辽代佛经研究之不足。文集所收文章，从辽史到清史，从语言学到历史学，从口述史到文献学，纵横出入，足见其学术视野之开阔，涉猎问题之广泛，亦可概见一个青年学者的学术抱负。假以时日，一个才华横溢的满学、清史专家自必养成，信不虚也。奈何天妒英才，夺我格非？！然则人寿有尽，文章生命无穷。清代学者赵瓯北云"书有一卷传，亦抵公卿贵"，今其学术已传，格非有知，当含笑九泉矣。

人生天地间，本属偶然。生命或长或暂，更难测度。要之无愧于天地父母、人间社会，如此虽逝犹生，音容宛在。忽忆起年少时初读印度泰戈尔《飞鸟集》，有"生当夏花之绚烂，死如秋叶之静美"之句，以之比况格非的人生和事业，可谓恰切。

"谁念西风独自凉，萧萧黄叶闭疏窗，沉思往事立残阳。"伊人已逝，空留我等凌乱于风中。

张永江

2023 年 10 月 12 日深夜

序于京师旧火器营之博望斋

（张永江，中国人民大学清史研究所教授，博士生导师。）

清代蒙古旗人史地学探究

绪　论

一、选题

1.选题的由来及意义

中国史地学的传统源远流长。司马迁之"究天人之际,通古今之变,成一家之言",即是对史地学最精炼的解释。"究天人之际"即言观察人类与宇宙自然的关系,也就是传统意义上的天文地理。"通古今之变"即把握人类社会发展的规律,即历史学。古人从观察自然和自身的过去中总结出经验规律作为人类生存发展的指南。因而传统意义上历史和地理学水乳交融,不分彼此。四部分类法中地理类也归入史部。从古代的《禹贡》《山海经》《穆天子传》《史记》《汉书·地理志》等早期著作算起,中国史地学已经发展了数千年。清代是中国史地学集大成阶段,史地成果有传统的官修全国性地理志著作《大清一统志》以及史地研究著作《天下郡国利病书》《肇域志》《读史方舆纪要》《日下旧闻考》等。清代西北史地学较前代尤为繁荣。随着西北统一而来的中国疆域拓展及鸦片战争以来的边疆危机刺激着王朝士人的神经,西北史地一直是清朝学人的学术热点,由此产生了龚自珍、魏源、张穆、何秋涛等汉族士人著名者。在学术史领域,清代西北史地学,尤其是道光以降的西北史地学成为清史和史学史研究者关注的重点。梁启超《中国近三百年学术史》中赞誉为"道光间显学",称张穆、祁韵士、何秋涛为"以边徼或域外地理学名其家者"。[①] 然而研究者们似乎忽视了对史地学,尤其是西北史地学做出较大贡献的清朝统治阶层的一员——旗人群体,尤其是蒙古旗人。

蒙古旗人群体主要分布在八旗满洲和八旗蒙古中。"八旗蒙古",既是清代八旗制度的重要组成部分,也是清代蒙古民族中的重要成员。八旗蒙古的源流可以追溯到努尔哈赤时代。后金天命六年(1621),史书上开始出现蒙古牛录(niru)的记载,[②] 天命七年(1622),出现蒙古旗(gūsa)的记载,[③] 至少在天聪三年(1629)已有蒙古二旗。[④] 嗣后,由于蒙古归附日众,皇太极遂于天聪九

[①] 梁启超:《中国近三百年学术史》,北京:东方出版社,1996年,第347页。

[②]《满洲实录》卷七《太祖大宴群臣》(国学文库第九辑,1934年,第156页,中国人民大学图书馆藏)记载:"凡应用之物皆备,以聪古图公主,妻古尔布什,赐名青卓礼克图。给满洲一牛录三百人,并蒙古一牛录,共二牛录授为总兵。"《皇朝藩部要略》卷一,第15页,亦有类似的记载。

[③]《满文老档》第四十册,天命七年三月二十九日条记载:"我思自喀尔喀前来之诸贝勒编为一旗。我念尔等来归,故编尔等为二旗。尔等若以为分旗难以度日,愿与诸贝勒和睦相处,友好度日,我更喜悦之,即如尔蒙古国父子兄弟,亦无异也。我之八家,如同一家,我亲生之诸子与贝勒等携来之诸子,同其爱养,不有歧视。"(北京:中华书局,1990年,第369页)赵尔巽:《清史稿》卷二二九《明安传》亦有关于蒙古旗的记载:"(天命)七年二月壬午,明安及同部贝勒兀尔宰图、锁诺木、绰乙喇札尔、达赖、密赛、拜音代、噶尔马、昂坤、多尔济、顾禄、绰尔齐、奇笔他尔、布颜代、伊林齐、特灵,喀尔喀部贝勒石里胡那克,并诸台吉等三千余户,驱其牲畜来归,授三等总兵官,别立兀鲁特蒙古一旗。"(北京:中华书局,1977年,第9272页)

[④]《清朝开国方略》卷十二,太宗文皇帝条记载:"颁赍将士银两、缎衣,总兵官武纳格率蒙古两旗兵攻取固安县,尽歼其众。"(台北:文海出版社,1967年,第296页)

年（1635）于八旗满洲之外，以内外喀喇沁蒙古壮丁7830名为主干，合以原隶八旗满洲之下的一部分"旧蒙古"兵丁，编立了八旗蒙古。①

八旗蒙古与八旗满洲、八旗汉军统称为旗人。旗人的政治地位相比民人要高，嘉庆帝曾言："八旗为本朝根本。"② 有清一代"不分满汉只论旗民"。清代蒙古旗人以其特殊的身份优势和政治地位多为朝廷治边。蒙古旗人因传承其祖先的民族记忆和语言天赋产生了对边疆向往的心理。很多人通过科举或从征入仕，位至将军、参赞大臣，戍守边疆，保家卫国，为维护中国边疆稳定和巩固多民族国家统一做出了杰出的贡献。他们不仅从实践上保卫国家，还在学术上有所创见，其中的一些人注重实践经验的总结，著书立说，为后人留下大量的历史、地理学著作，繁荣了中国的史地学。以往对清代西北史地学研究的学人们往往关注魏源、龚自珍、祁韵士、徐松、张穆等汉人士大夫，但忽略了影响祁韵士、徐松走上治西北史地之学道路的学术奠基人松筠。博明、拉锡、法式善、和瑛、壁昌、松筠、柏葰、崇彝、延清、升泰、奉宽等蒙古旗人的历史、地理著作在西北史地学术史研究中同样受到了忽视。因此对蒙古旗人的历史、地理学贡献的梳理研究尤为迫切重要。

本文将以蒙古旗人的史地学作为研究对象，探析蒙古旗人史地创作与历史事件、时代思潮、清朝官方政治方略、自身身份认同之间的互动关系。将蒙古旗人史地学放在满、蒙、汉民族文化交流中考量，以此探讨民族意识与文化的关系。同时，也为下一步探讨

---

① 《清太宗实录》卷二二，天聪九年二月丁亥，北京：中华书局，1985年，第865—866页。
② 《清仁宗实录》卷二二五，嘉庆十五年二月乙未，北京：中华书局，1985年，第32335页。

包括史地研究在内的蒙古旗人的文化贡献做一些方法上的实验。

2. 论文所涉及的研究对象及界定

（1）我们这里所说的清代是指从 1644 年清军入关开始，到 1912 年清帝逊位为止，考虑到延续性，本文中亦包含部分民国时期的蒙古旗人及其创作。[①]

（2）蒙古旗人，是清代八旗的重要组成部分。它与八旗蒙古的概念既有联系也有区别。如前所述八旗蒙古创立于后金末年，脱胎于隶属满洲的蒙古旗分。八旗蒙古编立之后，满洲旗分内仍有相当数量的蒙古人。故蒙古旗人既包括八旗蒙古人（也就是八旗中属于蒙古旗分的旗人），也包括满洲旗分中的蒙古人（属于满洲旗分但是先辈是蒙古旗分后被抬旗入满八旗的人或具有蒙古姓氏被编入满洲旗分的旗人）、内务府旗人中的蒙古人。

恩华《八旗艺文编目》有言："清初编八旗时，凡为满人、蒙人、汉人者，固编入满、蒙、汉各旗。然当时每因故或后来之改定，不尽依原籍编制。故编中凡称满洲、蒙古、汉军，一以著作者所隶之满、蒙、汉各旗为定，初不敢以其籍而强指也。拘墟之诮，所不敢辞。"[②]

本文依恩华所言，不以旗分划分，而以研究对象是否具有蒙古姓氏和源自蒙古部落为依据，旗籍是否隶属蒙古旗不作为绝对单一标准。

（3）史地学，是研究一定空间区域内历史和地理状况的学问。

[①] 学术界普遍认同的观点是清代是从皇太极崇德元年（1636）改国号为清开始，到 1912 年清帝逊位结束，如刘小萌《满族从部落到国家的发展》。笔者界定的有清一代是二十五史王朝史的观点，始于清朝入关。

[②] 恩华纂辑，关纪新整理：《八旗艺文编目》例言，沈阳：辽宁民族出版社，2005 年，第 1 页。

本文研究的蒙古旗人的史地学内涵稍广，不同于传统的史地学和现代意义上的历史地理学，而是既包括历史学（含金石学），亦包括历史地理学。

其中历史学是指研究人类社会的发展过程及其规律的学问。传统历史学的内涵也包括现代考古学的前身——中国传统的金石学。历史地理学是现代概念，是研究历史时期地理环境及其演变规律的学科，它是地理学的分支学科，又与传统的沿革地理研究有密切关系。传统沿革地理历来是史志体史书的组成部分。因中国历史地理学与历史学有着深厚的渊源和紧密的联系，故本文将历史地理学和历史学并为一类统称史地学。研究资料范围基本上等同于四库全书的史部一类。《钦定理藩院则例》《钦定回疆则例》这类在当时不具有历史意义的政书在研究中因其具有特殊的历史价值也被归为史地学类。

本文尤其关注蒙古旗人的边疆史地研究。边疆史地学是研究边疆地区历史地理的学问，那些以研究边疆地理为主，以地系史的著作才是边疆史地著作（边疆这一概念参见马大正先生的《中国古代的边疆政策与边疆治理》。边疆既是一个历史概念，又是一个地理概念）。边疆史地研究所指的地域涵盖西北边疆（今新疆地区、西藏地区、内外蒙古地区）、西南边疆（今云贵川民族地区）、东南海疆以及东北地区。

二、研究现状

1.旗人历史学

祖先出于西北游牧地区的蒙古旗人对西北的历史比一般的满洲、汉军旗人和汉人要更为熟悉。他们与边疆有着紧密的情感联系，加之蒙古旗人出任边疆大员的比例较高（理藩院、边疆大员的蒙古缺较多），他们对一些蒙藏问题的认识比其他群体要更为丰富、深刻。因此清代蒙古人,尤其是蒙古旗人的历史地理研究(特别是边疆史地研究)著述较多,贡献较大。清中期边疆危机出现后,边疆史地学兴起。对于晚清边疆史地学学术脉络梳理,学者主要关注魏源、龚自珍、祁韵士、徐松、张穆等汉人士大夫的研究,但忽略了博明、拉锡、法式善、和瑛璧昌父子、松筠、柏葰、崇彝、延清、升泰、奉宽等蒙古旗人的历史、地理著作。为此对蒙古旗人的历史、地理学贡献的梳理研究尤为迫切重要。

对蒙古旗人历史、地理学术贡献的群体研究至今没有一部系统全面的研究著作。吴丰培著,马大正整理的《吴丰培边事题跋集》①中对部分蒙古旗人的某些边疆史地著作,尤其对有泰、升泰等关于西藏地区的著述做了简要的评介。学界对蒙古旗人史学贡献的研究非常薄弱,仅有对某部具体学术著作的零星研究,多数为介绍性的文章。王钟翰的《书〈道咸以来朝野杂记〉后》②介绍了崇彝的生平与《道咸以来朝野杂记》的主要内容,并校订了原稿与中华书局点校本的讹误脱漏,有较高的文献学价值。祁龙威从翰林院清秘堂故事,释《清秘述闻三种》书名之由来,并从科举制度变化反映出清代的兴衰,评估其价值。文章对《清秘述闻》的内容和体例并未进行研究③。还有的研究仅把《清秘述闻》作为统计史料应用,如冯建民的《清代乡、会试考官的地域分布状况研究——基于〈清秘述闻〉的统计》④。

---

① 吴丰培著,马大正整理:《吴丰培边事题跋集》,乌鲁木齐:新疆人民出版社,1998 年。
② 王钟翰:《书〈道咸以来朝野杂记〉后》,《史学集刊》,1986 年第 1 期。
③ 祁龙威:《读〈清秘述闻三种〉札记》,《扬州师院学报(社会科学版)》,1994 年第 4 期。
④ 冯建民:《清代乡、会试考官的地域分布状况研究——基于〈清秘述闻〉的统计》,《教育学术月刊》,2011 年第 11 期。

对蒙古旗人舆地学贡献的研究成果,多集中在边疆史地方面。受关注较多的为和瑛、松筠、柏葰、国璋等人。

2. 史地学研究

和瑛与《三州辑略》

学界对于清中期边疆史地学者和瑛与松筠的研究最为丰富,学者主要关注和瑛的《三州辑略》。最早对《三州辑略》进行全面研究的是吴丰培先生。他认为"此书为新疆地方志之一,仅次于《西域图志》和《新疆图略》,与《伊犁总统事略》前后之作"[①]。可见此书之重要地位。吴先生还认为此书独具编修特色,二十一门类中"农制、流寓、艺文三门最有特点"[②],为以后的其他志书开创了一个先例:"官制……较诸《新疆图志》中仅记自道员而止,则为详备。流寓一门则属创设……均属戍边之员,暇当增补,以完宿愿。艺文一门……收了罕见之作。"[③]贾建飞的《清代西北史地学研究》和郭丽萍的《绝域与绝学:清代中叶西北史地学研究》都认为《三州辑略》在编目上参照官修志书的规范并加入农制、流寓、艺文三类,开地方志编修之先河。

高近和靳焱对现存《三州辑略》不同版本(抄本、刻本)的内容,尤其是将不同版本《三州辑略》的"艺文门"作了对比,认为新疆大学图书馆的十卷本《三州辑略》抄本是最完整、价值最高的史料。[④]新疆师范大学的研究生张雁翔利用文献学的方法,追溯该书

① 吴丰培著,马大正整理:《吴丰培边事题跋集》,第215—216页。
② 吴丰培著,马大正整理:《吴丰培边事题跋集》,第215—216页。
③ 吴丰培著,马大正整理:《吴丰培边事题跋集》,第215—216页。
④ 高近、靳焱:《〈三州辑略〉版本研究》,《伊犁师范学院学报(社会科学版)》,2010年第3期。

关于哈密史料的来源，并阐述了该书在文献史中的价值、地位。①
徐玉娟的硕士学位论文《〈三州辑略〉吐鲁番史料研究》讨论了《三
州辑略》中关于吐鲁番的史料，通过与清代西域方志的比较，探讨
其史料的来源、特点、不足和影响，认为《三州辑略》补充了《大清
一统志》《回疆通志》《西陲总统事略》等官修史料的不足，也成为
晚清边疆史地学资料的重要来源，具有较高的学术价值。②

松筠

对松筠著作的研究主要集中于《西陲总统事略》和《钦定新疆
识略》的编纂过程。这方面研究较为系统，但研究参考的史料和松
筠的其他著作不丰富，因此研究不够全面、深入。

白·特木尔巴根《松筠和他的〈厄鲁特旧俗纪闻〉》③对松筠的
生平和主要著作作了梳理，对《西陲总统事略》中的《厄鲁特旧俗
纪闻》内容作了简要介绍，没有分析松筠的编纂研究方法和评价该
书的价值。

贾建飞《论松筠与晚清西北史地学的兴起》④认为松筠是晚清
西北史地学兴起的奠基人，其组织徐松等编撰的《西陲总统事略》
是晚清西北史地学兴起的标志，在其影响下掀起了一股研究西北
史地的热潮。但对松筠的著作以介绍为主，缺乏系统深入的分析
对比。刁美林《徐松为〈钦定新疆识略〉作者补证——兼谈清人的

① 张雁翔：《〈三州辑略〉之哈密史料研究》，新疆师范大学硕士学位论文，
　　2012 年。
② 徐玉娟：《〈三州辑略〉吐鲁番史料研究》，新疆师范大学硕士学位论文，
　　2012 年。
③ 白·特木尔巴根：《松筠和他的〈厄鲁特旧俗纪闻〉》，《内蒙古师大学报（哲学
　　社会科学版）》，1983 年第 4 期。
④ 贾建飞：《论松筠与晚清西北史地学的兴起》，《中国边疆史地研究》，2004 年
　　第 1 期。

著作权意识》①从徐松为戴罪之身、道光帝的权术、徐松为松筠幕宾三个方面对徐松为《钦定新疆识略》真实撰者这一学界公认的史实进行补证,并初步探讨了以徐松为代表的清代学人的著作权意识问题,但未论及松筠对该书的补充以及《钦定新疆识略》与松筠其他著作的关系。

国璋

对晚清时蒙古旗人国璋的地理著作进行研究的有蓝勇和姜丽蓉两位学者。

蓝勇的《近代三峡航道图编纂始末》②探讨了近代意义上的三峡航道图的编纂过程,认为近代多数三峡航道图在测量技术和编纂体例上既运用了西方的测量技术,又延续了中国编纂方法和体例。作者在文中专门介绍了《峡江图考》的版本和体例。他在另外一篇文章《三峡最早的航道图——峡江图考》③中对国璋的生平、《峡江图考》的内容及编纂过程作了介绍,并评价了该书的历史地理学价值和水利上的现实意义。姜丽蓉的《三幅重庆府治全图的比较》④介绍了包括国璋的《重庆府治全图》在内的三幅重庆府地图(另两幅为张云轩的《重庆府治全图》和刘子如的《增广重庆舆地全图》)的年代、大小、范围等基本信息。这份资料被蓝勇征

---

① 刁美林:《徐松为〈钦定新疆识略〉作者补证——兼谈清人的著作权意识》,《北方文物》,2013 年第 1 期。

② 蓝勇:《近代三峡航道图编纂始末》,《近代史研究》,1994 年第 5 期。

③ 蓝勇:《三峡最早的航道图——峡江图考》,《文献》,1995 年第 1 期。

④ 姜丽蓉:《三幅重庆府治全图的比较》,《中国古代地图集(清代)》,北京:文物出版社,1997 年。

引,并在《古代重庆城市地图与重庆经济文化发展研究》①中用较少的篇幅讨论了三幅图的共性和历史价值。但几篇文章并未对国璋地理著作的影响以及目录特征、国璋杭阿坦家族的家学渊源与蒙古旗人的思想特点做深入的分析。此外,还忽视了国璋的另一部自然地理著作《教种山蚕谱》和反映其地理学思想的《江北舆地全图——题识》②。

柏葰

延边大学研究生全莹、王阳阳的《清代后期柏葰在朝鲜活动述论——以〈奉使朝鲜驿程日记〉为中心》③发掘了清朝派出吊祭使柏葰前往朝鲜谕祭朝鲜孝显王妃的史料。其毕业论文《〈奉使朝鲜驿程日记〉初探》对柏葰《奉使朝鲜驿程日记》④的内容作了介绍,并评价了其史料价值,但是未能深入分析柏葰对待朝鲜的态度,也未对蒙古旗人对中央藩属的认知与官方和传统汉人士大夫的进行对比。

杏芬

李鼎霞的《〈京师地名对〉及其作者巴哩克杏芬女史》⑤简略介绍了江苏蒙古才女巴哩克杏芬的生平及著作《京师地名对》,指出

① 蓝勇:《古代重庆城市地图与重庆经济文化发展研究》,《面向新世纪的历史地理学:2000年国际中国历史地理学术讨论会论文集》,济南:齐鲁书社,2007年。

② 国璋《重庆府治全图》和《峡江图考》中的航道图的绘制方法不同,《峡江图考》是古法绘制的平面图,《重庆府治全图》是西法经过精确测量绘制的投影图。

③ 全莹、王阳阳:《清代后期柏葰在朝鲜活动述论——以〈奉使朝鲜驿程日记〉为中心》,《延边大学学报(社会科学版)》,2011年第5期。

④ 王阳阳:《〈奉使朝鲜驿程日记〉初探》,延边大学硕士学位论文,2012年。

⑤ 李鼎霞:《〈京师地名对〉及其作者巴哩克杏芬女史》,《文史知识》,2007年第8期。

该书具有民俗价值。森田宪司的《杏芬〈京师地名对〉索引》① 为此书编制索引，具有文献学价值。两篇文章都未考虑到蒙古旗人对汉文化的接受和改造，以及杏芬独特而细腻的女性视角对北京史地学的贡献。

三、既往研究存在的问题

1. 蒙古旗人史地学者的族属辨别和资料考证不足问题

辨别族属是民族史研究首先要解决的问题。就对蒙古旗人著述的研究而言，首要的难点就在于辨别族属。现有的研究中往往出现族属混淆的问题，如把一些满洲旗人或汉军旗人误认为是蒙古旗人，其中尤以玉并和多隆阿、成多禄研究为最。《八旗艺文编目》著录《香珊瑚馆诗词》时，小传写得极为明了："玉并，字珊珊，不言姓氏，蒙古三多六桥之簉室，早亡。"簉室者，妾之谓也。然而《蒙古族汉文诗选》中以姻亲关系为据，不究其族属，认为三多妾是蒙古旗人，此不能不谓有失严谨。孙玉溱的《清末蒙古族文人成多禄》延续《八旗艺文编目》的错误，把汉军旗人成多禄当作蒙古人。《成多禄集》中自言其为汉军镶黄旗人，并非蒙古八旗。

究其原因，一些学者未充分掌握史料，尤其在作家族属或著作认定上没有查阅清代典籍、笔记，而是抄录后人的目录且未加考订与辨伪。目前已经刊行的蒙古族作者的著作名录一般出自朱永邦和赵相璧，而两位学者所编目录中清代蒙古旗人部分基本照录了民国初年恩华的《八旗艺文编目》。朱永邦的《元明清以来蒙古族汉文著作家简介》和赵相璧的《历代蒙古族著作家述略》中另有少数误录者，如满族诗人成多禄和镶蓝旗满洲人佛喜等。《八旗艺文编目》是朱氏目录的一个直接来源，但在选录时疏于考辨，遂有误录。

---

① 森田宪司：《杏芬〈京师地名对〉索引》，《奈良大学纪要》9，1980 年 12 月。

此外,还由于部分学者是文学史研究者,对八旗旗籍的概念和民族关系缺乏清晰的认知。《八旗艺文编目》有端静闲人所著《带绿草堂诗集》,传曰:"闲人氏韩,汉军人,蒙古库掌和顺室,祭酒法式善母。"法式善生母本赵氏,汉军旗人。韩氏乃法式善伯母,亦为汉军旗人。法式善《存素堂文集》卷四所收《先姚韩太淑人行状》,对其身世述之甚详,朱永邦所编目录却因其是法式善母而将她称为蒙古人。《八旗艺文编目》中提到了乾隆朝蒙古族著名史学家和文学家博明。博明系博尔济吉特氏,是蒙古科尔沁明安台吉的后裔,著有《西斋诗草》、《西斋诗辑遗》三卷、《西斋偶得》三卷。嘉庆朝铁保所辑《熙朝雅颂集》收其诗 27 首。或许因为博明隶属八旗满洲的缘故,《历代蒙古族作家汉文诗选》、《蒙古族文学史》以及孙玉溱等的《清代蒙古族作家汉文著作目录》中漏掉了这样一位著名的蒙古族文人学者。《略谈博明的〈凤城琐录〉》一文[1] 根据博明隶属于八旗满洲而视其为满族人。另外亦有一些研究对内属蒙古和外藩蒙古认识不清,把隶属于外藩蒙古的那逊兰保、赛因诺颜部亲王那彦图认作是蒙古旗人。

2. 研究深度问题

如前所述,目前还未见到关于蒙古旗人史地学研究的专著,发表的论文相对于其他研究领域而言,也是不多的。研究有一定的成果但并不系统深入。因而蒙古旗人史地学研究还处于起步阶段,有待进一步研究。在研究角度上,学者往往从文献学和学术史的角度切入,并未深入探讨蒙古旗人的民族意识和文化取向,以及他们与汉人士大夫的互动。如贾建飞认为西北史地学的研究中心仅在北京而忽略了在边疆任将军或办事大臣的蒙古旗人,这低估

---

① 白凤岐:《略谈博明的〈凤城琐录〉》,《满族研究》,1988 年第 3 期。

甚至抹杀了蒙古旗人这一群体对清代西北史地学的重要贡献，故笔者将从这几个方面着笔加以补充。

四、研究方法与思路

1.研究方法

还原历史的原貌，客观评价人物著作的影响需要科学的研究方法，主要包括正确的理论、原则、思维方式、手段以及途径。蒙古旗人史地学研究需要运用历史学、文献学、统计学、民族学、心理学、目录学的理论方法和知识。蒙古旗人的生平史料、族属考证需要历史学严谨的考证和民族学的理论，而这些都建立在广泛搜集资料的文献学和目录学以及电子检索技术基础之上。同时挖掘蒙古旗人的史地学著作，对其特点进行归纳，需要历史文献学和计量统计法。考察蒙古旗人史地著作的文化特征及分析其产生原因则要运用文化人类学和民族学的理论。在讨论民族意识和文化的关系时要运用心理学和文化人类学的理论知识。在运用资料的过程中本着马克斯韦伯的价值中立原则，避免任何割裂史料和时代背景、断章取义、先入为主的现象。

2.思路

本文主要解决四个问题：

第一，梳理蒙古旗人史地学的成果，考订蒙古旗人作品的目录和现存作品，对重要学者的旗籍世系进行考证，并对他们的生平事迹进行钩沉，为学术界提供可以参考的依据。

第二，对蒙古旗人史地学的阶段特征进行考察，理清其学术思想渊源，探寻蒙古旗人史地创作与历史事件、时代思潮、清朝官方政治策略、自身身份认同之间的互动关系。

第三，探究蒙古旗人中史地研究世家的特征及形成原因。

第四，分析蒙古旗人史地学，特别是边疆史地学兴盛的原因，考察蒙古旗人史地学的影响(通过与汉人士大夫史地学特点的对比),评价其贡献。考察蒙古旗人史地学的总体特征及其与蒙古、满洲民族属性之关系,以此为基础思考文化与民族意识的关系。

研究的第一部分将阐述蒙古旗人史地学的分期与时代特征,并考察其与时代背景、学术思潮、官方政治和个人、家族需求之间的互动关系。

第二部分主要讨论蒙古旗人史地学创作者的时空分布及社会网络,以满、蒙、汉文化交流和地方化的视角探讨蒙古旗人中史地研究世家的地域性、学术特征和产生原因。

第三部分重点关注蒙古旗人边疆史地题材著述兴盛的原因,评价和总结蒙古旗人史地学的贡献及影响。

结论以蒙古旗人的史地学研究状况为基础讨论文化与民族意识的关系。

五、创新点

1. 题目

本文旨在探究清代蒙古旗人史地学著述的问题,此题目至今没有学者关注并做过系统深入的研究。同时,本研究所涉及的领域,前人尚未深入讨论过,对清代学术史亦有着重要的影响。蒙古旗人的史地学研究是探索清代西北史地学兴起及八旗内外文化交流的重要案例。本研究的一个视角,就是试图从蒙古旗人的学术兴趣取向的嬗变出发,探寻在满、蒙、汉三种文化的互相交融影响之下,蒙古旗人的民族意识与汉化的关系。这对于理解文化与民族意识的关系,对当今民族识别政策和民族文化建设都有意义。

2. 研究角度、理论

从视角上来说,本文并非单纯的学术史描述,而是深入分析蒙古旗人这一群体及其学术创作与历史背景、文化环境及内心的边疆记忆之间的互动关系,是对蒙古旗人民族意识和创作意识层面的探究。这需要笔者在研究过程中引入荣格的集体无意识理论[①]进行分析。

3. 资料

从资料上来说,除了常见的清人笔记和档案、实录、政书之外,本文利用了大量前人并未使用过的资料,如倭仁的《莎车行记》、壁昌的《叶尔羌守城纪略》、凤凌的《四国游记》、盛元的《南康金石志》等游记、方志、金石方面的资料。资料的拓展丰富让本研究更具有实证性和代表性。

第一章　清前中期蒙古旗人史地学的编纂分期与时代特征

康雍乾嘉之开端——乾嘉时期西北史地、边疆民族记忆的书写

疆域的拓展、大一统的建立与西北史地著作的出现

康雍乾多次对西北用兵,清朝边疆版图的扩展是蒙古旗人史地学诞生的主要原因。康雍乾三朝曾七次大规模对准噶尔及西北

[①] 荣格认为:"集体无意识是人类心理的一部分,它可以依据下述事实而同个体无意识做否定性的区别:它不像个体无意识那样依赖个体经验而存在,因而不是一种个人的心理财富。个体无意识主要由那些曾经被意识到但又因遗忘或压抑而从意识中消失的内容所构成,而集体无意识的内容却从不在意识中,因此从来不曾为单个人所独有,它的存在毫无例外地要经过遗传。个体无意识的绝大部分由'情结'所组成,而集体无意识主要由'原型'所组成。"蒙古旗人的集体无意识中残留对某些动物的崇拜及母语天赋的案例可在《金启孮谈北京的满族》(中华书局 2009 年版)一书中找到。

用兵,康熙末年驱准保藏之后西藏归属清朝,平定罗卜藏丹津之乱后清朝确立了对青海蒙古的统治。乾隆二十二年(1757)平定阿睦尔撒纳之乱和乾隆二十四年(1759)平定大小和卓之乱后清朝最终确立其在天山南北的统治。至乾隆二十七年(1762)清朝在新疆设立伊犁将军为止,清朝最终统一巩固了西北边疆,建立了一个东含库页岛,西至巴尔喀什湖沿岸,西北包括唐努乌梁海,北达漠北,南包括西沙群岛和南沙群岛,西南至云贵的辽阔疆域。此时如何统治边疆成为一个重要问题。军事上需要探清山川险要划界,政治上需要总结治边经验,舆论上则需要歌颂军事胜利,宣扬大一统王朝声威。各方面的需要促使蒙古旗人开始关注西北边陲,因此,为现实政治服务是蒙古旗人史地学诞生的原因之一。正如梁启超所言:"边徼地理学之兴,盖缘满洲崛起东北,入主中原。康乾两朝,用兵西陲,辟地万里。幅员式廓,既感周知之必需;交通频繁,复觉研求之有藉。故东自关外三省,北自内外蒙古,西自青海、新疆、卫藏,渐为学者兴味所集。"①

　　学术上,史地学一直以来经世致用的传统和乾嘉考据学深厚的学术积淀、考据方法为蒙古旗人史地学奠定了坚实的基础。乾嘉学者辑佚发掘的前代文献为史地学发展提供了更多的资料。清代官修志书《西域图志》所征引古籍文献就是依赖乾嘉考据丰富的研究成果而诞生的。和瑛、松筠、法式善等人也精于掌故勤于考证,吸收了乾嘉朴学校勘、辑佚对比考证的研究方法,将其熟练运用于自己著作之中。

　　传统的地理之学本来就着眼于兵家必争之地、险要之守、水利之用,一直以来有着经世致用的传统。以注重实用的行纪、政书、

————————————

① 梁启超:《中国近三百年学术史》,第387页。

方志等类著作的编写为基础发展而成的史地学自然也带有经世致用的特点。乾嘉之后,人们在对乾嘉学风的省思中更加强化了学术的经世致用特点,为史地学繁荣奠定了基础。

在清朝前中期,随着西北多次用兵和疆域的拓展,一批蒙古旗人或因罪谪戍边疆(如和瑛),或被朝廷委以重任(如松筠),随军出征、任职边疆。他们在蒙藏疆地区的所见所闻成为史地学研究的重要参考资料,在此基础上促成了一批边疆志书的诞生。蒙古旗人谪戍边疆,或高升为边疆要员,成为清代西北史研究诞生发展的催化剂。

总之,随着清朝西北疆域的扩展、乾嘉考据的学术基础和经世致用思想的复兴以及蒙古旗人戍守边疆的个人偶然机遇,促成了以西北边疆为对象的史地学著作纷纷涌现。

1. 一统志、舆图与疆界的确认

(1)蒙古旗人与边疆探查舆图测绘

边界划分总是要以地图和人文资料为参照,"国家有疆宇,谓之版图,版言乎有其民,图言乎有其地"[1]。蒙古旗人的史地著作也是伴随着清初多次对西北、北方用兵、拓展疆域出现的,因而清前期的蒙古旗人的史地学著作往往与西北经略相关联。

康熙三十六年(1697),第巴桑结嘉措隐匿五世达赖丧事败露,遭到康熙皇帝训斥。一年后康熙派乌兰布通战后最早掌握达赖情报的侍卫拉锡等人作为使臣前往拉萨传达上谕[2]。拉锡(?—1726),图

---

① 赵尔巽:《清史稿》卷二八三,第 10183 页。

②《清圣祖实录》卷一八七,康熙三十七年二月戊寅,北京:中华书局,1985年,第4859页。

伯特氏，蒙古正白旗人。①康熙四十三年(1704)，第巴桑结嘉措与拉
藏汗的矛盾激化，康熙命拉锡、舒兰探黄河河源，顺便探清西藏形势。
两人于四月初四由京启程，九月初返回。自京至星宿海共七千六百
余里。他们于六月初九到达星宿海，发现星宿海上源还有三条河流，
分别为古尔河、班索河、罗谟河。溯其源头，三条河分别出自古尔班
吐尔哈山(昆仑山)、巴尔布哈山、阿克塔因七奇山下的山泉湖。三
河从星宿海出流入鄂陵泽，从鄂陵泽流出的便是黄河。拉锡、舒兰
并未到达三河之上游，但是归京后绘《河源图》呈献给康熙皇帝；舒
兰还写有《河源记》。拉锡因此被提为一等侍卫。②康熙五十六年
(1717)，康熙派理藩院主事胜住和喇嘛楚儿沁藏布兰木占巴等人前
往河源地区测量绘图，旅途"逾河源，涉万里，一山一水，悉入图志"。
此次测绘把星宿海以上的河源也勘查和绘制了出来。清廷将测量结
果并拉锡、舒兰的测绘成果绘入《皇舆全览图》③。

　　驱准保藏胜利后，康熙仍对探查河源一事念念不忘："朕于地
理，从幼留心，凡古今山川名号，无论边徼遐荒，必详考图籍，广询
方言，务得其正。故遣使臣至昆仑、西番诸处，凡大江、黄河、黑水、
金沙、澜沧诸水发源之地，皆目击详求，载入舆图。今大兵得藏，边
外诸番悉心归化，三藏、阿里之地俱入版图，其山川名号番汉异同，
当于此时考证明核，庶可传信于后。……尔等将山川地名，详细考

---

① 拉锡自亲军校三迁二等侍卫，偕舒兰穷河源，进一等。雍正初，累擢本旗都
　　统。因治事明敏，授议政大臣。雍正四年擢镶白旗满洲都统，迭署江宁将
　　军、天津满洲水师营都统，授领侍卫内大臣。赵尔巽：《清史稿》卷二八三
　　《拉锡传》，第10181页。
②《清圣祖实录》卷二一七，康熙四十三年九月丁卯，第5140页。
③ 嘉庆《大清一统志》卷五四七《西藏》，上海：上海古籍出版社，2008年。

明具奏。"① 可见在皇帝心目中拉锡等人绘制山川形势对王朝版图的确立至关重要,这象征着西藏河源地区已经纳入王朝大一统的范围之内。

乾隆年间,准噶尔蒙古内讧,依附部落纷纷降清,清廷决意趁机用兵西北。乾隆二十年(1755)三月,清军取得初步胜利时,乾隆传旨将新依附部落属地绘入版图:"西师报捷,噶勒藏多尔济抒诚内附。西陲诸部,相率来归,愿入版图。其日出入昼夜节气时刻,宜载入《时宪书》,颁赐正朔,以昭远裔向化之盛。侍郎何国宗素谙测量,着加尚书衔,带同五官正明安图、司务那海,前往各该处,测其北极高度、东西偏度。绘图呈览。所有坤舆全图,及应需仪器,着何国宗酌量带往。"②

何国宗,字翰如,康熙五十一年(1712)进士,命值内廷学算法,通晓天文数理。五十二年(1713)受命编纂《律历渊源》。乾隆年间依然受到重用。明安图,蒙古正白旗人,官学生出身。他与何国宗一起于康熙五十一年随康熙去承德避暑山庄时"上亲临提命,许其问难,如师弟子"③。明安图在钦天监长期担任五官正的职务,并坚持天文和数学研究,成果丰厚。

乾隆二十年(1755)五月,清军入伊犁,对准战争胜利后,乾隆皇帝下令:"西师奏凯,大兵直抵伊犁。准噶尔诸部,尽入版图。其星辰分野、日月出入、昼夜节气时刻,宜载入《时宪书》,颁赐正朔。其山川道里,应详细相度,载入《皇舆全图》,以昭中外一统之盛。

①《清圣祖实录》卷二九〇,康熙五十九年十一月辛巳,第5763—5765页。

②《清高宗实录》卷四八五,乾隆二十年三月癸卯,北京:中华书局,1985年,第14683页。

③ 徐松:《新疆赋》卷首,徐松著,朱玉麒整理:《西域水道记(外两种)》,中华书局,2005年,第520页。

左都御史何国宗素谙测量,着带同五官正明安图,并同副都统富德,带西洋人二名,前往各该处测其北极高度、东西偏度及一切形胜。悉心考订,绘图呈览。所有坤舆全图及应需仪器,俱着酌量带往。"①乾隆二十五年(1760),两人还京之后"以各城节气载入《时宪书》"。平定阿睦尔撒纳叛乱之后,乾隆又令刘统勋、何国宗及西洋传教士等前往天山南北两路测绘地图。乾隆二十六年(1761),资料奉旨交方略馆,由大学士傅恒再次编辑,著成《西域图志》②。乾隆时期的《内府舆图》就是以康熙年间的《皇舆全览图》为基础,吸收何国宗、明安图等人的西北勘测结果之后重绘而成的,成为道光以后各种舆图的蓝本。③将明安图等人测量的经纬、气候、时令的数据纳入《时宪书》和《内府舆图》,不仅有着掌握山川险要以便守边之用的实际作用,而且,"天下一统,书同文,车同轨",更增强了对纳入统治地区统一管理的政治地域认同。

(2)嘉庆时期柏葰续修《大清一统志》

柏葰(?—1859),巴鲁特氏,原名松葰,字静涛,蒙古正蓝旗人。为道咸年间文臣。道光六年进士,累迁内阁学士。道光年间曾任盛京工部侍郎、刑部侍郎、总管内务府大臣、左都御史、兵部尚书、吏部尚书。咸丰三年(1853),诏授户部尚书。六年(1856),命在军机大臣上行走,后任户部尚书协办大学士。④咸丰八年(1858),主考顺天府乡试,门人靳祥受考官和考生罗鸿绎贿赂,借

---

① 《清高宗实录》卷四九〇,乾隆二十年六月癸丑,第14768页。

② 钟兴麒、王豪、韩慧校注:《西域图志校注》,乌鲁木齐:新疆人民出版社,2002年,第3页。

③ 以上参考孙喆:《康雍乾时期舆图绘制与疆域形成研究》,北京:中国人民大学出版社,2003年。

④ 赵尔巽:《清史稿》卷三八九《柏葰传》,第13701页。

整理试卷之便私自调换试卷,使罗中举。柏葰对此一无所知,却成为政治对手肃顺扳倒他的把柄。事发后,咸丰召廷臣宣示科场舞弊罪状,依载垣、端华所拟,主考官大学士柏葰坐家人调换中卷批条罪,处斩。同考官浦安坐听从李鹤龄贿属,罗鸿绎行贿得中,均处斩。① 九年(1859),斩柏葰于菜市口,成为有史以来死于科举案级别最高的官员。十一年(1861),穆宗即位,肃顺等既败,御史任兆坚疏请昭雪。两宫太后认为柏葰"不能谓无罪。……念柏葰受恩两朝,平日勤慎,虽已置重典,当推皇考法外之仁"。录其子钟濂为候选员外郎,赐四品卿衔,以六部郎中遇缺即选。

《大清一统志》是历代一统志中最好的一部,史料价值较高,曾经先后三次纂修,时间历经康、雍、乾、嘉、道五朝。其中以柏葰续修的嘉庆朝《大清一统志》内容最为丰富完备。

最早提倡编修《大清一统志》的是康熙年间保和殿大学士卫周祚,他以历朝有修一统志的传统和宣扬王朝统治隆盛为由上书康熙皇帝,请求官方下令纂修《一统志》。康熙二十五年(1686),康熙下令编修一统志,直至乾隆五年(1740)十一月修成《大清一统志》342卷。第二次系统编纂《大清一统志》是从乾隆二十九年(1764)到乾隆四十九年(1784),共424卷。② 此次纂修《一统志》主要因乾隆年间平定准噶尔和大小和卓之乱而统一新疆,故增加了与西北史地有关的"西域新疆统部"。第三次柏葰参与的《大清一统志》编修工程,始于嘉庆十六年(1811),先后由穆彰阿、李佐贤、潘锡恩、廖鸿荃、龚自珍等人主持,历时三十一年,至道光

---

① 赵尔巽:《清史稿》卷二十《文宗本纪》,第546页。
② 穆彰阿等修:《嘉庆重修一统志》,《四部丛刊》本,上海:商务印书馆,1934年,序言第2—3页。

二十二年（1842）完成，由国史馆总裁、大学士穆彰阿将定稿呈送给道光帝。全书560卷，加上凡例、目录各1卷，共562卷。因重修始于嘉庆十六年，而时间下限为嘉庆二十五年，故将此书称为《嘉庆重修一统志》。这次重修充分利用了《平定准格尔方略》《平定金川方略》《热河通志》《盛京通志》《天下舆地全图》《日下旧闻考》等书以及各省提供的资料，旁征博引、内容丰富，在前修一统志的基础上做了较大补充。因此《嘉庆重修一统志》被公认为是清朝一统志中最好的一部，为学者所重视。

　　《嘉庆重修一统志》的内容主要包括京师、直隶、盛京、新疆、乌里雅苏台、蒙古、云南、贵州在内的总共二十二个统部和青海、西藏等地区，最末有"外域朝贡各国"表单。各统部先有总图、总表、总叙。内地各省统部下属内容分为：分野、建置沿革、形势、文职官、武职官、税课、户口、田赋、名宦。统部下属卷目以府、直隶厅、州分卷，各卷下有图、表，然后分为疆域、分野、建置沿革、形势、风俗、城池、学校、户口、田赋、税课、职官、山川、古迹、关隘、津梁、堤堰、陵墓、祠庙、寺观、名宦、人物、流寓、列女、仙释、土产共二十五类。边疆各统部涉及内容与内地有所区别，还增加属部、旗分、封爵、驿站、山川、土产等内容。京师及兴京、盛京所在的统部，另添加了城池、坛庙、山陵、宫殿、苑囿、官署等类目，不同于其他地区。边疆各统部之属部因地制宜设置类目，与内地编目有所差异。如在盛京统部增加关邮、城堡、山陵、行宫门；贵州统部增加了苗蛮门，记当地少数民族情况；在新疆统部下属部新增加了度漠驿站门；乌里雅苏台统部下属部类增添山川、晷度、属境、卡伦、台站门；青海、西藏地区不称统部，直接叙述各部状况，没有像其他地区一样有总图、总表、总叙等项。

　　由于熟悉边疆事务，柏葰担任了《一统志》的总纂纂修官，负责西域新疆统部纂修。[①] 该部在内容上增加了镇西府和迪化州。在体例上增加了晷度、卡伦、列女三门。晷度即源于西方的经纬度,主要内容源于《西域图志》对新疆各地区经纬度的测绘。《嘉庆重修一统志》采用经纬度记录各地的方位而不用传统意义的“分野”,体现了柏葰重视康熙以来吸收西学东渐成果、崇尚科学的精神。而卡伦的设置则反映了柏葰关注清廷在边疆驻扎重点防卫的新动态。列女一门体现了包括柏葰在内中央统治者期冀将儒家传统的忠孝观念植入新疆,这也表明了柏葰在思想上接受了中国传统儒家伦理观的汉化倾向。

柏葰等人纂修的一统志也对后世边疆史地学影响深远。藏书家章梫曾在《题钞本道光重修〈一统志〉》中评论道:“在昔寿阳相国为翰林时抄得嘉庆《一统志》,张石舟明经据以撰《蒙古游牧记》,世称博核。予为参考,无一字不出于嘉庆《一统志》,特面目少变异耳。”[②] 以往的史学家多把祁韵士的《藩部要略》作为张穆《蒙古游牧记》的资料参考来源,而章梫考察认为《嘉庆重修一统志》为张穆成书提供了新的资料来源。《蒙古游牧记》被英国蒙古史学者巴德利和法国汉学家伯希和认为是研究蒙古史的一部系统权威之作。梁启超在《中国近三百年学术史》中也将张穆列为与魏源、祁韵士、何秋涛、徐松、龚自珍齐名的边疆史地学名家。可以说柏葰于西北地区的梳理对后世边疆史地研究起到了奠基作用。

---

① 国史馆专门增添汉总纂官二人,汉纂修官八人。由潘锡恩任提调总纂官,廖鸿荃任总纂纂修官。继任提调总纂官有杜受田、祝庆蕃、王植、徐士芬、毛树棠、周祖培、李钧、文俊,继任总纂纂修官有沈歧、姚元之、李煌、季艺昌、李品芬、善焘、冯芝、王炳瀛、朱嶟、柏葰、黄爵滋、贾桢、德春、明训、舒兴阿、吴其濬、吴文镕、李星沅、张日晟、王笃、曾望颜、德兴、德诚、赵光博、迪苏、广林、陆建瀛、常大淳、全庆。

② 章梫:《一山文存》,台北:文海出版社,1963 年,第 521 页。

　　从拉锡、明安图等参与中国北部边疆地图测绘、柏葰接修《大清一统志》等可见蒙古旗人史地作品的出现与清政府的政治、军事政策息息相关,也表明了蒙古旗人在乾嘉时期作为统治者的一员参与到了国家大政方针的制定、总结中来。

　　2. 蒙古旗人与乾嘉时期西北公牍与地方志

　　随着乾隆年间西北战事的结束,歌颂大一统成为文人诗赋、官修政书等边疆著作的主题。在新疆也出现了以"事宜"、"事略"为名,汇抄档案文书、记录办事则例的史志类著作,对于地方官治理边疆颇有助益。嘉道以后在朝野对张格尔事件的关注中,西北史地研究走向高潮。①

　　乾隆二十四年(1759),清廷平定大小和卓之乱,最终统一新疆。有关新疆的私人著述活动开始兴起。正如袁枚所言:"此舆地之学,所以必详于大一统之朝也。"② 大一统局面的形成、管理统治经验的积累直接促进了西北史地著作兴起。就这一时期的相关私家著述而言,其作者多为新疆统一后曾为官新疆者和遣员,而其著述主要存在两点特征:第一,"事宜"型著述居多,均为汇集办事则例而成,其编者主要是那些为官新疆者,最著名者当属和瑛。第二,诗赋多,著者大多为流放新疆之文人学士。前者自然在于方便统治所需,同时也有为朝廷编撰《西域图志》等提供资料之意。此类著作内容多有关边地官制、兵防、经济、户民、物产、建置沿革等,亦有简短的山川疆域的记载。后者则多属遣员对所见所闻的咏赋,以和瑛的《西藏赋》最为著名,属于征边诗

---

① 郭丽萍:《绝域与绝学:清代中叶西北史地学研究》,北京:生活·读书·新知三联书店,2007年,第28页。

② 袁枚:《萧十洲西征录序》,《小仓山房文集》,杭州:浙江古籍出版社,2015年,第227页。

赋。① 内容颇杂,分风土、典制、民俗、物产、游览、神异等。这些蒙古旗人的著作成为清代西北史地著作的先河。

(1)和瑛与西藏、新疆相关之创作

较早就西北边疆经历进行志书和笔记创作的蒙古旗人是和瑛。

和瑛,原名和宁,字太庵,额尔德特氏,隶镶黄旗。乾隆三十六年(1771)进士。乾嘉两朝任官五十年间,宦海沉浮,几经谪戍。其任官履迹北至热河,南及四川,东到山东,西至西藏、新疆。乾隆五十一年(1786)由户部员外郎授安徽太平府知府。历任安徽布政使、四川布政使、陕西布政使、西藏办事大臣、山东巡抚、叶尔羌帮办大臣、喀什噶尔参赞大臣、理藩院侍郎、乌鲁木齐都统、陕甘总督、大理寺少卿、盛京刑部侍郎、热河都统,回京后任工部、礼部、兵部、刑部尚书,军机大臣。道光元年(1821)秋七月庚戌卒,谥简勤。② 和瑛在西藏和新疆任职长达十五年,为边疆稳定和祖国统一做出了重大贡献。其子壁昌继承乃父之志,在新疆平定张格尔之乱中功勋卓著。如《清史稿》所言,和瑛"久任边职,有惠政。后其子壁昌治回疆,回部犹归心焉"③。

和瑛七岁时师从绍兴俞敦圃先生,后受业于何嵩堂先生,加之其蒙古旗人身份,故在语言、文学上颇有建树。他精通满蒙汉藏多种文字,"娴习掌故,优于文学,著书多不传"④。所著书有《回疆通志》十二卷、《三州辑略》九卷、《西藏赋》、《藩疆揽要》十二卷、《易

---

① 王希隆:《新疆文献四种辑注考述》,兰州:甘肃文化出版社,1995 年,第 151—152 页。

② 赵尔巽:《清史稿》卷三五三,第 11282 页。

③ 赵尔巽:《清史稿》卷三五三,第 11282 页。

④ 赵尔巽:《清史稿》卷三五三,第 11283 页。

简斋诗钞》四卷、《续水经》、《风雅正音》、《杜律》、《读易汇参》十五卷、《读易拟言内外篇》、《易贯近思录》四卷、《经史汇参》二卷、《孔子年谱》、《铁围笔录》、《和瑛丛残》和《古镜约编》等。其传世著作有《西藏赋》、《回疆通志》、《三州辑略》、《易简斋诗钞》等。

和瑛于乾隆五十八年（1793）到嘉庆五年（1800）管理藏区，"在藏八年，博采地形、民俗、物产，自为之注"①，又于嘉庆二年（1797）著《西藏赋》。此赋是和瑛任职期间游历西藏，以韵文和自为注记的形式撰写的文学体笔记，记载了西藏的土地沿革、风俗习惯、达赖班禅世系、职官驻兵以及西藏山川地理、风情人物、畜牧物产、佛教寺庙等，向世人展示了青藏高原的风土人情、政治经济风貌②。《西藏赋》分为上下两篇，上篇主要用赋描绘拉萨周围的山川地理风貌及寺庙的数量、建筑样式，下篇主要讲述藏族独特的文化民族风俗，③ 是今人研究清中期西藏的政治、经济和军事情况的重要参考资料。

嘉庆五年（1800），和瑛赴任山东巡抚。在位却"日事文墨"④，又因山东金乡县有人冒考受牵连，加上隐匿蝗灾不报，皇帝认为和瑛"实属玩视民瘼，于地方事务不无废弛，革职查办，令其自备资斧，效力赎罪"。嘉庆七年（1802），遣戍乌鲁木齐。⑤ 之后再受重用，任叶尔羌帮办大臣、喀什噶尔参赞大臣。嘉庆九年（1804），又任理藩院侍郎，撰写《回疆事宜》。民国政府外交部重印时改名为

① 盛昱：《八旗文经》，沈阳：辽沈书社，1988年，第19页。

② 范传秀主编：《中国边疆古籍题解》，乌鲁木齐：新疆人民出版社，1995年，第108—109页。

③ 盛昱：《八旗文经》，第19—32页。

④《清仁宗实录》卷一〇二，嘉庆七年八月乙丑，第30524页。

⑤《清仁宗实录》卷一〇二，嘉庆七年八月戊辰，第30525页。

《回疆通志》。^① 此书共十二卷,大约十二万字,后附勘误表。所记内容时间范围涵盖顺治四年(1647)到嘉庆九年(1804)。卷一记载清朝统一新疆、平定回部的战争始末,并附乾隆帝平定回部御制诗十九首。卷二至卷六记载回部贵族生平事迹,大部分是归附清朝的伯克。其中,卷二为《钦定哈密、回部总传》《额贝都拉列传》,将最早归附清朝的哈密贵族额贝都拉单列一篇传记,说明清廷对其功绩的重视与奖赏。卷三为《吐鲁番回部总传》。卷四到卷六为回部首领传记,共载二十一人,卷四末为纪念土尔扈特回归清朝的两篇文章和一首御制诗。卷七至卷十一详述天山以南回疆八城及吐鲁番和哈密的沿革、疆域、山川、建置、官制、营房、粮饷、赋税、古迹、兵防、军械、税则、钱法、杂支、牧厂、卡伦、军台、事宜等诸多方面。最后卷十二是《回部纪略》,记载了回部的宗教派别、民族习俗、物产状况。^② 和瑛在书中扩展了记录回疆地域的范围,"吐鲁番属乌鲁木齐都统辖、哈密属陕甘总督辖,为南路回疆门户,其办事大臣、领队大臣例与回疆有交涉事件,故附载焉"。^③ 他重视材料的考证、甄别,在《回疆通志》卷十一、十二中将《西域闻见录》《西陲纪略》的资料与早期资料《汉书·西域传》《唐书·高昌国传》等条目进行了综合对比考证。他还对官修史书《钦定外藩蒙古回部王公表传》中的回部王公台吉表传进行了扩充,将"其子孙分派并无世爵、不入列传者,别录回族一门于末"^④。他重视档案的搜集利用,"各城回务统归喀什噶尔参赞大臣办理,故首载喀什噶尔,原定

---

① 《中国方志大辞典》编纂委员会:《中国方志大辞典》,杭州:浙江人民出版社,1981 年,第 415 页。

② 和瑛:《回疆通志》,台北:文海出版社,1966 年。

③ 和瑛:《回疆通志》例言,第 10 页。

④ 和瑛:《回疆通志》例言,第 9 页。

章程,自南而北,各城繁简不一,俱就现办各款纂入"[①]。他还注意到人名、地名等专有名词的规范问题,"人名、地名、山川名,系回语、蒙古语,或沿袭旧名,或译音讹舛,今遵《同文韵统》更正"。最值得赞许的是和瑛还重视区分清朝的藩属部落和外藩朝贡部落。因布鲁特部临近边界,经常游牧至卡伦内,由参赞大臣奏放,不同于浩罕、巴达克山、克什米尔等外番部落,故"只载布鲁特一部,其余不能悉载"。该书编纂时间早于祁韵士之《新疆要略》、松筠之《西陲总统事略》,是研究清朝新疆社会政治、经济、军事、民俗和文化的重要参考文献。本书在编纂体例上仿照了《西域图志》"总目、子目"的编排方式,条理清晰。内容上有选择性地节录了《喀什喀尔附英吉沙尔》《西域闻见录》《西陲纪略》等文献资料内容。对前人记载的一些不足之处也进行了校正与增补,尤其是书中记载的新疆伯克制度对研究清代军府统治下的伯克制度有一定的补充作用。《回疆通志》对后世新疆志书的编纂也有一定的影响,慕璋《新疆回部纪略》多引用《回疆通志》卷二至卷十一的内容。郭丽萍这样称赞《回疆通志》:"在官书之外的西北著作中,依照官书规范人名、地名,在道光年间才成为通行的做法,稍晚于《回疆通志》的《西陲总统事略》等书中,并没有做过这一工作。"[②]

嘉庆十一年(1806),和瑛奉诏还京,授吏部侍郎,之后赴任乌鲁木齐都统,在任期间有感西域资料较少,国史馆、翰林院编纂史臣因不通西域语言对资料把握欠准,遂于嘉庆十三年(1808)编成《三州辑略》。全书分为九卷,约二十一万字。内容涵盖沿革、疆域、山川、官制、建置、库藏、仓储、户口、赋税、屯田附遣犯、俸廉、粮

---

① 和瑛:《回疆通志》,第9页。
② 郭丽萍:《绝域与绝学:清代中叶西北史地学研究》,第57页。

饷、营伍、马政、台站、礼仪、旌典、学校、流寓、艺文、物产等二十一个目类①,记录的范围包括新疆的吐鲁番、哈密、乌鲁木齐三处重要边疆驻地,对于边疆史研究具有极高的价值。之所以取名三州,因为清朝乌鲁木齐都统辖区范围与唐朝在新疆地区置三州(哈密、吐鲁番、吉木萨尔分别为伊州、西州、庭州)基本一致。②此三地在清代归乌鲁木齐都统管辖,具有政治地理和自然地域上的相对特殊性。因此,和瑛在乌鲁木齐都统任上编纂了这样一部书,可以说是其职责分内之事,也是官方经验的整理总结。

在《三州辑略》之前,新疆的志书主要有官修的《钦定皇舆西域图志》和椿园私著的《西域闻见录》。这两部书记载的是乾隆时期的新疆状况,而由和瑛编纂的《三州辑略》,内容涵盖嘉庆年间新疆地区政治、经济、文化风俗状况。这不仅弥补了《钦定皇舆西域图志》、《西域闻见录》等书内容上的不足,还和清末宣统三年(1911)编成的省志《新疆图志》在时间与内容上连接了起来。

和瑛编撰《三州辑略》有纠误补缺之意,序曰:"《佛国记》法显浮夸,《水经注》道元挂漏。张博望初通西域,凿空之道里失真;笃招讨再溯河源,重译之山川多舛。指巴延喀喇为昆仑,并积石山而谬定;取罗卜淖尔为星宿,兼蒲类海而讹传。他如柳陈、鲁陈,火州、和卓,皮禅、辟展,海都、开都,和阗、赫探,轮台、仑头,乌兔、务涂,伊犁、伊列,或一地而名殊,或近音而字异。黑河有六,执泥则相去径庭;疏勒凡三,浑同则更离霄壤。皆由荒酋裂土,代远年湮,一惑于罗什方言,再惑于昂霄译语。此《地志》、《山经》所不载,

---

① 和瑛:《三州辑略》目录,早稻田大学藏清刻本。
② 盖不志西州不知庭州之所自始(汉车师前王庭在吐鲁番后王庭在乌鲁木齐),不志伊州不知庭州之所由通(由哈密南山口抵巴里坤大道)。和瑛:《三州辑略》序言。

《类函》《通考》所未详者也。"①

　　以往新疆地区的方志基本上以记载伊犁地区为主，对于哈密、吐鲁番、乌鲁木齐的叙述仅仅是蜻蜓点水。如苏尔德于乾隆三十七年（1772）编纂的《回疆志》，和瑛于嘉庆九年（1804）所修《回疆通志》、祁韵士于嘉庆十二年（1807）编纂的《西陲要略》、嘉庆十三年（1808）成书的《西陲总统事略》以及徐松在嘉庆二十五年（1820）成书的《钦定新疆识略》。而和瑛在书中不仅勘误补缺，且对同时代的《西域闻见录》《西陲纪略》中的一些问题表达了自己的看法，并结合实地考察经验给出正确的解释。如他指出《西域闻见录》中将罗卜淖尔误认为星宿海，《西陲纪略》中混淆蒲类海为蒲昌海。

　　《三州辑略》征引的资料主要包括传统史籍、地理志书、奏折档案以及亲身见闻。沿革门的史料主要来自《汉书》《后汉书》《魏书》《北史》《新唐书》《元史》《资治通鉴》《明史·西域传》《钦定外藩蒙古回部王公表传》。疆域门的资料主要源自《回疆通志》。山川门的资料主要源自《汉书》《通典》《括地志》《资治通鉴》《通志》《元史》《西陲纪略》《西域闻见录》《回疆通志》。官制门和建置门的资料主要来源于《回疆通志》和档案。仓库门、仓储门、屯田门、俸廉门、粮饷门的资料大部分源于奏折上的统计数据。②

　　值得注意的是，和瑛在论及当地的状况时，并非简单地照抄档案、史料，而是在运用前人资料的基础上加上实地考察探求真实情况。如和瑛在序言中对罗卜淖尔的考察编成小注附在了正文之后。"取罗卜淖尔为星宿，兼蒲类海而讹传。"《西域闻见录》误以

---

① 和瑛：《三州辑略》序言，早稻田大学藏清刻本。
② 徐玉娟：《〈三州辑略〉中的吐鲁番史料研究》，第13页。

罗卜淖尔为星宿海,又《西陲纪略》误以蒲类海为蒲昌海,皆非也。今考星宿海在青海境积石山之北,罗卜淖尔即蒲昌海,在吐鲁番东南,蒲类海在北天山之阴巴里坤。[①]可见和瑛实事求是实地考察的精神贯穿在整部书中。

与《钦定西域图志》《钦定新疆识略》《大清一统志》等同时代的其他志书相比,和瑛的《三州辑略》对清朝时新疆情况的记载更为丰富,这得益于作者对新疆三州的亲历考察,而这是仅只大量征引文献而疏于记录当代资料的其他志书所不能比拟的。《钦定西域图志》仅着重叙述了汉至明之间的吐鲁番历史沿革,而《三州辑略》详细叙述了汉唐至清的历史沿革。沿革之外的内容如官员的任职状况和俸银数额、税银数量、屯田亩数、库存仓储书目等诸多类目,和瑛都依照当时的情况记录,并将时段上溯到乾隆年间,可见和瑛补充《钦定西域图志》资料的用意。总之,记录当代史、详今略古是《三州辑略》的一大特征。

此书的另一大特征是类目明晰,独创新目。总共二十一门的类目中要数"流寓"、"艺文"最为特殊。"流寓"主要记载了清代谪戍新疆的官员身份、经历等资料,其中不乏纪昀、洪亮吉等名士。"艺文"主要收集了汉至清谪戍边疆官员的文学创作,共收诗一百二十首、文三篇、赋四篇、词八十九首、记事五十五首、序三篇、碑文二十二篇。其中最为著名的是纪昀的《阅微草堂笔记》。《三州辑略》为最早收录此书的书籍。另外书中也收录了和瑛本人诗作四十余首。以往同时代的西北志书未有"流寓"和"艺文"这两个类目,大概是前人认为西北地处蛮荒,文教未及,从而忽视了西北地区的人才书目资料整理。而《三州辑略》独创两目,且不局限

[①] 和瑛:《三州辑略》序言,早稻田大学藏清刻本。

于有清一代和哈密、乌鲁木齐、吐鲁番三州,足见和瑛关心当地文化发展的专注创新精神。但也因此招致批评,后来的志书《新疆图志》评价其"其艺文采录尤杂,亦乖断限之义,而多收己作,尤涉自炫云"①。

总之,《三州辑略》虽然不能被称为通志,但对于学者研究新疆东部的政治、经济、文化、军事情况,以及了解全疆的整体状况,都有重要的研究价值,因此吴丰培先生评其为"仅次于《西域图志》和《新疆图志》的著名新疆方志"②。

（2）富俊与边疆政务

清前中期蒙古旗人对回疆地区关注较多,蒙疆地区唯一一部著作就是《科布多政务总册》。该书也是清代唯一一部科布多方志(或称"事宜"),具有较高的史料价值。富俊(1749—1834),字松岩,卓特氏,隶正黄旗。乾隆四十四年(1779)翻译进士,由礼部主事历内阁学士兼副都统。嘉庆元年(1796),迁兵部右侍郎,充科布多办事大臣。四年(1799),授乌鲁木齐都统。道光七年(1827),授吉林将军、协办大学士,管理理藩院。十四年(1834)卒,赠太子太傅,谥文诚。③嘉庆元年(1796),富俊为科布多参赞大臣,在任上"询之僚属,访之耆旧",收集了大量的资料。两年之后,他离职任喀什噶尔参赞大臣。在新疆地方见《新疆事宜》"大纲细节,缕晰条分,无不包举,其间节目与科布多相同者居其半",遂"仿其所纪,集为政务总册,述其大略"。富俊还"致札现任科布多使者策凌度,嘱其详细确查,如有遗漏舛错者,量加更易添补;并将伊任内随时调剂款件,逐

① 袁大化修,王树枏、王学曾等纂:《新疆图志》,《中国西北文献丛书》二编,北京:线装书局,2006年,第320页。
② 吴丰培著,马大正整理:《吴丰培边事题跋集》,第215页。
③ 赵尔巽:《清史稿》卷三四二《富俊传》,第1891页。

一纂入"。最终于嘉庆四年（1799）成书。[①] 该书分十目：城池（署衙、坛庙附）、官职（官学生附、兵制附、众安庙喇嘛附）、外藩、事宜、仓库、军台、卡伦、屯田、游牧、牧场。其中"外藩"部分记载了科布多各盟、旗的首长及其随员、蒙古王公进京朝觐年班名单。"事宜"部分汇集了几乎所有官方经办事务，包括官方每年例行公事、屯田收成分配、清廷拨派银两数量、地方案件审理规定、驻军部署方位、武备数量、卡伦防务、查办偷矿、官马管理、官兵粮饷及抚恤金、游牧划界等事务，具有很高的资料价值。军台、卡伦、屯田、游牧、牧场部分也非常详细，甚至屯田部分将工具数量都罗列了出来。[②] 可见此书乃是以当时富俊经手的公牍文书编纂而成，为第一手资料。遗憾的是，此书并没有记述当地的风土民情，这也可能是富俊将其命名为"政务总册"而非"方志"的原因。

（3）博明与《凤城琐录》

博明的《凤城琐录》是清前中期蒙古旗人唯一一部关于东北的著作。博明，蒙古族学者、诗人。原名贵明，博尔济吉特氏。字希哲、晰斋，号西斋。虽系博尔济吉特氏，博明旗籍却为满洲镶蓝旗。其高祖天聪时附清，隶属满洲镶蓝旗。祖父邵穆布在康熙朝任两江总督。博明生于京师，乾隆十二年（1747）乡试中举，乾隆十七年（1752）会试中试，选庶常馆，散馆授翰林院编修。二十三年（1758）为起居注官。三十七年（1772）任云南迤西道，后降职，入为兵部员外郎。四十二年（1777）春，贬为凤凰城榷使。五十年（1785）在京与千叟宴，作纪恩诗。博明能诗善画，学识渊博，善

① 富俊：《科布多政务总册》序言，《近代中国史料丛刊》第八十六辑，台北：文海出版社，1971年，第3页。
② 富俊：《科布多政务总册》，《近代中国史料丛刊》第八十六辑，第5页。

于证史。为官三十余年,升沉频繁,阅历颇丰。他还参与了《续文献通考》的编纂。其著作有《凤城琐录》《西斋偶得》《蒙古世系谱》《祀典要录》《西斋诗辑遗》《西斋诗草》等[1]。

《凤城琐录》是博明任凤凰城榷使时写的一部反映当地风土人情的杂记,内容虽和地方志相似,但体例较为松散,仅有序言而无条目目录。乾隆二十四年(1759),他在序言中强调了撰写《凤城琐录》的目的:"凤凰城,僻在东南,边门在凤凰城东南。其地形山水,即沈城人多不之知,况都中乎?官其地者,率无笔载,居人亦鲜读书好事者,轶事恐久而胥湮也。予于强圉作噩之春仲抵任,即询访故迹,惜无知之者。求十一于千百,浸录成帙,半皆琐细,用备考核。"[2] 可知博明是因为当地无人记载凤凰城(今辽宁丹东凤城)山水地形、奇闻轶事而以记史为目的创作该书的。另外,凤凰城是朝鲜使臣去京城朝觐的必经之路,博明因此得以"问其国中典故,亦间有所得"[3],将访谈得来的朝鲜相关资料编辑成《朝鲜轶事》和《朝鲜世系考》附在书后。该书主要记载了凤凰城的地理方位、建制沿革、商业贸易、物产资源、经济生活、名胜古迹等内容,与《柳边纪略》相较内容略显单薄。但是作为清代第一部记载凤凰城地方情形的资料,该书的史料价值还是很高的。博明在书中对凤凰城地理、物产的记述颇为详细确凿,在当时是独一无二的。

下面简要摘选《凤城琐录》比较有特色的条目对该书的内容略作介绍。

关于凤凰城的地理方位,作者说:"凤凰城,僻在东南,边门在

---

① 盛昱:《八旗文经》,第 467 页。
② 博明:《凤城琐录》,沈阳:辽海书社,1931 年,第 1 页。
③ 博明:《凤城琐录》,第 1 页。

凤凰城东南。"①"僻在东南"是相对于盛京（今辽宁沈阳）的地理方位而言的。可知凤凰城在今辽宁省凤城满族自治县。以沈阳为参照坐标反映出沈阳在清中期已成为东北的核心地域。在后面，作者给出了凤凰城边栅的位置，"在盛京城巽隅，南一度六十分，东一度。……自盛京至凤凰边门总共四百五十八里，其驿驵者八（十里河、迎水寺、浪子山、甜水站、连山关、通远堡、雪里站、凤凰城）"②。行程大致从今沈阳市南端穿辽阳东南，再经本溪西南角，而后到凤城满族自治县西北到达边门镇，即古时凤凰城边门。"凤凰城边栅，即柳条边"。凤凰城边门是柳条边上最后一个边门。它在清代曾是"通朝鲜之孔道"③，地位至关重要，朝鲜贺正、谢恩、纳贡的使臣必经过边栅。"自边门城守尉护车至沈，将军衙门（盛京将军）派员护车解礼部，交纳携带之货物，则揽头代为护车运京。"④

作者对凤凰城的建制沿革的记载非常详细，为第一手资料。"康熙二十八年初设领催一名、兵九名。雍正五年添领催一名、兵十九名。乾隆六年添兵二十名。十一年于兵额内改领催二名（不设台丁）。"⑤至于博明担任的榷使一职，"国初不可考。康熙三十九年七月初九日，户部题：据盛京户部侍郎海帕题称：'盛京各税，俱交城守尉管取。此亦交凤凰城城守尉并先派京员试收。钦依行。'"至乾隆年间榷使仍无定职。"榷使无衙署，僦民廛以居。无胥役，惟城尉拨有兵丁三人供使令。岁支公用银二百两，蔀屋柴门，终日静坐。是以家沈城者，率以榷事小毕，即促装归。岁数往

① 博明：《凤城琐录》，第2页。
② 博明：《凤城琐录》，第2页。
③ 博明：《凤城琐录》，第3页。
④ 博明：《凤城琐录》，第5页。
⑤ 博明：《凤城琐录》，第6页。

返焉(其京员试收者,给费用银四百两,旋停)。"① 可见榷使一职甚为清闲,难怪博明公务之余能够大量创作诗篇,撰写笔记。

最值得注意的是博明因职务关系记录了当时凤凰城税收的状况:

> 雍正五年十月十七日奉上谕,凤凰城、中江税着盛京五部堂官于五部司员内拣选,奏闻派出,管理一年更换,钦此。遂于是年拣选具题。旋经户部议,令嗣后俱送部引见。税额初定二千两(见康熙三十八年侍郎海帕题疏)。康熙四十一年经自京拣派员外郎邓德试收,增至四千两。雍正七年郎中伊尔们增火耗八百两。乾隆九年三月侍郎双喜因每岁缺额,奏请派京官试收。乾隆十一年八月奉旨派出试收之内务府佐领恩特二年期满,具报经户部酌中议定,以三千二百九十四两作为定额,以岁春冬之季征之。盖朝鲜贺正旦使以三月出边,领《时宪书》员役以十二月初旬出边也。雍正十一年十二月,户部议定饭银领册档十六两,季报各十六两,考核三十二两。国家嘉惠远人,凡鲜人之物毫无收取。所抽乃边门商民之互市者,马市之兵丁、台站、门栅人等所易牛马农器亦纳税焉。其有非时之谢恩称庆诸典礼往来者,则别为造报。②

可见凤凰城的税收来源主要源自边民和朝鲜在中江贸易的"中江税",在乾隆年间对税收有了详细的规定,并对朝鲜使臣贸易作免税的优惠。作者对中江贸易记载也较为详细。

---

① 博明:《凤城琐录》,第5页。
② 博明:《凤城琐录》,第6页。

马市设于中江,岁春秋仲月望后,朝鲜员役以牛货济陈
于江干。驻防兵丁、台驿夫以布七千五百十四段易牛二百、
盐二百九十九包、海菜万五千八百觔(斤)、海参二千二百觔
(斤)、大小纸十万八千张、棉麻布四百九十九段、铁犁二百具。
以京畿、平壤、黄海三道商各一人承办。义州知府率员役领
之,所具糗饵薧鱼称之曰"宴",其官商曰"别将"。①

以上两条补充了《柳边纪略》对边境贸易的记载,对凤凰城税
收的变化以及清代中朝边境经贸的研究有重要的意义。

书中亦记载了当地居民的生计状况:

边外亦产参,近边之旗民及登莱流寓每私往觅之。然生
者甚少,且不如暖阳以北者之坚硕也。故察边外之私参非凤
凰城之要政云。奉天南滨大海金、复、盖(奉天有金州、复州、
盖州)与登莱对岸,故各属皆为山东人所据。凤凰城乃极边,
而山之陬水之涯,草屋数间,荒田数亩。问之,无非齐人所葺
所垦者。齐人性贪而狠,辽人性愚而戆,不为愚弄即成嚣讼。
予在沈时,与司农署郎会鞫,尝观《广志绎》,谓"滇省皆为豫
章人所占",吾于辽之有山东人也亦云。②

其中反映了当地居民靠采参、种植、渔猎为生,也不乏对山东
人移居凤凰城的不满和偏见。

作者在书中所记的一些风景名胜也给后世的考察提供了线

_____

① 博明:《凤城琐录》,第8页。
② 博明:《凤城琐录》,第8页。

索。如其对凤凰城旧址的记述:"凤凰山麓有故石城,一周十余里,设二门。依山设险,石堞具存。相传为旧凤凰城。朝鲜人呼之曰'安市城'。"他引用了《新唐书》中唐太宗命长孙无忌誓师攻安城不克的资料为旧城正名。还实地考察证明认为:"此城最险,计其地势,无不吻合当日兵机。其为安市城无疑。至《明一统志》谓'在盖州城北,其情势则是转战而北矣',殆误。"① 此类考证具有较高的史学价值。

作者书中对物产细致入微的记载可见其求真务实的治学精神。以书中对人参的记载为例,不仅描述了人参的大小、种类,而且对它们的成长过程、采制方法也做了详细的描述。对《本草纲目》"人参"条目做了相关补充。作者"备询土人而录其说"的态度值得赞许。另外博明在书中批判萨满治病的风俗和考察"夜光木"的生成原因,② 体现了科学的精神。

博明另一部著作《西斋偶得》是一部史论笔记。作者以随笔的形式考证了辽金元至明清的各种掌故,包括人名地名、姓氏、国名族名、宗教信仰、物产风俗、度量衡、奇闻逸事、文学典故、飞禽走兽等。其中不乏对蒙元史深入考究的文章。如《元朝姓氏》、《元朝子姓》、《蒙古族姓》、《插汉》、《朔漠部考》、《瓦拉》、《辽金国名》、《蒙古言特字之意》、《蒙古呼汉人》、《西夏》等。书中多处提到《元朝秘史》,如《辽金国名》言:"辽为契丹、金为女真,按契丹本名契塔特,女直系女真,由朱里真迭改,其本音乃朱里扯特,见《元秘史》蒙古文。今蒙古人尤是呼之。"③ 在清中叶《元朝秘史》刚被发现钞

① 博明:《凤城琐录》,第9页。
② 博明:《凤城琐录》,第11页。
③ 博明:《西斋偶得》,国家图书馆藏清刻本。

录的情况下,博明能够利用钱大昕辑出的《元朝秘史》进行研究,可以说是难能可贵的。

（4）松筠开新疆地方志编纂之先河

和瑛、富俊、博明等人关于边疆的记载体例多局限于游记、政书、事宜类,所记较为零散,并非真正意义上的地方志,最早组织编纂清代边疆地方志的是历乾、嘉、道三朝的边疆大员松筠。

松筠(1752—1835),字湘圃(或湘浦),玛拉特氏,蒙古正蓝旗人。清代著名边疆重臣,历仕乾隆、嘉庆、道光三朝。他不仅历任各部尚书,还曾在东北、蒙古、新疆、西藏任职多年。松筠于乾隆三十七年(1772)由翻译生员考补理藩院笔帖士起,乾隆四十八年(1783)超擢内阁学士,兼副都统。乾隆四十九年(1784)起,松筠开始被派往边疆任职。五十年(1785)奉命前往库伦解决贸易纠纷,五十七年(1792)解决与俄罗斯边贸问题,其间著有《绥服纪略》和《绥服纪略图诗》。第二年(1793)补授御前侍卫、内务府大臣、军机大臣等职。乾隆五十九年(1794)累升工部尚书,又调任吉林将军。同年七月,授镶白旗汉军都统,不久奉旨接替和琳为驻藏大臣,在藏任职五年,直到嘉庆四年(1799)。嘉庆七年(1802),赴新疆任伊犁将军,直至嘉庆十四年(1809),为期七年。这是其第一次赴新疆任伊犁将军。嘉庆十八年(1813)第二次赴新疆任伊犁将军,直至二十年(1815),其间编纂《西陲总统事略》。嘉庆二十一年(1816)五月,任御前大臣行走。二十三年(1818),授绥远城将军。之后任理藩院尚书、兵部尚书、吏部尚书、会典馆总裁。道光二年(1822)任直隶总督,五年(1825)署乌里雅苏台将军。道光八年(1828)二月,任热河都统。道光十二年(1832)十二月,授理藩院左侍郎。十三年(1833)四月调工部左侍郎;五月,授正蓝旗蒙古都统;九月,署户部侍郎,兼管钱法堂事务。道光十四年

（1834），命以都统衔休致。道光十五年（1835）卒。谥文清，入伊犁名宦祠。[①]

《清史稿》这样评价松筠："廉直坦易，脱略文法，不随时俯仰，屡起屡蹶。晚年益多挫折，刚果不克如前，实心为国，未尝改也。服膺宋儒，亦喜谈禅。尤施惠贫民，名满海内，要以治边功最多。"[②]

松筠的著述也都大多围绕着边疆事务而作，主要有：《绥服纪略》、《绥服纪略图诗》、《西招纪行诗》、《西藏巡边记》、《西藏图说》、《西招图略》、《丁巳秋阅吟》、《钦定新疆识略》（《西陲总统事略》）、《古品节录》、《百二老人语录》。其中《西招图略》、《西藏图说》、《西招纪行诗》、《丁巳秋阅吟》、《西藏巡边记》合称《西招五种》。这些著作除《百二老人语录》、《古品节录》外都是描写、记录边疆社会生活风貌的著作，具有较高的文学、历史、地理研究价值。

《绥服纪略》和《绥服纪略图诗》的重要价值在于记述了外蒙古地区的政治、经济、社会状况及中俄边贸情况。他在《绥服纪略图诗》中表明了其创作的目的是为了立言记事。"余既作《西招纪行图》，缘述北漠库伦所事而兼采西南沿边见闻，复得八十有一韵，名之曰《绥服纪略图诗》。"[③] 全诗主要吟咏在库伦八年所历事及游历库伦附近经历的政治、文化、地理各方面的形势。诗后附有大量

---

① 赵尔巽：《清史稿》卷三四二《松筠传》，第1273页。《清史列传》卷三十二本传、李桓编《国朝耆献类征》（初编）卷三十六、缪荃孙编《续碑传集》卷一、李元度编《国朝先正事略》卷二十二、窦镇编《国朝书画笔录》卷二、震钧编《国朝书人辑略》卷七中都有松筠生平资料记载。但这些记载都只是介绍了松筠的生平，并未介绍其著述。蔡冠洛《清代七百名人传》详细记载了松筠生平。

② 赵尔巽：《清史稿》卷三四二《松筠传》，第1274页。

③ 松筠：《绥服纪略图诗》序，汪廷楷等纂辑：《伊犁总统事略》，早稻田大学藏清刻本。

的注释、绘图,详细说明了作者的见闻,着重描写了作者解决中俄贸易纠纷的经过。其中"天朝上国"的思想浓厚,认为清廷可以传播文化,帮助俄罗斯"习国书而晓礼仪,开市易而归约束"①。松筠也在书中较系统地叙述了清初蒙古诸部的历史,涵盖蒙古部落分部、世系源流、宗教风俗、法典文献、政体机构及与清廷关系等内容。该书在研究边疆史、对外关系史上有较高的史料价值。

乾隆五十九年(1794)至嘉庆四年(1799)松筠任西藏办事大臣。在此期间,松筠有过两次巡边。据两次巡边(乾隆六十年、嘉庆二年)的见闻,他创作了《西藏巡边记》、《西招纪行诗》以及《丁巳秋阅吟》。乾隆六十年(1795)松筠第一次巡边时创作了《西招纪行诗》和《西藏巡边记》。他在《西招纪行诗》序中说:"夫诗有六义,一曰赋,盖敷陈其事而直言之也。余因抚巡志实,次第为诗,共八十有一韵。虽拙于文藻,或亦敷陈其事之义,名曰《西招纪行诗》。后之君子,奉命驻藏者,庶易于观览,且于边防政务,不无小补云。"②巡边五十日,松筠在吟咏见闻之外还给它们加上注释。如他在"曲水岩疆道"一句后加以注释云:"曲水地名,自前藏西南行,一日宿业党,又行一日宿曲水,曲水者东西双溜,纡回湍激,故名。此地东来之水曰藏江,其源出拉萨东北,西来之水曰罗赫达江,其源出冈底斯雪山,二水汇此,曲折东南,由工布入南海冈底斯,即所谓鹫岭是也。山在藏之西北极边,萨喀阿哩布陵境上。""曲水岩疆道,秦关百二同。西招第一隘,战守事倍功。""曲水形势险固,有兵数百,虽万人无能逾越。此地多农民,有粮草,故

---

① 松筠:《绥服纪略图诗》序,汪廷楷等纂辑:《伊犁总统事略》,早稻田大学藏清刻本。
②《西招纪行诗》序言,吴丰培辑:《川藏游踪汇编》,成都:四川民族出版社,1985年,第112页。

云可守可战。"可见其创作是有供后人借鉴的目的性,并且具有研究考证的学术意义,并非一般意义上抒发感情的文艺创作,比和瑛描述性的《西藏赋》要更加专业化。他在诗中除吟咏记录边地自然地理、人文风俗之外,还描写了西藏边民在廓尔喀之乱后的艰苦生活,对之抱以极大的同情,并提出减赋、招抚流亡、改革积弊、重视官员道德素质、教化边民等解决方法,力求改变西藏人民的生活处境。我国藏学家吴丰培高度评价此书:"洞察民困,施以宽政!嗣后近百年藏地安谧,非松筠辈抚恤之功,曷克臻此!"①《西藏巡边记》则记载了松筠巡边时的路线、山川险要、沿途见闻等。在书中他认为,虽有自治但西藏地方官缺乏道德教化,"安边之策莫若自治,非独济咙、聂拉木番民应派廉洁营官管理,所有前后藏属各营官、第巴皆能教以廉洁自持,善抚百姓,又何他患耶?"②

　　嘉庆二年(1797),松筠第二次巡边时又创作了《丁巳秋阅吟》。在《丁巳秋阅吟》中,松筠以七言诗的形式依次描写了各地经过两年的改革后沿途出现的崭新面貌。《丁巳秋阅吟》的内容与《西招纪行诗》大致相同,基本上都是描写川藏地区的景色、民众习俗和人民生计。正如松筠言:"惟前则综述,后则分论,自注复述其经过,不独明其里程,亦可得知巡边抚恤情况。"③

　　松筠在驻藏期间还于嘉庆三年(1798)撰写了《西招图略》,如序中言:"二十有八条,以叙其事略,复绘之图,以明其方舆。"④作者详细阐述了治理藏地的策略方法,并附图加以说明,图文并茂,可见松筠用心之细。这二十八条治边策略分别为:安边、抚

①《西招纪行诗·序言》,吴丰培辑:《川藏游踪汇编》,第145页。
②松筠:《西藏巡边记》,吴丰培辑:《川藏游踪汇编》,第132页。
③松筠:《西藏巡边记》,吴丰培辑:《川藏游踪汇编》,第146页。
④松筠:《西招图略》,拉萨:西藏人民出版社,1982年,第3页。

藩、戒怒、遏欲、抑强、除苛、厉俗、慎刑、绥远、怀来、成才、述事、
审隘、量敌、合操、行操、练兵、申律、制师、驭众、坚阵、出奇、倡勇、
谨胜、善始、持志、防微、守正。[①]书中详细考证介绍了西藏各地
的地理位置、环境气候、物产风俗、历史沿革，同时松筠也在卷首
表述了自己的治边思想，他说："守边之要，忠、信、笃、敬也。"[②]在
"安边"条中他认为："安边之策，贵于审势而行权……宜威则威，
宜惠则惠。然后仁以厉其俗，义以作其气，惩贪除苛，使知节用而
爱人。并教以诚敬，示以忠信，虽蛮夷可冀知感知畏矣。久之，众
心我同，则民胞物与之化成，于时保之，小心翼翼，固可永安乐利
也。"[③]"守正"条中强调，边防中"武备不可不修，操防不可不讲，
爰绘散总之图，俾知舆地之险，固我疆隅，化彼觊觎"[④]。从这些论
述中我们不难发现他"宜威则威，宜惠则惠"的治边思想与清统
治者"恩威并施"的治边策略不谋而合。书后附《西藏图说》一
卷，共收西藏地图十五幅，总图一幅、分图十四幅。这些图涵盖了
前藏的地理形势、交通路线、山川厄要，有利于进藏的官兵和驻藏
大臣加深对西藏的了解。后人黄沛翘撰写《西藏图考》时从中选
取十二幅图附入。他对松筠的绘图评价很高："然其形势之熟悉，
险要之详明，棋布星罗，灿然大备，自古西藏专图无有逾此者。"[⑤]
《西招图略》后又附《自成都府至后藏路程》《前藏至西宁路程》
两图，图中清晰地划线标明出入藏区的主要路线、路途远近及途
经地区。两图为研究清代西藏地理环境史和交通史提供了重要

① 松筠：《西招图略》，第 3 页。
② 松筠：《西招图略》，第 3 页。
③ 松筠：《西招图略》，第 3 页。
④ 松筠、黄沛翘：《西招图略　西藏图考》，第 1 页。
⑤ 松筠、黄沛翘：《西招图略　西藏图考》，第 67 页。

的参考资料。王师道对松筠及其《西招图略》评价很高："湘圃相国特膺兹任,上体天子之恩,下悉卫藏之情,著有《西招图略》一书,分为二十八条,绘以图说,于山川形势、番汉兵卡,令人开卷了然。而前招后招情性之殊,抚驭之法,练习之方,缕晰条分,尤为切中。……余读其书,想见大君子作用非必有奇策异能也,严以律己,恩以待人,虽在蛮夷,亦知感知畏矣。"①

松筠对西北史地最重要的贡献就是主持编纂《西陲总统事略》,这是清代西北史地学的奠基之作。

自乾隆二十五年(1760)始,清政府将重罪官员发往西北,尤其是天山北路的伊犁、乌鲁木齐等地。为了表彰武功、纪念清朝统一新疆之伟业、积累治边经验以便巩固边防,借鉴、补充新疆所缺乏的志书,松筠利用了这一时机聚集谪戍边塞的文人墨客编纂志书,组成了有清一代第一批真正意义上研究新疆的学术团体,开创了西北方志编纂之先河。

嘉庆七年(1802),知县汪廷楷因罪流放伊犁。松筠看重汪廷楷才华,授意其编纂《西陲总统事略》,后因汪廷楷得赦回乡,《西陲总统事略》编纂工作一度中断。嘉庆八年(1803),松筠上书嘉庆帝提出增纂《伊犁总志》,却遭嘉庆帝驳斥。嘉庆十一年(1806),松筠又以新疆资料不充足为由上书嘉庆帝,认为"伊犁为西域总统之区,自南北两路勘定以来,迄今已阅五十余载,各城案牍日积,悉关旧章,特因纪载未有成书,每遇行查事件,不免参差挂漏,考核无资"②。但是嘉庆帝以"各事宜详载《西域图志》","屯防是为松筠本务"为由再次驳斥松筠的请求。但同时认为"边地书籍罕征,难于

---

① 松筠、黄沛翘:《西招图略　西藏图考》,第29页。
② 松筠:《西陲总统事略》序,台北:文海出版社,1965年,第1页。

纂辑"，令松筠将西北资料送入同文馆编纂《西域图志》。[1]松筠遂以为《西域图志》整理资料为由开始《西陲总统事略》的编纂工作。嘉庆十年（1805），负责修《外藩蒙古回部王公功绩表传》的祁韵士因宝泉局亏空案牵连获罪，被流放至惠远城，途中撰写了《万里行程记》。祁韵士出色的学术才华和勤奋记述的精神受到了松筠的赏识。松筠任命祁韵士为印务章京，专修《西陲总统事略》。"用叙兵屯镇抚之要，边防形势之宜"，由松筠"亲自厘定[2]。该书十二卷，约十三万字，记述了新疆天山南北归属清朝的经过，记载了新疆的疆域、山川、城郭、治兵、边防、屯田、水利、矿产、民族等方面的状况。附有赓宁所绘制的十九幅图。嘉庆十七年（1812），湖南学政徐松因科举出题"割裂文义"谪戍伊犁。第二年松筠出任伊犁将军，注意到徐松的学术才华，让徐松负责续修祁韵士的《西陲总统事略》。徐松周历天山南北两路，做了大量的实地考察和文献比对。[3]他考察的方法是："既览其山川城邑，考其建官设屯，旁及和阗、乌什、塔尔巴哈台诸城之舆图，回部哈萨克、布鲁特种人之流派。"[4]"每所之适，携开方小册，置指南针，记其山川曲折，下马录之。至邮舍，则进仆夫、驿卒、台弁、通事，一一与之讲求。积之既久，绘为全图。乃遍稽旧史、方略及案牍之关地理者，笔为之记。"[5]经过详细的实地考察和文献梳理，徐松在原书的基础上新编《西陲

①《清仁宗实录》卷一七二，嘉庆十一年十二月丁亥，第 31542 页。

② 松筠：《西陲总统事略》序。

③ 缪荃孙编，王兴康等整理：《续碑传集》卷七八，上海：上海人民出版社，2019年，第 3166 页。

④ 徐松：《新疆赋》自序，道光四年刻本，第 1 页。

⑤ 徐松著，朱玉麒整理：《西域水道记（外两种）》，龙万育序，第 9 页。

总统事略》十二卷,数量上比祁韵士本增加了一倍。[①] 嘉庆二十五
年(1820),松筠将第三次成稿的《西陲总统事略》上呈给道光皇
帝。时值张格尔之乱,清廷迫切需要了解新疆近况,此书自然得
到道光帝的赏识。道光帝将此书命名为《(钦定)新疆识略》,并亲
自为书作序,言新疆"幅员之广,经理之宜,初未勒有成书,昭示来
许",认为此书"虽于古迹土俗物产略而弗书,而河山之襟带、城郭
之控制,兵食财赋之储备,田野畜牧之繁滋,条分件系,颠末详胪,
成宪旧章,粗已赅具"[②]。

　　《钦定新疆识略》共十二卷,卷首有"圣藻"一篇,按照编写时
间的顺序记述初定准噶尔、再定准噶尔、平定回部等军事活动,反
映了康熙、雍正、乾隆时期用兵西北的全过程。正文十二卷分别为:
卷一、新疆总图,卷二、北路舆图,卷三、南路舆图,卷四、伊犁舆图,
卷五、官制兵额,卷六、屯务,卷七、营务,卷八、库储,卷九、财赋,卷
十、厂务,卷十一、边卫,卷十二、外裔。《钦定新疆识略》不仅记载
当时新疆的重要事件,还详细记录了清政府在新疆开展的政治、经
济、文化、宗教、交通、水利等多方面工作,为我们对清代新疆政治、
经济、文化等各领域的研究提供了翔实的史料。其中,《厄鲁特风
俗纪闻》详细记述了 16 世纪至 18 世纪厄鲁特蒙古政治、经济、军
事、文化风俗各方面的状况,被特木尔巴根认为是"18 世纪的《蒙
古风俗鉴》"。

　　关于写书的目的松筠依然秉持着"知史以明鉴、学以致用"的
经世态度,认为"书成凡十二卷,自愧舁陋少文,不敢妄言志乘,名

---

① 周轩、高力:《清代新疆流放名人》,乌鲁木齐:新疆人民出版社:1994 年,
　　第 93、68 页。
② 松筠:《钦定新疆识略》道光序,台北:文海出版社,1965 年。

曰《伊犁总统事略》。藏之衙斋,用备公余省览,或于守土思职之义,不无小补焉"①。松筠在序言中过于自谦,而时人程振甲给予此书很高的评价:"湘浦先生者敩历中外,镇抚有年。辟其田使速耕,导其川使速溉,百谷草木禽鱼之利,无殊中俗。……暇则考山水方界之延袤,与夫民情物俗政事之得失,各根其实,都为一卷,凡十二卷。是书也,意繁而旨博,于伊犁安抚之长策,尤三致意焉。后之人守其土,读其书,奉其成法,思其明德、茂功与立言俱不朽。"② 宗室晋昌则言后世治理新疆者当奉此书为圭臬。③

贾建飞认为"《钦定新疆识略》是晚清西北史地学兴起的标志性作品"。"首先,在研究方法上,它将考据与实地考察很好地结合了起来,同时附之以舆图的测绘,改变了此前著作单纯局限于考据而忽视考察、测绘的缺憾。其次,它的编撰直接影响了许多人走上治西北史地研究的道路,如祁韵士和徐松能够成为晚清西北史地学的开创者,主要得益于此。……因此,如果我们说祁韵士与徐松是晚清西北史地学的开创者,那么松筠则可以说是晚清西北史地学兴起的奠基人。他不仅为西北史地学的兴起奠定了坚实的基础,而且在其影响下也掀起了一股研究西北史地的热潮。"④

松筠有关边疆的见解还留在了《百二老人语录》中。据松筠所说,《百二老人语录》是他收集了一百二十个老人讲述的故事集。他认为这些故事是旗人应知、应学、应行的事例。实际上是

①《钦定新疆识略》序,第 3 页。
②《钦定新疆识略》程振甲序,第 4 页。
③《钦定新疆识略》序,第 5、7 页。
④ 贾建飞:《论松筠与晚清西北史地学的兴起》,《中国边疆史地学研究》,2004 年第 1 期。

松筠假托一百二十个老人之口表达自己对八旗事务的见解①。这些故事大部分强调了旗人应当不废国语骑射,勤于练武,忠诚于皇帝,提倡勤俭节约、重义守信的道德标准。另外一部分内容则叙述了旗人应知的边疆情况。如其在《百二老人语录》第三册中详述了归化城土默特蒙古两旗的情形及屯垦状况。②在第四册"外藩事八条"中第一条叙述了驱准保藏的经过。第二条讲述平定罗卜藏丹津叛乱经过、由青海至西藏的路程、理藩院大臣解决班禅朝觐唐古特地区为派乌拉一事,以及该官员在库伦任职期间治理边疆的经验。第三条讲述内扎萨克蒙古分布情况、外扎萨克的情况、归附清朝的经过及建置风俗。第四条叙述了与俄罗斯接壤边境卡伦状况。第五条叙述了外喀尔喀地区的建置及卡伦状况、科布多地区游牧及军台状况。第六条讲述新疆准格尔叛乱平定前的状况,新疆乌鲁木齐、伊犁、哈密、吐鲁番及回疆八城都统参赞、办事大臣的设置状况、新疆各地的军台状况,哈萨克、布鲁特等藩属的游牧状况,土尔扈特东归经过及朝廷处理结果。第七条详述俄罗斯国政治、经济、文化、风俗的大体状况,以及俄罗斯与清朝的关系。第八条讲管理与俄罗斯贸易的相关条例和注意事项。这些介绍涵盖了清朝统治地域内的各处边疆情况,是对清朝边疆管理状况较为全面的介绍。其中第四、第五两条记载边境的卡伦状况,补充了《理藩院则例》和《大清会典》的不足之处,是较为珍贵的历史记录。现录如下:

---

① 松筠笔下的人物,虽未必有其人,却是对实际生活中同类人物高度概括。刘小萌:《清代北京旗人社会》,北京:中国社会科学出版社,2008年,第284页。

② 松筠:《百二老人语录》,东洋文库本。

　　一老人云：理藩院有一友，差往库伦巡查卡伦，甚为黾勉。伊云：喀勒喀图什叶图汗部落，内有哲布尊丹巴呼土克图居住之处，谓之库伦。彼处钦命驻扎大臣等照拂呼土克图，又承办与鄂罗斯接壤事件。其鄂罗斯搭界处，共有卡伦五十有九。极东之十二卡伦，系黑龙江将军所属，由彼出派官兵，每三个月一换坐卡。迤西尽处系呼伦贝尔之地，彼处系副都统职衔总管协理卡务。自呼伦贝尔边境起，西接喀勒喀车臣汗部落之十四卡伦。此西邻接连喀勒喀图什叶图汗部落之十四卡伦，此即鄂罗斯所请通商卡克图之地，东二十八卡伦也。每卡伦章京兵丁共三十户携眷坐守。卡克图西邻系喀勒喀三音诺彦部落所设十二卡伦，此内有邻居之喀勒喀扎萨克汗部落所放卡伦七处，即卡克图之西十九卡伦也。此卡伦之尽西，乌里雅苏台将军所管之进吉里克之苏木卡伦。

　　卡克图之西两部落共十九卡伦，惟三音诺彦部落内居住三十户一卡之外，其余十八卡伦皆驻二十户，均系携眷而居，是以此四部落四十七卡，谓之家卡伦。每卡一年一次更换，驻扎台吉一名，各部落各专派扎萨克台吉一员，在于各部落卡伦之附近管理。卡克图之东两部落卡伦扎萨克一员，卡克图之西两部落卡伦扎萨克一员，总统居住管理。详核查卡之友所言，可知其卡外一带情形如同目睹。车臣汗部落卡伦内外尽系荒野，于卡内驻扎保守之兵二百户，谓之库什古尔之兵。其图什叶图汗部落卡伦内外尽山，河沟亦多，路险林密，瞭行之间相对即望见鄂罗斯卡伦，并有甚近者。卡克图以西十九卡，内外路虽不险，一带皆系山林，茂密尽塔子头。此内惟三音诺彦部落之四五卡伦，与鄂罗斯卡伦不甚遥远；其余十数卡伦，各与鄂罗斯卡伦相离一二日行程、三四日行程之远者，并有相离甚远者。

雍正五年,原定喀勒喀四部落卡伦之外,一带公中空地之中,共立鄂博二处,谓之边疆奇里鄂博。此奇里鄂博恐互相潜移,仍令两边卡伦人等前往查勘。若越奇里鄂博行者,即为越境,照例拿办。

鄂罗斯之性虽柔而奸,平素极为恭顺,循规而行。起初立设卡伦,特为沿边居住之四部落蒙古等,恐有越边肆行扰害鄂罗斯等之故,是以设卡巡查。坐卡之人亦系四部落各扎萨克旗人,不时训诰,诚恐怠荒。是以于每岁春秋委员稽查伊等之军械及所拴之官马,并训谕应禁各条。这查卡伦之理藩院友,每次挨查,将卡伦人等应约束者以理约束,应抚绥者以理抚绥。恺切教谕务使明晓,于是各知感畏,遵谕奉行。此友可谓勉力矣,且年轻有学,不惧艰辛,乘骑历险如履平地,稍有余暇看书益智,并思格于物为理,舍于物为义之言,一切谨慎酌行。

又一库伦效力废员朋友,博学历练,体虽胖笨,洽仍便捷。五旬有余,乘骑查卡,每行至山险可畏之处从容越度。此二友体面不骄,卡伦及游牧之人均为啧啧称赞也。①

一老人云:喀勒喀四部落内有三音诺彦部落之乌里雅苏台城,驻扎将军一员、参赞大臣一员、科布多驻扎参赞大臣一员,统辖四部落各扎萨克所备额兵,此即定边左副将军是也。是以四部落各有蒙古副将军一员,每年四季按季轮流往乌里雅苏台将军处驻班,仍有值班之四部落扎萨克四员。将军处有特木尔牧厂之马驼,亦由四部落内轮派扎萨克一员,经理牧

---

① 松筠:《百二老人语录》,东洋文库本。

放。由乌里雅苏台城以北六站有进吉里克之苏木卡伦。由进吉里克起，西至额尔齐斯河附近之霍尼迈拉呼，共有苏木卡伦二十三处。其坐卡之台吉官兵均由四部落扎萨克等按各佐领均匀出派，一年一换，官为给饷。其二十三卡伦之内，东一半系乌里雅苏台将军管理，西一半系科布多参赞大臣管理。此苏木卡伦之外尚有呈进貂皮之阿勒坦诺尔、克穆克穆奇克等项乌梁海人等。霍尼迈拉呼之西邻自辉迈拉呼卡伦起，以西之卡伦皆由塔尔巴哈台满洲厄鲁特兵等出派，轮换行走，系塔尔巴哈台参赞大臣管理。

自科布多城至乌里雅苏台城其间远隔十五台。科布多北卡伦内一带地方系杜尔伯特汗王贝勒、贝子、公、扎萨克等游牧居住。此辈亦系额鲁特种，自乾隆十六年陆续向化投诚，均各承受圣主隆恩世世安居。科布多东北地方系明噶特人等游牧，科布多之附近西北地方系东额鲁特数百户人等游牧，其科布多之东南地方系额鲁特种之扎哈沁人等游牧，科布多所属之正南边界及西南处所系阿勒台、乌梁海人等纷散游牧。科布多所属之西南边界阿勒台山之南布勒罕河、庆吉勒河等处系土尔扈特郡王奢楞贝子沙喇扣肯等处游牧。此周围所有游牧人等均系科布多参赞大臣照拂管理。彼处仍有屯田之绿旗官兵，每年收获粮石作为官兵口粮，其乌里雅苏台所用之粮每年皆由科布多处取运，驻扎张家口。察哈尔都统所管之台站直接喀勒喀之台，直至乌里雅苏台，科布多之所设者名为阿勒台路军台。库伦者在乌里雅苏台之东，相隔有二千来里。自库伦以南所设十四台，直达阿勒台路塔拉多伦军台，向东可抵张家口，向西可赴乌里雅苏台。此乃北方蒙古疆界之情形，所宜知者也。①

蒙古旗人历史之记忆、身份认同与谱系、历史书写

1. 满洲旗分蒙古人与《蒙古世系谱》

17—18 世纪，漠南、漠北、漠西蒙古先后臣属于清朝，他们传统的无拘无束的游牧方式和战争中的英雄主义正在消失，因此他们更加重视将自己祖先和光辉业绩记录下来，以保存自己的民族身份；塞外蒙古出现编纂世系谱、纪录祖先历史记忆的高潮，产生了如《蒙古源流》、《黄金史》、《金轮千辐》、《大元水晶数珠书》等谱书和编年史。与此同时，乾隆初年，满洲统治者也在进行民族身份认同和祖先记忆保存的工作，官方于雍正十三年（1735）到乾隆九年（1744）编成《八旗满洲氏族通谱》。书中收集了爱新觉罗氏以外的 1114 个八旗满洲姓氏及各姓氏的著名人物。与此相似的是，清前期加入满洲旗分的蒙古人却并未因其满洲旗籍身份放弃对本民族的认同。罗密、博清额所撰《蒙古世系谱》（又称《蒙古博尔济吉特氏族谱》）便是他们保存祖先记忆、构建身份认同的一项工作。

罗密，字慎夫，蒙古博尔济吉特氏，蒙古正蓝旗人，祖先世居喀喇沁。康熙初出生，雍乾之间去世②。罗密的八世祖是达延汗，七世祖为达延汗三子拜思哈尔·赛因·和托郭尔·坤都伦代清汗，"在喀喇沁部为主"，身世显赫。后喀喇沁部与察哈尔蒙古不和，罗密祖先绰克图和其子卓尔壁与诸兄弟合议降后金，皇太极于天聪九年（1635）二月编喀喇沁蒙古壮丁 7830 名建立蒙古八旗，将大

---

① 松筠：《百二老人语录》，东洋文库本。
② 中国第一历史档案馆：《蒙古博尔济锦氏族谱（上卷）》，《历史档案》，1996 年第 3 期。

部分喀喇沁蒙古隶于旗下，罗密的祖先绰克图、卓尔壁被归于正蓝旗。① 其后世子孙多任正蓝旗蒙古左参领下佐领，罗密亦继承这一职位。

罗密于康熙二十七年（1688）前后任正蓝旗蒙古都统左参领所属第十三佐领，后被革退②。复于雍正二年（1724）十二月由原理藩院郎中授直隶布政使。③ 后于雍正五年（1727）任蒙古镶白旗副都统，雍正十三年（1735）五月升为蒙古镶红旗都统④。他于雍正十三年（1735）八月十五日完成《蒙古世系谱》。博清额在序中称罗密"幼而聪颖，长而明辩，性耽书史，好学不倦，马足车尘，未尝辍卷，尤喜读史，尝闻评古人之得失，片言即中当时之病，顿剖后世之疑，虽老儒亦不能屈。故纪事详贯，纤微备载焉"⑤，可见罗密出色的史学才能是其编纂《蒙古世系谱》的基础。乾隆二年（1737）继任镶白旗都统，三年（1738）病休，安度晚年。在告老还家之时，罗密将他的蒙文《蒙古世系谱》原稿（现已亡佚）"译以清汉"，这就有了现存于内蒙古大学图书馆和中国第一历史档案馆的汉文《蒙古世系谱》。⑥ 此稿经乌鲁特明安的七世孙博清额删改完善，后经博

---

① 中国第一历史档案馆：《蒙古博尔济锦氏族谱（下卷）》，载《历史档案》1996年第4期。

② 李洵等校点：《钦定八旗通志》卷十二，长春：吉林文史出版社，2002年，第245页。

③ 钱实甫：《清代职官年表》，北京：中华书局，1980年第，1813—1814页。

④ 罗密：《蒙古博尔济锦氏族谱》序，李洵等校点：《钦定八旗通志》卷十二，第364页。

⑤ 博清额：《蒙古博尔济吉忒氏族谱》，北京图书馆编：《北京图书馆藏家谱丛刊·民族卷》，北京：北京图书馆出版社，2003年，第331、679页。

⑥ 纳古单夫：《〈蒙古博尔济吉特氏族谱〉版本述略》，《内蒙古社会科学》，1996年第1期。

明抄录后,形成现藏于国家图书馆的《蒙古世系谱》(收录于《北京图书馆家谱珍本丛刊》内)。①

　　博清额的祖先是明末内蒙古乌鲁特部部长,该部大约在广宁之北镇靖、镇远之处。因和察哈尔蒙古林丹汗有矛盾,其高祖明安在天命七年(1622)正月努尔哈赤攻取明朝广宁等地时受到威胁,归降后金。努尔哈赤将明安的部众编为"乌鲁特蒙古旗",独立于满八旗之外。但是皇太极天聪六年(1632)征讨察哈尔部时,该旗因"藏匿人口及战利品"被皇太极取消,部众被分散于满八旗,明安家属改隶于满洲正黄旗。② 这一惩罚性质的改旗籍成了博清额满洲身份的由来。

　　博清额一家身份显赫,明安在清入关前曾被授予总兵官世职,后称为昂邦章京、精奇尼哈番(子爵),顺治年间晋封为二等伯爵。明安及其后代共封爵三,世职一,后世子孙世袭,属于军功类勋贵。博清额也像他祖先一样功勋卓著。乾隆四十七年(1782)任镶黄旗汉军都统,随后任广州驻防八旗的满洲副都统。《驻粤八旗志》中有他的小传,记载了他在任职期间镇压林爽文起义的事迹。清军主帅福康安率军入台后,博清额又配合清军主力"大小十三战,皆有功"。五十四年(1789)六月革广州驻防满洲副都统。③ 博清额于乾隆四十六年(1781)八月撰写《蒙古世系谱》之增序。在序中他表达了自己续写的目的是继承罗密的遗志:"虽中郎逝矣,继

① 博明抄:《蒙古世系谱》,北京图书馆编:《北京图书馆藏家谱丛刊·民族卷》,北京,北京图书馆出版社,2003 年。

② 达力扎布:《明代漠南蒙古历史研究》,呼和浩特:内蒙古文化出版社,1998 年,第 128 页。

③ 长善等纂,马协弟、陆玉华点校注释:《驻粤八旗志》卷十五《博清额传》,沈阳:辽宁大学出版社,1992 年,第 444—445 页。

起何人？若清也。……耳之所曾闻，目之所曾见者，敢不勉续之，以答罗公述谱之苦心，成自己之夙志耶。"①

经罗密和博清额编纂的《蒙古世系谱》共三册。第一册为罗密所编，后两册为博清额续写。第一册名为《蒙古博尔济吉特氏族谱》，分上下两卷。卷首载雍正十三年（1735）八月罗密序、乾隆四十六年（1781）八月十五日博清额序两篇。博清额续写《世系谱》依照《蒙古秘史》《元史》《辍耕录》《八旗通志》等所载人名、地名、年代，为原文做了批注及校勘。将人名、地名进行了规范，这是其重要的贡献之一。序言之后是正文，开篇即说蒙藏印同源，之后便是《元史》所载孛端察儿到成吉思汗（书中作"清机斯汗"）至元惠宗，即从蒙古起源到蒙元汗国的历史。下卷是从蒙古必力克图汗到林丹汗的历史。后附成吉思汗后裔世系、达延汗后裔世系（详记其第九子格勒博罗特世系，至博清额一代）、喀喇沁世系（详细记载博罗特三子拜思哈尔·赛因·和托郭尔·坤都伦代清汗之世系至作者罗密一代），以及明末清初察哈尔部、喀喇沁部、科尔沁部、外喀尔喀诸部的历史。

博清额编第二册名为《蒙古世谱图考》，不分卷，为《蒙古族谱》续作，内载《元朝秘史》世系谱、《辍耕录》载元朝世系谱、《元史》所载世系谱、《蒙古族谱》所载世系谱；蒙古国主世系图（上）、蒙古国主世系图（下）、蒙古子姓分派图（包括第一支察哈尔、敖汉、克西克腾、奈曼、鄂尔多斯、土默特、喀喇沁、乌鲁特等）。每图之后，均有博清额考订。他认为唯《蒙古世系谱》所载"乃合本族诸家所藏谱本"②。博清额在《蒙古世谱图考》言，《元朝秘史》世系谱"由《永乐大典》所录

---

① 博清额：《蒙古博尔济锦氏族谱》序。
②《蒙古世谱图考》，内蒙古图书馆藏清抄本《蒙古世系谱》，第22—23页。

《元朝秘史》内抄出,乃明初依蒙古文字译出"①。据此,纳古单夫先生评价博清额为"蒙古族学者中最早研究《元朝秘史》的学者,据《元朝秘史》补充了《蒙古世系谱》"②。此卷实系《蒙古世系谱》之资料长编。

第三册为《格勒博罗特谱传》,全一册,不分卷,著作年代不详。该书是罗密《蒙古族谱》之续作,亦是博清额《蒙古世谱图考》之续编,记述达延汗第九子格勒博罗特后裔世系的重要历史文献(《黄金史》《蒙古源流》等主要蒙文文献,都不记载格勒博罗特后裔世系)。书中尤详载格勒博罗武—隆·诺音—吴班—齐伦之后,他们祖上显赫人物如明安、昂洪、多尔济、郎苏、鄂尔齐、班第、舒库勒等都附有小传,其内容远比《八旗通志》《清史稿》《清国史》等官方史书的相关资料丰富。③

《蒙古世系谱》补充了《元朝秘史》《元史》《清史稿》等诸多史料,在蒙古史研究中占有独特的地位。纳古单夫先生评价其为"继《蒙古秘史》《蒙古源流》《黄金史》之后,罗密之《博尔济吉特氏族谱》当为蒙古编年史文献中最完整的代表作,它是蒙古历史文献经典中的另一里程碑"④。

此书不仅是蒙古族历史的重要补充资料,还是蒙古旗人自身认同、民族记忆的重要组成部分。罗密在《蒙古世系谱》的序言中写道:

---

① 《蒙古世系谱图考》,内蒙古图书馆藏清抄本《蒙古世系谱》,第22—23页。
② 纳古单夫:《〈蒙古博尔济吉特氏族谱〉版本述略》,《内蒙古社会科学》,1996年第1期。
③ 纳古单夫:《〈蒙古博尔济吉忒氏族谱〉之作者及版本》,《内蒙古社会科学》,1988年第4期。
④ 纳古单夫:《〈蒙古博尔济吉忒氏族谱〉之作者及版本》,《内蒙古社会科学》,1988年第4期。

记(博本作"计")我博尔济锦(博本作"吉特")氏宗支,至今为汗者三(博本无"至"字),为王者数十,为扎萨克掌一部之政者各统一部落者百余人。幸能恪恭奉职,勉效驰驱,皆沐圣代隆(博本作"鸿")恩,有加无已,故得休养生息,以乐育于光天化日之中也。噫! 亦盛矣。

我蒙古自始祖以来,虽盛衰不一,聚散无常,而俗尚简易,复(博本作"服")用俭朴,且能勤畜牧,耐劳勚,凡蒙委使,奋勇争先,戮力疆场,克奏伟绩。故迄于今,犹(此处博本有"得")荷累朝之厚宠(博本作"泽"),沐列圣之殊恩,重以姻亲(博本作"娅"),荣忝戚畹,袭以世爵,位列藩屏,共际圣明之世,常依日月之光,岂非我博尔济锦氏(博本作"博尔济吉特")之厚幸欤?

夫国有史,家亦有乘。蒙古自出边(博本作"塞")以后,屡遭威勒忒之变,遗(博本作"残")编散帙,缺略殊多,各家纪载,每至互相舛错,老成凋谢,文献无征,世远年湮,前人事迹,或致废坠。

密忝蒙古裔孙之列,不揣愚陋,欲述先人支派源流,以垂后祀。缘王事驰驱,未能(博本作"获")如愿,今年逾六十矣(博本作"今年逾耳顺矣")。爰于公事(博本作"退食")之余,广览博稽,详加考证,删繁摘要,录其次第源流,以备家乘;译以清、汉文字,以便披览。后之子孙,欲求先世支派原委,展阅斯编,了然在目。因以念世泽之绵长,感圣恩之高厚,勉为忠孝,毋至陨越,亦不负余区区述谱之意,是又余之所厚望也夫(博本作"矣")。[1]

---

[1] 中国第一历史档案馆:《蒙古博尔济锦氏族谱(上卷)》,《历史档案》,1996年第3期。

从中可看出罗密对蒙古和博尔济吉特氏的身份有着崇高的自豪感,对前人历史记忆即将废坠满怀担忧。且他创作的初稿也是以母语蒙古语写成的,而博清额续写《蒙古世系谱》也继承了罗密的志向。在此不难发现,罗密和博清额虽然成为旗人(其中一人还是满洲身份),但并未忘却蒙古身份和历史记忆而完全被"满洲化",并且犹思复原历史记忆,将其强化编纂成书。

2. 满洲化的八旗蒙古人与当代史撰写

清前期记录当代史的蒙古旗人有乾隆年间的爱必达。爱必达,阿拉克奇特氏,蒙古正白旗人。累官至副都统、湖广总督。他精通汉文汉语,著有《开国佐运功臣宏毅公家传》,《八旗文经》卷五十二录有全文。文中详细地述说了额宜都的生平事略。额宜都是清朝的开国功臣,初无传,自爱必达此传以后,官修史书如《清史稿》、《清史列传》、《清国史》等亦列有其传,但内容皆源于此。笔者将《清国史》[①]、《清史列传》[②]中的额宜都传与此篇文章对比,发现《家传》在年代、战争细节、人物性格、努尔哈赤给予的赏赐及后世诸帝赐予恩荣等方面记载得更为详细。如描述额宜都性格:"公性忠诚果敢,结发从太祖征讨。身经百战,金痍遍体,其攻诸城寨时,率只身夜往,佩火具,既登,然之以为军号,或遂燔敌营栅。及为将,尤善以少击众,攻城掠地,所向皆捷,然尤明于大义,而谨于事上。事有关于国家,虽己子亦不稍存姑息。"[③]作者在卷末不仅附了额宜都的赞语,还记录了额宜都的史料保存状况。"公旧无传,圣祖御极,笃念勋庸,既以传志

---

① 国史馆:《清国史》第五册,嘉业堂钞本,第 135 页。
② 王钟翰点校:《清史列传》,北京:中华书局,1987 年,第 174—175 页。
③ 爱必达:《开国佐运功臣宏毅公家传》,盛昱:《八旗文经》,第 422 页。

裨史官,又时召见公孙敏悫公,从容论说往事,且以大内所藏天命初旧籍宣赐,并召族人,咸得瞻列祖实录。于是公之本末焕然简册。然当日画炉秘计,借箸英谋,尚有不可得而见者。呜呼烈哉!"[1] 由此可见爱必达此文亦有保存史料的作用。盛昱《八旗文经》称:"蒙古先世遗著传世甚稀,《大谷山堂集》、嵩贵《邮囊存略》、景文《抱筼亭集》、爱必达《开国佐运功臣宏毅公家传》,为其表表者。"松筠的《百二老人语录》和爱必达的《宏毅公家传》表明,蒙古旗人在继承蒙古祖先的历史记忆之外,还接纳了八旗共有的民族历史记忆,也就是八旗构建共同奋斗的历史及清朝官方树立的道德样板。松筠对于祖先记忆和罗密、博清额等人对祖先记忆甚为熟悉代表着两种情形,是否与罗密等人为博尔济吉特氏,对自身黄金家族的贵族身份比较重视有关,这尚待进一步考察。

3. 内府蒙古旗人法式善与科举文化史

在保存对蒙古身份的认同、构建对八旗民族共同体的认同之外,清前中期蒙古旗人历史研究中另外两个关注点便是科举文化和掌故学。这主要体现在内府蒙古旗人法式善的诸多著作中。法式善(1753—1813)为清代与袁枚齐名的诗坛领袖,还是藏书家。字开文、梧门,号陶庐、时帆,蒙古乌尔吉特氏,蒙古正黄旗人,祖父、父亲均在朝廷任职。他于乾隆四十五年(1780)中进士,历任翰林院庶吉士、国子监祭酒、《四库全书》提调官、侍讲学士等,曾多次奉诏参与编纂《全唐文》、《皇朝文颖》等书。[2] 法式善以诗文见长,著有《梧门诗话》。还精通史学,尤熟掌故,"凡官撰之书,无

---

① 爱必达:《开国佐运功臣宏毅公家传》,盛昱:《八旗文经》,第 423 页。
② 王钟翰点校:《清史列传》,第 5948 页。

不编校"。特别是对清朝典章制度"该博审谛"。撰《清秘述闻》、《槐厅载笔》、《陶庐杂录》、《备遗杂录》、《约西杂记》等,对保存和研究清代政治经济、文化教育、风土人情、作家著作等都有重要的参考价值。

法式善的《槐厅载笔》和《清秘述闻》并称"科名故实二书",是研究科举史的重要资料。《清秘述闻》书名取自清代翰林日常办事场所"清秘堂"。该书是嘉庆四年(1799)法式善在任翰林学士时,辑录顺治至嘉庆四年历次会试和乡试的考官、考生信息而成的汇编,包括主考和同考官姓名、籍贯、履历,解元、会元的姓名、籍贯、履历以及当年的考题,是研究清代科举制度和人物传记的重要补充资料。

嘉庆九年(1804),法式善任祭酒时撰《槐厅载笔》,书名取自国子监祭酒的办公场所"槐厅"。该书收录了历届乡试、会试的考题、考生信息及掌故、诗文,仿照朱彝尊的《日下旧闻考》分十二门,二十卷。十二门分别为规制、恩荣、盛世、知遇、掌故、记实、述异、炯戒、品藻、梦兆、因果、咏歌。

法式善重视当代掌故的记录,翁方纲在序中说:"自其为讲官学士时,辑录制科、贡举、官职、姓氏之类,无不备具。洎先后任司成,课业之暇,捃摭诸家集部、说部凡有关于科目者,皆分条掌记焉。"① 可见其因任职经历对科举非常熟悉。时人朱珪对这两部书评价甚高:"其为学士也,则著《清秘述闻》十六卷;其官祭酒也,则著《槐厅载笔》二十卷,实事求是,文献足征,详矣!确矣!"②

除了当代掌故之外,法式善还乐于研究前朝掌故。翁方纲

---

① 法式善等:《清秘述闻三种》,北京:中华书局,1982 年,第 2 页。

② 法式善等:《清秘述闻三种》,第 2 页。

在序中说:"每有见闻,必著于录,手不工书,而记述之富,什倍于人……其中有系乎考证,有资于典故者。"[1] 他的《陶庐杂录》堪称是一部有关政治、经济、文化、军事、教育等多方面的百科全书。陈预也在序中说:"上自内府图书,下至草茅编辑,罔不详其卷帙,考厥由来;其中如历代户口之盛衰、赋税之多寡、职官之沿袭、兵制之废兴,一切水利、农桑、盐茶、钞币、治河、开垦、弭盗、救荒,与夫说论名言,零缣佚事,参稽胪列,语焉能详。"[2] 本书最突出的有两点:其一是记载明清两代的图书资料,包括编纂缘起及刊刻情况,并附有内容简介、卷数编目,有的还评价其得失,或补充材料。其二是记载了清代经济史相关资料,如田亩数目、人丁户数、粮、草、茶征税数目以及铸钱交钞白银库存等资料。他不仅简单记述,还在一些史料中加入自己的见解,如其对王安石的青苗法以钱贷民的批判,认为不如汉代以来以谷贷民的社仓[3]。总之,法式善记录科举和清代政治、经济的相关资料,并加以考证,说明了他的关注点同汉族史学家一样集中在王朝统治相关的问题上。他的方法也是传统的考据学,并无特殊之处。可见清代中叶内务府的蒙古旗人在思维上已经汉化。

总之,从前述可以看出这一阶段的史地学撰述的特征有:

第一,以西北史地创作为主,多为统治者歌功颂德的官方志书。如松筠的《钦定新疆识略》、和瑛的《三州辑略》,书中卷首均附圣藻。序言中也都是为统治者歌功颂德的言辞,如《三州辑略》之序言赞扬统治者治理边疆的善政:"龙堆瀚海,数千里同轨行车;金

---

① 法式善等:《陶庐杂录》,北京:中华书局,1959 年,第 3 页。

② 法式善等:《陶庐杂录》,第 4 页。

③ 法式善:《陶庐杂录》,第 161 页。

岭松塘,几万里置邮传命。建连城于绝徼,车辅相依;聚比户于平原,室家相保。区塍万陇,开田越充国而遥;房驷千群,考牧在秦非之上。厥贡惟金,三品采冶,以利民生。和阗大玉,千舠投界,聿昭圣德。严壁垒则龙骧虎旅,何忧乎封豕长蛇;建黉宫则雁户鱼民,伫俟乎腾蛟起凤。穹庐毳幕,奉扬玉帐仁风;蔀屋蓬门,渐沐琴堂时雨。莫不向九边之使节,祝万里之尧封也。"[①]

第二,记述往往与清朝西北军事行动有关,内容多为作者见闻及官方档案资料汇编,缺乏系统的学术研究著作。如富俊的《科布多政务总册》是边疆档案的资料汇编,没有过多的论述。

第三,注重实地考察,著作多源于作者任职西北的经验。此点会在结论处展开论述。

第二章　清后期蒙古旗人史地学的编纂分期与时代特征

道咸之变局:经世致用的倾向与领域的拓展

边疆危机与蒙古旗人西北史地走向经世致用

19世纪,西北边疆各种问题尖锐地浮现。19世纪20年代,浩罕支持挑唆张格尔在新疆叛乱,向南疆发动四次进攻。叛乱于道光八年(1828)才得到平息。道光十年(1830),由于清朝对其贸易的限制,浩罕又支持张格尔之兄玉素普在南疆发动叛乱,此次也被清朝镇压。19世纪30年代以后,沙俄加速了对中国西北的武装侵扰和非法占领,英国也从中亚向新疆侵略渗透,中国西北边疆进入多事之秋。1840年,英国的坚船利炮打开了中国的大门,中国边疆

[①] 和瑛:《三州辑略》,早稻田大学藏清刻本。

陷入全面危机。"俄罗斯兼并西北,英吉利蚕食东南"[①],中华民族陷入空前的危机之中。危机刺激了当时学人的思考,时人纷纷提倡经世致用之学,力图为国家抵御外辱、安定边疆出谋划策。

西北地区边疆危机的逐步加深,以及清政府频繁的平叛使得参与这一过程的蒙古旗人积累了大量的实际经验,他们继承前辈的治边经验,并且更加深入地讨论西北防务之道、政府政策之得失以及国家富强之道。史地研究被赋予维护边疆主权的新意义,由此蒙古旗人的史地学进入了一个更加注重经世致用的新阶段。

1. 壁昌的守边经验

蒙古旗人壁昌总结其担任边疆参赞大臣的经验,著成的书具有较强的实用性,为时人所称赞。

壁昌,又作璧昌,为道光时期著名守边能臣。字东垣,号星泉,额尔德特氏,蒙古镶黄旗人。驻藏办事大臣和瑛之子。壁昌由工部笔帖士铨选为河南阳武知县,后任直隶枣强知县,升为大名府知府。道光七年(1827)奉命随直隶总督、钦差大臣那彦成到南疆处理张格尔叛乱之后的善后事务。九年(1829)署叶尔羌办事大臣。十一年(1831)任喀什噶尔参赞大臣;当年十月,参赞大臣驻地由喀什噶尔移至叶尔羌,壁昌遂为叶尔羌参赞大臣。十四年(1834)二月任乌什办事大臣,九月调任凉州副都统。后任阿克苏办事大臣、察哈尔都统、陕西巡抚、福州将军。二十三年(1843)擢两江总督,二十八年(1848)十二月以疾回京。咸丰三年(1853)太平军北伐威胁京畿,壁昌为巡防大臣。咸丰四年(1854)卒。[②]著有《叶尔羌守城纪略》《守边辑要》《牧令要诀》《兵武闻见录》。

---

① 魏源:《海国图志》卷七一,光绪二十一年上海积山书局藏本。
② 赵尔巽:《清史稿》卷三六一《壁昌传》,第1135页。

壁昌于道光九年（1829）一月，擢署叶尔羌办事大臣。在抚驭回疆的过程中，他力图去除各种陈规陋习，访问民间疾苦，笼络汉、回各阶层人士，颇得各族拥护。又新建汉城，以存仓之粮二万石为额贮，在守城时起到了重要的作用。道光十年（1830）八月，浩罕同玉素普率军偷犯卡伦，喀什噶尔、英吉沙尔二回城迅速沦陷，二汉城也被叛军包围。九月初，玉素普随浩罕率数万重兵南下直扑叶尔羌，叶尔羌战争一触即发。①壁昌在《叶尔羌守城纪略》中记载了整个守城战役的过程，其记录比《叶尔羌乡土志》《圣武记·回疆善后记》更为生动、丰富、详细。他首先召见阿奇木伯克阿布都尔满等伯克及阿訇等民间领袖，告诫维吾尔族政治宗教首领叛军之凶残，晓以利害，强调清朝皇帝一向对回众施恩庇护，号召回汉一同守城抗击叛军。随即招募民人之中有勇者负责守御，又招募维吾尔族民兵编成千人队，另派换防兵二百名守回城。因为叛军毁坏回城街道"攫取财物子女"，回人愤恨之。加之壁昌素团结、安抚回众，因而出现了"回子男妇皆出击"的局面。其次，壁昌行坚壁清野之策，所有商民全部被命令撤入城内，并招募三百名志愿兵编成民勇，和驻城的一千二百名换防兵并肩作战。战后，壁昌适时论功行赏。第一波进攻被击退后，他发给阿訇银四千两，分赏有功的维吾尔族人，战绩突出者保蓝翎。第二次进攻被瓦解后，"伯克、回子"分别加赏翎、顶戴"不下百余支"②。战争胜利的曙光将近，他又派兵扼守亮噶尔、科热巴特等要地。由于壁昌的高超战术及各族人民团结一致，从九月到十一月，近九十日，浩罕军三次进犯，久攻不下，遂"迭击

---

① 赵尔巽：《清史稿》卷三六一《壁昌传》，第1137页。

② 壁昌：《叶尔羌守城纪略》，苗普生编：《西北史地文献》第二辑，兰州：兰州古籍书店，1990年，第3—16页。

败走之"①。等到援兵至,"贼望风遁"。② 叶尔羌守城一役可谓壁昌之谋略和当地兵民一体、民族团结的共同胜利。从中我们也可以看出壁昌无夷夏大防而有民族平等的观念,以及他团结民众、尊重利用宗教的治边思想。时人称赞:"公以千余瓜戍之兵,当数万日滋之贼,势穷援绝,从何措手……得力处全在收回民众之心……兵民回,联为一体,固已掀贼魄而夺其气矣。"③

在写完《叶尔羌守城纪略》后,离开新疆的壁昌又撰《守边辑要》,总结他在新疆的守边经验。该书于道光二十年(1840)刊行,其书概括成"守边十法",也就是,"今昔情形、固结人心、合以众志、预为修备、修造守具、量兵申令、夷贼情势、慎选侦探、查诘奸细、坚壁清野"这十个要诀,简而言之即为"固结人心、防患未然、知己知彼和养精蓄锐"。④

第一,固结人心,既包括团结官兵,也包括团结少数民族。他认为"防边之计首在固结人心","夫固结人心,全在慎于平时体恤下情、公以赏罚、省其差徭,待官兵信以忠正,御民回信以仁爱。若遇缓急之时,上下同命。主将必与士卒同甘苦,均劳逸,问疾抚伤如家人父子焉"⑤。他也重视团结维吾尔族同胞,认为回汉之间应当彼此建立信任关系才能抵御外敌。他也正视回众与浩罕、张格尔、玉素普千丝万缕的联系,深知用强力不能阻断这种关系。但是回

① 壁昌:《叶尔羌守城纪略》,苗普生编:《西北史地文献》第二辑,第3—16页。
② 壁昌:《叶尔羌守城纪略》,苗普生编:《西北史地文献》第二辑,第3—16页。
③ 壁昌:《叶尔羌守城纪略》,苗普生编:《西北史地文献》第二辑,第2页。
④ 壁昌:《守边辑要》序言,张羽新主编:《清朝治理新疆方略汇编》第13册,北京:学苑出版社,2006年。
⑤ 壁昌:《守边辑要》,张羽新主编:《清朝治理新疆方略汇编》第13册,第44页。

众因叛军毁城劫掠，"怕贼之心甚切"。因此他"乘此惧悟之时，先将伯克阿浑回众晓谕今之利害……若不同力拒守听其裹胁，将家财子女搜掠一空，比差徭尤苦"[1]。故维吾尔族和汉族以及官兵"惟有同心守御可保无虞"[2]。

第二，居安思危、防患未然，不打无准备之战。他掌握当地百姓的基本状况，派斥候时时监视敌人动向，并分析各民族、各阶层利益群体对叛军的态度。同时加固城池，整顿武备，加紧训练，团结各方，做好一切准备工作。

第三，知己知彼。通过查阅相关资料、询问地方诸色人等，壁昌掌握了敌方的今昔状况。他还尤其深入了解外界同伯克、阿訇千丝万缕的历史联系，调查双方互相勾结的程度。壁昌通过分析各教派之间、各部落群体之间，甚至各派内部不同阶层人与人之间的相互依赖与矛盾冲突的利害关系来做好笼络、争取、团结和分化、瓦解工作。为进一步掌握浩罕的情况，他指出"惟以差探得实为要务"，"不论官兵民回有能将贼中消息、贼营动静探听得实者叙列首功，破格重赏"[3]。同时还必须稽查奸细，以免敌方探得己方情形。可以说壁昌早已全盘掌握了敌方状况，并利用一切资源来做有效的部署，为防御敌人做了充分的准备。

如何看待南疆八城、布鲁特、浩罕之间的关系，壁昌有一个相当深刻的比喻。如果将南疆八城视为羊，牧羊犬则为布鲁特，而捕

---

[1] 壁昌：《守边辑要》，张羽新主编：《清朝治理新疆方略汇编》第 13 册，第 45 页。

[2] 壁昌：《守边辑要》，张羽新主编：《清朝治理新疆方略汇编》第 13 册，第 45 页。

[3] 壁昌：《守边辑要》，张羽新主编：《清朝治理新疆方略汇编》第 13 册，第 49 页。

羊之狼则为虎视眈眈觊觎南疆的浩罕。浩罕两次侵犯南疆各城，"入羊群饱食而归"①，并非因浩罕势强而布鲁特人少，不能抵挡进攻。恰恰与常理相悖，布鲁特不仅没有尽责保护羊群，反而与浩罕狼狈为奸，掠夺南疆各城。故壁昌提出不能信任藩属部落布鲁特守卫边卡。然而如何对待游牧部落布鲁特成为两难，"抚之徒长其刁，剿之预衅出卡"。因此他强调，"为今之计以内修为尚，有备为先"②。可见壁昌对当时的局势认识非常清醒，即必须加强自身防御力量，内部团结一致，不能依靠外部藩部来守边。

第四，养精蓄锐。壁昌在叶尔羌期间，修城墙、勤操练、增屯垦、广积粮。他尤其重视城墙的修建，提出英吉沙、叶尔羌、和阗三城都应当以喀什噶尔新城为蓝本，把居民街区和商业街道全部包裹在城内。原因在于修筑包裹商业街的城墙保护了商人的利益，既对抵御入侵有帮助，同时团结了更多的力量。另外城墙也提高了防御的力度，万一敌人来袭只需关闭城门守城以待援军，来自浩罕、安集延的敌军久攻不下，必然会放弃攻城。因此他重视城墙的修筑维护，领兵喀什期间，他又命令加固墙体、深挖沟渠，令城墙按照喀什噶尔模式修建。南疆其余诸城也纷纷依此经验重新修整城池。壁昌对制造维护军事器械有极大的热情，甚至在《守边辑要》中亲笔绘图说明枪炮制造规格及部防位置，还附有城墙建造示意图。如他所言："城池既修完固自属可恃，而守具繁多缺一不可，必须件件着意。平时将武库所存军械照册点验，其火药、铅丸、炮子、

---

① 壁昌：《守边辑要》，张羽新主编：《清朝治理新疆方略汇编》第13册，第55页。
② 壁昌：《守边辑要》，张羽新主编：《清朝治理新疆方略汇编》第13册，第53页。

火绳共存若干,缺则补制,多多益善。"①《叶尔羌守城纪略》中壁昌提出的团结各族、兵民一体、发动群众、未雨绸缪积极备战、修整武备等策略对当今维护边疆安定仍有借鉴意义。

除了把叶尔羌守城的经验归纳成书以外,壁昌还将其担任知县和将军的经历编成《牧令要诀》和《兵武闻见录》。

《牧令要诀》写于道光二十八年(1848)壁昌七十一岁时,主要论述如何管理州县百姓。书中言,上任之后,首先要熟悉乡里一切情况。通过阅读舆图地书,熟悉当地地形物产、风土人情;接着将乡里户口门牌登记造册,分清各部门差役的责任,进而掌握州县的一切情况。其次告诫为官者在审问时要慎重用刑。第三论及解决欠缴钱粮赋税的方法。第四详述调查命案审理犯人的过程。第五是修河道防汛的方法。第六是赈灾的经验。他借助那彦成赈灾的经验说明,为官者应当关心天气农事,做好赈灾准备。遇到灾荒之后要向大户借粮分发贫户,设立粥厂赈济饥民,同时设立籽种厂派发钱银种子。第七是防范缉捕盗贼之法。最后是壁昌重点论述的守城之法。核心在于团结人心、坚壁清野。壁昌此书浅显易懂,方法切实可行,时人称"实系有用之书,言虽浅近,而事事踏实,人人可行。……初登官场者,有所裨益,匪浅也"②。

《兵武闻见录》是一本实用性非常强的兵书。写于咸丰三年(1853),是壁昌告老之后主动请缨镇压太平天国起义,重新出山后的经验总结之作,完成此书后壁昌即辞世。"公以耆艾悬车,值粤氛炽甚,论者谓扣囊智足以办贼,顾以耄耋抱疴,不获请缨,忧时感

① 壁昌:《守边辑要》,张羽新主编:《清朝治理新疆方略汇编》第13册,第56—77页。

② 徐继畲序,见壁昌:《牧令要诀》,《官箴书集成》,合肥:黄山书社,1997年,第371页。

事,著《兵武闻见录》八篇。圣主以朱谕征取原稿,公遵旨进呈。"[1]
是书分择帅、选将、肃伍、整械、修守、安抚、行军、善后八个门类,分
别论述择帅选将标准、训练军队方法、维护更新兵器、筑城守城方
法、战前做好宣传工作安抚百姓的措施、战争中行军的注意事项、
战后维护城池的方法。其中还记载了清朝著名统帅的名录及事
迹,可谓当时的军事教材。

2. 花沙纳、倭仁等人的实地考察

这一阶段由于边疆危机加剧,很多官员被派往边疆,诞生了诸
多记述边疆情况的行记。其中最有特点的要数花沙纳的《滇軺日
记》《东使纪程》,柏葰的《奉使朝鲜驿程日记》以及倭仁的《莎车
行记》。

柏葰的《奉使朝鲜驿程日记》和花沙纳的《东使纪程》是两部
记载奉使入朝行程的著作。《奉使朝鲜驿程日记》记录了柏葰于道
光二十四年(1844)吊唁朝鲜孝显王妃的旅程,其中记载了朝鲜的
山川河流、风土人情,最突出的是他详细记录了京师到平壤的每一
个驿站的情况,补充了以往访朝史料的不足。花沙纳的《东使纪
程》则记载了道光二十五年(1845)花沙纳因朝鲜向清朝请求册封
洪氏王妃而出使朝鲜的旅程。他在书中对沿途的里程、山川名胜、
古迹遗址、城池馆驿、风俗民情、天时寒暖,析其源流,究其沿革;还
对职官设置、衣冠服饰、朝仪礼节、馈赠礼物有所记述,可谓是一部
朝鲜生活全景式百科全书。最值得赞许的是,书中把实地考察的
结果和《水经注》《汉书·地理志》等地理著作中相关的内容作对
比,纠其谬误。如他对浑河源头的考述:"今日渡浑河,水面不宽

---

① 徐继畲:《璧勤毅公兵武闻见录序》,《徐继畲集》第一册,太原:山西高校
　　联合出版社,1995年,第598页。

（浑河在城南十里,本名小辽水。《汉书》及《水经注》俱云:'高句丽县有辽山,小辽水所出。'今考浑河发源长白山,西北流入英额边门,经兴京界内,绕新京西南,至大王屯南入太子河）。"①

花沙纳的另外一部游记《滇輶日记》是他于道光十五年（1835）奉旨典试云南的日记。其逐日记录了他从北京出发至云南沿途的里程、山川名胜、城镇馆驿、地理沿革以及科考过程,对研究科举制度史有较大的裨益。倭仁的《莎车行记》是其于咸丰元年（1851）正月奉旨远赴叶尔羌任叶尔羌办事大臣旅途间写的日记,记录了沿途的山川河流、名胜古迹、风俗人情、驿站里程及沿革状况,并对比地理志书验证记载。该书的最后还附了一篇文章,特地详细介绍了新疆整体的地形地貌、山川河流状况以及行政区划。

道咸时期的蒙古旗人史地创作的阶段特征主要有两点:第一,著作多为撰写者任职西北的见闻及治边经验总结,没有系统专业的学术研究著作。这一阶段虽然加强了作品的经世致用性,产生了壁昌的《守边辑要》、《叶尔羌守城纪略》等经验总结的著作,但缺少类似松筠《钦定新疆识略》与和瑛的《三州辑略》那样比较系统规范的史地学著作。

第二,史地著作经世致用特征明显,与实事求是的朴学精神相结合。在众多游记和官箴著作中,作者不仅引经据典将自己的所见所闻和前代地理志书结合起来以证其正误,还把自己的治边经验整理成文,"以便后来任边疆者一览而知也"②。因此,具有较强的经世致用价值。

---

① 花沙纳:《东使纪程》,北京:中华书局,2007年,第85页。
② 壁昌:《叶尔羌守城纪略》,苗普生编:《西北史地文献》第二辑,第16页。

同治时期史地学创作之低谷

同治时期是蒙古旗人的史地学的创作低谷时期。仅有锡珍创作的《奉使喀尔喀纪程》、柏春的《南丰县志》、盛元的《南康府志》。《奉使喀尔喀纪程》记载了前述蒙古镶黄旗人和瑛之孙锡珍于同治十三年（1874）出使喀尔喀，祭奠车臣汗阿尔塔什达之福晋额卓特氏的过程，其中包括内外蒙古的地理状况、人文风俗、分盟设旗概况及驿站里程。该书的特色之处在于锡珍对比了内外蒙古居民的体貌特征、风俗差异。他说："漠南北风俗大同小异，在台应役者，亦有内地官吏浮滑习气。漠北人多长大，其色黑，其衣衣布，或当暑而裘。其食肉则架火烧之，炒米日一合，沃以茶乳，即餍饫矣。人家隔数十里，犹比邻也。聚居则落落两三家，相去数十武，以绳为垣，牛羊系焉。羔犊群鸣，杂以犬声，毡屋大不能数尺，衣履、箧笥、瓶罍、杵臼、经卷、佛像皆在其中。漠南妇人绾羊角髻，璎珞垂垂，下与颔齐。漠北妇人编发而不饰，衣履同男子，惟坠一耳环，蒙头一巾，不然安能辨是雌雄也。"[1] 可见其观察细致。然而身为蒙古人的锡珍却认为"火皆牛粪"[2] 是一件奇异的事情，并不了解自己民族的风俗，可见锡珍这一代的蒙古旗人已经对于本民族的风俗记忆遗忘，风俗逐渐被中原同化。

《南丰县志》成书于同治十年（1871）。时任江西南丰知县的柏春惋惜由于太平天国之乱致使原县志残缺，本县沿革、历史无以传世。"二志板刻向置琴台书院，屡经锋镝，遗失残缺，不能无憾。迁

---

[1] 锡珍：《奉使喀尔喀纪程》，中国社会科学院中国边疆史地研究中心编：《清末蒙古史地资料荟萃》，1990 年，第 464 页。

[2] 锡珍：《奉使喀尔喀纪程》，中国社会科学院中国边疆史地研究中心编：《清末蒙古史地资料荟萃》，第 463 页。

至余家,将来恐又散失,须早为之计。且兵后,一切应举忠孝、节烈、殉难、靖义诸事均须搜罗以俾续修。"① 加之同治八年(1869)江西巡抚刘坤一下令编纂《江西通志》,各县一体编纂、上交资料,柏春因此令幕僚广求书籍,寻访耆旧、士绅,在集合元代《南丰州志》、康熙年间郑釴修《南丰县志》和乾隆年间卢崧的《县志》这三本残书资料的基础上重修了新《南丰县志》。编纂者本着"事增于前,文省于旧,略者详之,讹者正之"的原则编纂方志。"是书力求简切,无尚浮词,各编或首尾竟幅,或分条胪载,有义应申说者,约缀数言于篇首,余只据事直书而已。"② 对于残缺存疑的地方多加讨论、考证、商榷,"所有后来事迹聿关风化者,概增载之;请旌者,据档案以书之;疑阙者,集众论以商之",达到"总期毋遗、毋滥,当于体例而已"的效果③。书共四十六卷,分为建革、疆里、城池、山川、公署(仓库附、京省郡城公馆附)、学校(书院附)、赋役、风俗、物产、水利、津梁、武备(兵事附、殉难附)、祠祀(寺观附)、祥异、古迹、坊表、茔墓、名宦、秩官、选举、仕宦、封荫、人物(五代、宋、元、明、国朝)、列女(一、二)、方伎、流寓、仙释、艺文(书目、表疏、状议、论说、序跋、记、书、传状、碑志、祭文、铭赞、赋颂、条约、诗)、杂记等二十九个部分。该书并非仅仅在前三志的基础上略加删改,还增加了秩官、选举、仕宦、封荫的表格便于翻阅查询,并且独辟"杂记"一目记载当地奇闻逸事和宗族变迁,具有较高的史料价值。柏春还特别重视史料的甄别。在凡例中,他认为"旧志有'封爵'一道,皆前代所遥封、虚封,既无利害关涉之端,亦非考献征文之助,故芟除此条"④。然而对于较为烦冗的《艺文志》所载的

---

① 柏春:《南丰县志》卷首序,国家图书馆藏同治十年刻本。
② 柏春:《南丰县志》卷首凡例,国家图书馆藏同治十年刻本。
③ 柏春:《南丰县志》卷首序,国家图书馆藏同治十年刻本。
④ 柏春:《南丰县志》卷首凡例,国家图书馆藏同治十年刻本。

书目,他考虑到一些书已经在战火中焚毁,本着流传于后世的目的将书目完整地保存下来。从中可见柏春对史料参考价值的认识非常高。

《南康府志》成稿于同治十一年(1872),为时任南康府知府的盛元及其门下幕僚在正德年间《南昌府志》的基础上编纂而成。"方期考其山川,按其图记,与士大夫往复而商订之,而醵金绝少,薪油莫给。因念卅年于役章门,吏治民风,㤭谙崖略,又叨司守御,飞书驰檄,闻见较真。不揣固陋,谨取各县志,举要删繁,间有彼此牴牾之处,务令条分缕合,以昭划一。前志有未核者,亦间以鄙意附见,期间手自编摩,周一寒暑而始告竣,期于无聚讼、无偏枯、无支且漏,而未可必得也。脱稿后遍质诸寅好士绅,始勉出授梓,且略识其本末于简端云。"[1]《南康府志》属于传统地方志,内容延续传统的方志体例,包括:地理(星野、疆域、沿革、形胜、山川、古迹、风俗、物产)、建置(城池、公廨、乡里街巷坊塔市镇、津梁、水利、坛遗祠庙、寺观、亭阁楼台)、赋役(户口、田产、漕运、坐支、三卫、蠲缓、仓储、驿铺、盐引)、学校(学宫、学制、书院)、武备、职官(文职、武职)、名宦、选举(荐辟、进士、乡举、贡生、杂途、仕籍)、人物、列女、寓贤、艺文(经部、史、子、集、文征、金石)、杂类(仙、释、茔墓、祥异)。其中最具特色的是作者在"艺文"一目中加入了"金石"一类,囊括了南康一带自秦汉以来66篇碑文和摩崖石刻文字,具有较高的史料价值。

光宣之转型:西北史地学的衍变与新史地学的兴起

光宣时期是蒙古旗人史地学的全面发展和转型时期。19世

---

[1] 盛元:《南康府志》,《中国方志丛书》,台北:成文出版社,1970年,第2页。

纪末20世纪初的几次外来侵略激发了蒙古旗人的爱国热情,他们将强烈的爱国意识和领土主权观念凝聚于奏稿和游记、诗文当中,创作了一大批记载外国侵略历史的著作。同时蒙古旗人久居驻防地,产生了浓厚的地方认同意识,由此诞生了一大批地方志、驻防志、地方地理文化研究方面的著作。而西方地理知识和绘图方法的传入,促进了蒙古旗人的历史地理著作向近代转型。

边疆史地学视角的转移与拓展

1. 蒙古旗人蒙藏奏稿、游记中的治边经验

清末列强对边疆地区的侵略刺激了担任边疆长官的蒙古旗人的危机意识。他们一方面延续了以往守卫边疆加强边防的传统策略;另一方面转换视角将边疆和内地视为一体,在边疆地区推行和内地一样的近代化改革,试图缓解内忧外患的局面。在边疆地区进行改革的蒙古旗人以奎斌和锡良最为突出。

奎斌,氏杭阿坦,字乐山,蒙古镶白旗人。由部属历任监司升山西巡抚(光绪十年四月起至光绪十一年十一月),光绪十六年(1890)调任察哈尔都统(光绪十六年起至光绪十七年十一月)。奎斌的治边策略均记录在自编的《杭阿坦都统奏议》中。他的治边策略主要包括守卫边疆、捍卫主权,重视海防,整顿军务、提高战斗力,禁止私垦,引进先进技术发展实业这几个方面。

清末边防面临的危机不仅来自外患,还有内部盗匪横行。奎斌任山西巡抚时便遇到张家口外马贼骚扰察哈尔及山西北部。他认为口内外驻兵应当合力剿匪:"口外马贼向多剽悍,飘忽靡定。现经宣化练军剿办得手,自可即日扑灭。惟恐党羽尚多,被剿分窜。晋边地面辽阔,与直隶接壤,自应一律防范。除飞咨大同镇,就近调派马队,各旗于丰镇、宁远及后山一带分别扼要驻扎,严密

巡防,勿任窜扰。"① 光绪十七年(1897),"金丹道匪杨悦春等纠众为乱……四出纷扰,喀喇沁、土默特、翁牛特、柰曼诸部皆被兵";匪徒"胁汉人为匪,遇蒙人则杀,占官署,毁教堂,蹂躏甚惨"。② 后因为毁坏教堂,发生了教民冲突,法国势力借教案乘虚而入,要求赔偿。在蒙汉矛盾、教民矛盾紧张的情况下,奎斌会同李鸿章提出解决方法:"蒙古、客民结怨已深,一在佃种之交租,一在商贾之积欠。应更定新章,佃种蒙地者,由地方官征收,蒙古王公派员领取;商民领取蒙古赀本贸易,或彼此赊欠致有亏折,亦应送地方官持平论断,毋稍偏倚。"③ 并将禁止蒙汉仇杀、严刑厉法告知百姓:"'查禁并知照旺都特那木济勒严加约束,务使蒙民相安,勿任寻衅滋事等因,钦此。'当即钦遵出示。嗣后蒙旗搜获余匪,务送地方官究惩。倘有私行仇杀,无论蒙民,均按军法从事,并迭次严檄各旗,当可凛尊禁令,彼此相安。"④ 针对教民倚仗法国天主教教会势力,强抢民宅牲畜、财物,引发民众与教民冲突甚多的情况,奎斌认为主要是由入教者素质不高和地方官迫于教会压力、外国势力偏袒造成的。"凡入洋教者,良莠本自不齐。平日恃洋人为护符,所行所为率多横恣。一遇民教涉讼,该教士必再四嘱托,地方官自顾考成,每每偏护人心,积怨已非一朝。"⑤ 为防止此类情况发生,一是要申令地方官员秉持公正之心办案,不偏袒教会势力和非教民,因为他们都是清朝的子民。二是要照会外国公使,令教士管束教民的行为。奎斌在奏折中言:"若不早为严禁,一任该教民滋生事端,必致

① 奎斌:《杭阿坦都统奏议》,台北:文海出版社,1987年,第75页。
② 赵尔巽:《清史稿》卷五一九《藩部二》,第4368页。
③ 赵尔巽:《清史稿》卷五一九《藩部二》,第4369页。
④ 奎斌:《杭阿坦都统奏议》,第864页。
⑤ 奎斌:《杭阿坦都统奏议》,第866—867页。

仇杀相寻,变乱复起。非惟与前奉解散胁从以安反侧之旨相背,而兵连祸结,该教民亦无术自全矣。夫各项教民皆属中国赤子,安良除莠,朝廷本一视同仁。现在在理倡乱,首从各逆,业已铲除殆尽。若洋教民聚众滋事,扰害地方,岂宜置之不问?倘侵寻不已,必致兴师剿办。兵端一起,转恐有碍邦交。再四筹维,惟有仰恳饬下总理衙门,照会该国公使,剀切开导该教士等,务须约束教民,毋得聚众逞凶,致贻口实。嗣后民教聚处,尤必揆情准理,捐除旧怨,共敦和睦,以期日久相安。若一味恃强,终恐伏祸。遇有争讼,亦听官为审断,毋似从前干预把持。总之,地方官有保护该教之心,该教士亦当思善全之术。如纵令教民欺凌百姓,激成众愤,迨至一发难遏,虽地方官亦无如之何矣。至派兵保护各教堂,原属权宜之举,若令常川驻守,非特无此兵力,实亦不成体制,应俟地方大定,再行撤回。但能民教相安,毫无猜忌,更不须官为保护,斯诚地方之福也。"①从中可见奎斌捍卫国家司法审判权和边疆领土主权的决心。

晚清一直有塞防、海防之争。奎斌治边政策难能可贵之处,在于在重视北方塞防的同时,亦关注海防事务。光绪十年(1884),法国违反《中法会议简明条约》,进军观音桥,中法战争扩大。奎斌在"抽拨防军先筹饷银折"中评价法人"俾晓然于法人有意废约,衅自彼开"②,认为清廷应当积极备战,军民同仇敌忾,定能取胜。"如有法国兵轮驶入者,着即督率防军,合力攻击,悉数驱除。其陆路各军有应行进兵之处,亦即迅速前进等。……惟历观该国行径,专事诡谲,刻下福州、台湾等处,叠经接仗,未得逞其狡谋。窃恐惩创之余,铤而走险,沿海七省均须一律筹防。而天津密迩神京,尤为

① 奎斌:《杭阿坦都统奏议》,第 868—870 页。
② 奎斌:《杭阿坦都统奏议》,第 101 页。

冲要。李鸿章声望素著,深悉敌情,仰秉宸谟,定操胜算。且布置早极周密,绝无他虞。第境接畿疆,倍宜慎重。"[1]中法战争中国取得胜利的事实证明奎斌的判断是准确的。他还联合张之洞主动提出捐山西省库款作为海防用款,并派本省兵支援中法战争。"晋省地最切近,声息亦易相通。既擅完善之名,亦无海防之费。特以素患贫弱,谫陋自安,以致本境无大枝劲旅,库款亦少积储。升任抚臣张之洞关怀时局、慷慨激昂,深以边事为忧,不以方隅自限。前与臣等朝夕筹议,切实讲求,清库款以节度支,练北军以饬武备,力图振作,勉为自强。臣自接办以来,尤日以简练为事。计晋兵之马步、练军、练勇,堪以备调者不过二三千人。倘事在近畿,则晋省地居辅翼,自应抽拨各军驰往协助,听候调遣。臣已密饬营务处司道将领筹备饷需行装等件,严整以待。一奉征调,即可振旅东行。届时或由臣亲督启程,或另派大员督率恭候谕旨遵行。……恩赉需款繁多,亦宜宽为筹备。臣商之署藩司高崇基,拟即于善后款内先行提银一十万两。即日委员领解起程前赴户部交纳,聊备赏需。所有预筹抽拨防军,听候调遣,并提款藉济。"[2]

　　海疆面临危机时奎斌也反思陆疆防御,看到了边疆军务废弛。他在《土默特旗务废弛情形片》中陈述了土默特旗官员侵夺旗人地产,摊派费用繁多,导致旗丁贫困的情形。"国初定制,官员、兵丁均无俸饷,每户拨地四顷作为养赡。原足顾其身家,迨后支派繁衍,地分见少,治生乏术,糊口维艰,其绝户地粮往往被该管官从而干没。兵丁原不准互相交产,亦惟该管官得以蒙混兼并,积年既久,侵夺遂多。兵日以贫,官日以富。该旗幼丁,年至十六即须

---

① 奎斌:《杭阿坦都统奏议》,第101—102页。

② 奎斌:《杭阿坦都统奏议》,第102—104页。

编入丁册。按春秋二季每丁派制钱一千数百文,名曰撙差钱。遇轮查户口之时,科派尤其。兵丁散居乡里,向无差操,虽有向上之心,苦无进身之路。懦弱者困于饥寒,强悍者流为盗贼。该旗户口之所以未臻蕃庶者,职是故也。阖旗设参领十二员,无一钱之俸,然莫不高居大厦,坐拥良田。并非世袭之官,俨然相承累世,则其把持旗务,专事掊克,损下益上,可概见矣。"①另外,军队操练亦荒废,兵丁多萎靡不振。该旗例定于春秋二季,调蒙兵一千名操演一月,每名日给盘费银五分。然而实际操演人数仅数十名,时间仅三五日,可想剩余款项被参领等官吏侵吞,难怪兵丁萎靡不振。奎斌对比昔日咸丰年间征调土默特兵打仗的情形,慨然而叹:"值此海疆不靖,各省莫不讲求武备,以图自强,该旗有如许兵丁,不思整饬训练,坐视参领等官克扣败坏而不顾,良可慨焉!"②

因此他严令禁止虚耗,勤加操练。"当此之时,倘得明干大员,尽心区画,节慎岁支,严杜虚耗,酌加练费,实力勤操,尽可于整饬旗务之中,寓优恤蒙丁之意。综核该旗岁支练兵盘费……在当时立一款,必有一款实用。今则藉名开销,亦惟图饱私囊而已。……倘能一一清厘,胥归核实,必能筹集若干为添练经费,不惟武备日修,即穷苦蒙丁,亦可渐有生路,于边地藩篱,洵有裨益。"③

另外,在任察哈尔都统期间,奎斌还力图解决官员滥用台站官马的现象。当时大小官员不依据规定的数量征用台站的马匹,有的甚至将马匹租给外人,获利甚多。还有的官员用驼马搬运商品,私自买卖。这些行为给驿站和蒙古牧民造成了很多困扰。"蒙古

---

① 奎斌:《杭阿坦都统奏议》,第213—214页。
② 奎斌:《杭阿坦都统奏议》,第215页。
③ 奎斌:《杭阿坦都统奏议》,第216—217页。

素性驯愿,惧以误差获谴,虽罗掘净尽,亦必勉力支持,以致各城弁兵均视驰驿为利源,奉差为调剂。……奴才到任以来,各台呈报苦累情形、恳为拯恤者不一而足。若不亟图整顿,严定限制,少纾台力,诚恐日积月累,益将不支。设遇紧要差徭,贻误非浅。"[1] "台站既疲累不堪,而蒙民生计亦因之重困矣。"[2]而这种滥用公家驼马的现象不仅限于奎斌所管理的察哈尔四十四驿。在乌里雅苏台、科布多、库伦、绥远城及西北路各扎萨克旗亦有发生。[3]因此奎斌才拟了七条台站章程解决以上问题:

其一,征用驿马的数量要符合兵部规定的数目,且不准多带随员,并规定了文武各级官员用骆驼的数量。

其二,各城将军大臣携眷赴任者不得向兵部虚报眷属人数,冒领津贴,各大臣按规定的额度领取津贴、路费。

其三,台站应付廪羊,不准折价。此外各城派各项杂差,无论官兵一律免给。

其四,需注明、核实需要的军需物品及驼马数量,减少随员弁兵人数。

其五,各城进呈贡马匹和随行人员并无限制,应当规定进京进贡马匹、随员数量。

其六,改护送各城将军大臣赴任回京的弁兵为少量翻译人员。

其七,驰驿人役骑坏驿马、殴打驿兵例应治罪。[4]

奎斌在整顿军务的同时,不忘引进西方先进技术改善军备、节省开支。前任巡抚张之洞提议,山西省防练各营近年改西洋枪,需

---

① 奎斌:《杭阿坦都统奏议》,第817页。
② 奎斌:《杭阿坦都统奏议》,第828页。
③ 奎斌:《杭阿坦都统奏议》,第825页。
④ 奎斌:《杭阿坦都统奏议》,第833—843页。

用洋火药甚多,原来从天津采购外国生产火药,路途遥远,花费甚多。奎斌遂于"省城东北隅宽辟地方,购建新药局一所,派员经理招雇工匠,仿制洋火药,以备拨发"①。奎斌这项提案既提高了军队的战斗力,节省了经费,又创办实业,发展了地方经济,可谓一举两得。

锡良在任东三省总督期间对边疆的改革相比奎斌更为先进。日俄战争之后,日本以南满铁路为中心对中国进行了一系列的军事、政治、经济、文化等侵略活动。俄国则退守北满,以中东铁路为中心加强对黑龙江以北,乌苏里江以东的经营。为应对日俄列强对东北地区的渗透蚕食,清政府于1907年建行省,由东三省总督统领。东三省建省后亟须整顿内政进行改革。第二任总督锡良上任之初提出以下几点建议:考核官吏、推广审判、振兴教育、筹办实业。② 然而在其考察了东三省的整体情况之后发现,东省界于两强,一切设施,均非内地行省可比,欲筹抵御之方,必先扩充实力。如开银行、修铁路、开放商埠、兴办实业、广开屯垦、筹边驭蒙诸大政,均属急不可缓之事。③ 对东三省各方面事务进行全面规划后,锡良认为在经济金融方面扩充实力是首要任务。在东北开设银行、修筑铁路是为东三省经济资本主义化的第一步。

首先是开设银行。锡良认为:"今日东省一切要政,根本上之计划,尤以速筹大宗资本,开设银行。"④ 他分析了开设银行的有利之处。其一,日俄两国凭借正金、道胜银行发行纸币,流通于市场,侵夺了东三省的财政权。因此,东三省自设银行有助于财政权的

---

① 奎斌:《杭阿坦都统奏议》,第183页。
② 中国科学院历史研究所第三所工具书组整理:《锡良遗稿》,北京:中华书局,1959年,第926—927页。
③《锡良遗稿》,第927—928页。
④《锡良遗稿》,第891页。

收回。其二,若没有银行的支持,所办的交通运输及林、矿、渔、牧等实业皆无法开展;若无银行的资金周转,大规模的移民实边,守卫边疆也是空谈。在上述认识的基础上,锡良在东三省筹建了一些新式银行。

其次是修建铁路。日俄战后,两国置中国主权于不顾,分别依据南满和中东铁路划定了势力范围,致使东三省利益、主权受损,局势日加紧张。为了打破这种以铁路为中心进行掠夺的局面,徐世昌提出了另修大枝干路,以卫利权的计划。然而直到其离任也还仅仅是一个设想而没有得到具体的实施。锡良到东三省后也十分赞成这一提议,并积极筹划修筑由锦州经洮南到瑷珲的铁路。然而,锡良筹借外债议筑铁路折上奏后未得到批准。此后锡良又上奏陈述东三省修筑铁路的用处。他分析道:第一,他省筑路志在兴利,而东三省筑路则志在巩固国防。此路直接京奉干线,旁达葫芦岛不冻港口,内通蒙古要隘,外捍黑龙江边陲,修成之后,百货流通,有利可图。第二,日俄战后,两国在东北瓜分利益,使英美等国也有所不满,而我国又无力独修此路,值此时机,此举虽曰借款,实借势力,即"彼以势力换我利权,我即借其势力以巩疆圉"[1]。然而,此计划遭到了日俄两国的强烈反对,并一再对清政府施压,致使修筑锦瑷铁路的计划终未能实现。

虽然借款修筑锦瑷铁路的计划失败了,但是不能否认锡良在这方面所作的努力。他曾说:"其筹办之目的,以辽东半岛赎回为归;其筹办之精神,以十三年后足用赎回为度。"[2]可见其决心之大。可惜其设想终归化为了泡影,锡良也只能遗憾地说:"彼

---

[1]《锡良遗稿》,第 1009 页。
[2]《锡良遗稿》,第 929—930 页。

则头头是道,我则首尾受敌,徒拥领土之权,竟无一路可以自由兴筑。……恐自此以后,东省惟有束手待缚,并无一事可为。"①

从修筑铁路的计划中可见锡良强烈的领土主权意识和爱国主义精神。此路虽为商路,实质上关系政治外交。锡良希图以"以夷制夷"的策略来打破日俄控制东北的僵局。

再次是发展实业,尤以制造业为主。锡良创办实业维护主权的意图在其创办电灯厂的奏折中体现得最为明显。他在奏章中说:"外人在铁路一带安设电灯,渐绕进外城,攫我权利,若不从速开办,不仅坐失厚利,亦且大碍主权。"②因此,他到任后就立即派员订定章程,购材料安机器,测地竖杆,同时命令省城巡警加意保护,并刊发木质关防一颗,发交该厂开用。而该厂开办后,"官绅商民颇称便利,购用亦尚踊跃,此项权利当可无虑外溢"。③由上可看出,锡良开办电灯厂的目的就是防止利权的外溢。

东三省矿产丰富,日俄办厂对资源进行大肆掠夺。对此锡良认为"中国矿产之富,超轶环球,东省尤首屈一指。甲午、庚子以后,俄人思攘大利,迭起环争"。④与此同时,日人则"四出查勘,甚或勾引乡愚,订立私约,以致防不胜防"。⑤因此防止他国觊觎资源的最好方法就是兴办矿场自行采矿,只有这样,才能维护采矿权、保护资源。

同采矿权一样,航运权也是亟须保护开发的一项权利。锡良考察了东北的水道形势之后认为:"三省江流,大半发源长白,以乌

①《锡良遗稿》,第 950 页。
②《锡良遗稿》,第 980—981 页。
③《锡良遗稿》,第 981 页。
④《锡良遗稿》,第 1083 页。
⑤《锡良遗稿》,第 1083 页。

苏里江、嫩江及牡丹、松花、鸭绿各江为最巨,支流错出,灌注东西,俄、日汽船,连樯内驶。吾国航业未盛,除松花江近省一带及呼兰河埠稍置官轮数艘外,其余尚未兴办。此不独权利攸关,且边岸空虚,时虞疏失。是航路宜急也。"[1] 因此,锡良奏请设立了图长航业股份有限公司,来扩大东三省的航运能力。此外,他还多次奏请疏浚辽河,提升了奉省的内河航运能力。

锡良在加强河道航运建设的同时也积极筹设开发沿海商埠。他在请求开设葫芦岛不冻口岸时曾有这样的论述:"该岛实为天然之雄埠,不特胜于营口,且可突过大连。"[2] 因为当时东北还没有不冻港口岸,所以"得此口岸则全局俱振,失此口岸则坐困堪虞"。[3] 因他的努力,葫芦岛在1911年10月开通商埠,方便了东北地区物资的流通。

最后,和兴办实业并行的还有传统的开发边疆策略。锡良的开发边疆策略与传统的移民实边筑建军台不同,不仅包括清末实行的解禁放垦实边,而且包括"兴教育,开民智,练新军,办自治"等军事、政治、文化现代化的内容。

第一是改革军事巩固边防。锡良初到东北时,边防薄弱,不足以抵御日俄势力。奉省有改编步队6营,炮队10营;吉省有步队一协,江省陆军则尚未编练。再加锡良也认为:"东省逼处强邻,屏藩畿辅,欲为建威销萌之计,首重整军经武之规。"[4] 因此,巩固边防的当务之急就是编练新军,加强军队建设。

第二是兴办教育,锡良在考察了东北的教育状况之后认为:奉

①《锡良遗稿》,第 927—928 页。
②《锡良遗稿》,第 1140 页。
③《锡良遗稿》,第 1140 页。
④《锡良遗稿》,第 932 页。

省开通较早,教育规模已粗略具备,吉林、黑龙江两省虽略逊一筹,但进步很快,不足之处则是一味重视高等教育,而忽视了普及教育。针对当时的教育状况,他采取了以下方式:首先,推广平民教育。他一方面通饬提学司多设小学堂、半日学堂、简易识字学堂及短期补习学堂,使广大贫民子弟也有上学的机会。另一方面饬令州县划定学区,就地筹款,广设初级师范及师范选科、师范传习所,为各级小学堂培养教师。其次,发展特色教育。锡良认为应该兴立蒙学。因为蒙古接壤东三省,屏藩东北,利害攸关,"非浚其智识亦无以救亡图存"。[1] 虽长久闭塞,但近年来外人派员游历,调查物产民风,测绘山川隘塞,"近更练习蒙文、蒙语,用意尤为深远。一旦有事,彼得驾轻就熟,收楚材晋用之功;我转势隔情睽,不免郑昭宋聋之诮"。[2] 因此,锡良到任后,督率蒙务局员筹办各地要政,以振兴学校,开启蒙民为首要任务。由于锡良八旗蒙古旗人的身份,他尤其重视满蒙文教育,派人译成满、蒙、汉文教科书四册,发给蒙边各学堂,使之由浅入深,"民智日开,边圉自固"。[3] 针对东三省满蒙聚集的情况他还创设了八旗满蒙文中学堂。

第三是实施传统的移民实边政策。20 世纪以来,随着日俄势力在东北边疆的日益扩张,两国为了巩固其既得利益,也分别设拓殖局,实行对东北实施移民,"一以内阁总理大臣领之,一以户部大臣领之"[4]。时任黑龙江巡抚的周树模曾说:"黑龙江省毗邻俄境,边线延长三四千里,若非讲究拓殖,慎固封守,行主权利权,皆将隐被

①《宣统政纪》卷二四,北京:中华书局,1987 年,第 442 页。
②《锡良遗稿》,第 985 页。
③《宣统政纪》卷二四,第 442 页。
④《锡良遗稿》,第 1185 页。

侵夺,驯至无可挽回。"① 在前人的基础上,锡良也认为:"岁以若干万人为率,分段垦辟,按年进行,内力渐充,方可抵制外力。"② 他到任后也把移民实边作为施政要策之一。在他的督导下,清末的东三省出现了大规模的移民实边活动。锡良奏请在东三省设立了垦务局,并派员前往内地,招垦移民。

第四是锡良在东北实行同内地一样的宪政改革,主要表现在设立谘议局和支持开国会立宪运动上。

1909 年,在锡良的督导下东北各省成立了谘议局。他积极支持该局的各项工作,这是其宪政改革的重要内容。锡良对谘议局工作的支持,主要表现在以下几个方面:第一,对各省谘议局呈请的议案给予肯定,同时让谘议局充分发挥对行政机构的监督作用,使相互之间保持良好的制约、监督关系。例如:奉天谘议局于宣统元年(1909)九月开办后,在开会的五十日内,决议 34 件议案。这些议案都是锡良或谘议局草拟的。另外,锡良还将"各议案分别汇咨馆部,并督饬各属刻期举办,以收庶政公诸舆论之效"。③ 这充分表明了他对谘议局工作的支持。第二,大力支持谘议局组织的国会请愿运动。1909—1911 年间,东北各地发生了多起国会请愿运动,都得到了锡良及当地大员的支持。1910 年 12 月奉天省出现了第四次国会请愿运动。十二月初六日,奉天谘议局出面组织府城 8 个团体和 46 个州县的代表,聚众万余人前往东三省总督衙门请愿,锡良大为感动,第二天就代上了奏折。④ 他在奏折中说:"据代

---

① 萧一山:《清代通史》第 4 卷,北京:中华书局,1986 年,第 1702—1703 页。
②《锡良遗稿》,第 1185 页。
③《锡良遗稿》,第 1115 页。
④ 徐建平:《清末东三省谘议局与地方公署关系初探》,《历史教学》,2000 年第 8 期。

表谘议局议长吴景濂等面递公呈,大意则以东省大势,较三次上书时日俄协约,日韩合邦情形,更有迫不容待者。"①并要求速开国会,实行立宪。

总之,统观晚清蒙古旗人的边疆治理政策可见四点特色,第一,具有强烈的主权领土意识和爱国精神;第二,引进西方的先进技术制度;第三,兴办实业,重视发展经济;第四,边疆地区规划政策逐渐趋同内地。这也是大势所趋的时代特色。

2. 目光向域外的拓展:凤凌与《四国游记》

随着西方势力的侵入,中国边疆面临前所未有的危机。蒙古旗人的史地著作也不会仅局限于危机深重的边疆地区,而是进一步拓展至危机的源头——船坚炮利的西方。他们当中的一些人因职务之便得以考察西方,学习西方先进的武备以求救亡图存。随着对域外,特别是对西方的考察,他们开始反思中国政治与文化,对历史的思考亦随之深化。蒙古旗人凤凌的《四国游记》便是其中一部考察西方军备的游记。

光绪十九年(1893),出使英、意、比、法四国大臣薛福成已届三年差竣,凤凌作为海军部章京随同驻英、法、意、比大使龚照瑷一同前往。自光绪二十年(1894)三月初九从中国出发游历法、英、意、比四国,至光绪二十三年(1897)回国,历经三年,途中考察各国港口、炮台、造船厂、兵工厂、海军学校共四十余座,写成十二万字的游记。该书详细记录了各地的地形、沿革历史、造船厂状况、造武器的过程,所造武器装备名称、数量、规模、形制,海军的官制及章程,附有战船布置方案。尤其关注各国的武备制造技术,其中也不乏作者对西欧各国重商主义和发展武备强国之道的赞许。凤

---

① 《锡良遗稿》,第 1262 页。

凌从英法海军发达因而称霸世界的格局看出,造船建立一支强大
海军对增强国力至关重要,认为应当重视海防发展海军:"尝观泰
西各国重武轻文,贵商贱农,而足能长驾远驭、纵横海外者,非赖
有水师之力哉！英据三岛之地,四面环海,其所由致富强而利赖
之者,在于商务。而商务之大,首重于制造轮船、修筑铁路。是地
近海滨,水师为先务也。法兰西踞有五大海口之险,战舰兵轮足
称繁盛。俄、德、美、奥诸国,造船制舰月异日新,足资保卫。故论
当时水师之盛,法居其次,而首推于英。今观英国达木森造船一
厂,其所制本国及他国兵商各舰制造之隆可见一斑矣。"① 作者在
行文之中也充满了对西洋造船兵器技术以及奖励发明政策的赞
赏与向往,一改士大夫视西洋为"番邦夷狄"的高傲视角。"大学
首言格物,格物者在即物穷理,而明其体用者也。乃大道常昭,虽
及之海角天涯,终莫由出乎圣人之始教,纵云机心、机事,罔勿宜
民、宜人。以观英吉利制造之盛,凡器物用物,无非在用其机心,
以求臻乎其极,利益弥广,斯制造弥精,由是工商得专其利焉。"②
此乃其个人对西方科技发达、国力强盛总体认识和总结。"且以西
国争言权利,而武备实重于文修,举世竞尚富强,而商务更先于农
事。故易弓矢而为枪炮,军火则日起而有功。合水火以利舟车机
械,且有加而靡已。人心愈用而愈灵,器机乃弥精而弥备,一时之
制造迭兴,一人首创之而千百人继效之,且效之更有精于创之者,
如英吉利各商厂。是夫各厂之制造不同,即如造弹一厂不仅数十
家,然一厂有一厂之绝技,一艺有一艺之专长,不得谓同一造弹之

---

① 凤凌:《四国游记》,国家图书馆藏光绪二十八年印本,第60页。
② 凤凌:《四国游记》,第69页。

厂而概目之也。"① 可见作者的视角早已摆脱了朝贡藩属圈的有色眼镜,将西方诸国视作平等交往的国家,视其为学习的榜样。观察西洋各国制造练兵经验,他注意到了西方科技创新与激励机制,提出引进西方技术、奖励创新发明的主张:"(凌)窃观列国争雄,首在讲求武备,然兵不在多而在精,第按定额之数,汰老弱而选精壮,务使一额有一兵,一兵擅一技,终日教演,务期纯熟。但采西国适用之军械一二端,建厂仿造,重大之件兼用机器,仍须多用人工,一俟久而得法,艺精技熟。果有人于一枪一炮之中能变新法,或出奇式者,试之果利,而后予以武官,懋以厚赏。俾人人思奋,自无不竭虑殚精,一其心于制造之中,安知中国制造不能蒸蒸日上哉!"②

　　凤凌对西欧各国军事状况的记载不仅对当时清廷筹办洋务变法图强大有裨益,也对研究中国和欧洲军事史有一定的参考价值。

　　当代史的撰写:爱国主义与旗人意识的统一

　　19世纪末20世纪初,中国经历了甲午战争、1897—1898年的割地浪潮和1900年的庚子事变。随着外国侵略进一步加剧,排外情绪不仅充斥清廷,也渗透到一般学者、官员、士绅以及一般百姓当中。外患刺激了中国民族主义的兴起,而在蒙古旗人当中保家卫国的"八旗意识"和对清朝效忠的"王朝认同",也在庚子事变之后升华为反对外来侵略、保卫中国的民族主义。这主要反映在蒙古旗人对庚子事变历史的书写中。

　　蒙古镶白旗人巴哩克氏延清的《庚子都门纪事诗》即是表现

① 凤凌:《四国游记》,第82页。
② 凤凌:《四国游记》,第99页。

蒙古旗人爱国主义的一部诗集。该诗集是在庚子事变发生时,身陷北京的延清在亲身经历了八国联军破坏掠夺京城之惨状后有感而发的泣血之作,记录当时的历史状况,反映庚子事变的全过程。诗集分为六卷,卷一虎口集、卷二鸿毛集、卷三蛇足集、卷四鲂尾集、卷五豹皮集、卷六狐腋集。卷首叙四篇,集评十一则,卷末跋五篇。总共收诗 389 首(内附录同人诗 169 首)。光绪二十八年(1902)刊,初刊时命名为《巴里客余生草》,再版时改名为《庚子都门纪事诗》。由于其遭逢剧变以诗记史,时人多将其与天宝之乱期间记诗的诗圣杜甫相提并论,称其著作为"诗史"。其科举同年汪凤池评曰:"余同年友柏紫丞水部,得都门纪事诗三百余首,无所讳,无所饰,所谓直书其事而义自见者。杜陵遭天宝之乱,即所见闻形诸歌咏,论者推为诗史。紫丞此作,其亦同此志也夫。"[1] 李润均认为:"只有少陵相伯仲,水曹今古两诗人。"[2] 支恒荣亦云:"惟我子澄,雅擅诗才,特将遭难后耳目所见闻者,发为古近体若干卷,亦少陵诗史之意也。"[3] 时人世荣评价道:"昔人称杜陵为诗史,若先生足以当之。"[4]

《庚子都门纪事诗》的内容大致分以下几类:记述义和团在京城的活动,描写事件的经过、战事的惨烈,清廷军备废弛战斗力低下以及军吏趁乱扰民的情形,联军对北京城的掠夺和破坏,讽刺投降变节者,记述爱国人士的英勇伟绩(表忠诗),总结失败原因教训。其中最为突出的就是作者在描述列强掠夺京城时带有强烈的民族主义色彩和抒发的爱国主义精神。

---

① 延清:《庚子都门纪事诗》原序,台北:文海出版社,1975 年,第 10 页。
② 延清:《庚子都门纪事诗》,第 16 页。
③ 延清:《庚子都门纪事诗》,第 17 页。
④ 延清:《庚子都门纪事诗》,第 17 页。

诗歌具有鲜明的反帝爱国立场,反对八国联军侵略,记述了外国军队在北京烧杀抢掠的情形,并对此进行了批判,深表愤怒。

他在《纪事杂诗三十首》之四中写道:

> 璇宫赫然怒,告庙非虚词。煌煌降谕旨,咸使中外知。
> 海疆险要地,久矣居九夷。通商四十载,事事甘受欺。
> 我朝尚宽大,不复计较之。顷以民教故,辄兴无礼师。
> 戈铤竟北指,飚轮纷交驰。丁沽失所据,要挟胡能支。
> 事出不得已,衅端开自兹。兵旅急征调,谁为干城资。①

延清在诗中斥责外国侵略者得寸进尺,不顾中国被迫通商四十年以来处处忍让、备受欺凌,还要借义和团教案挑起事端侵略中国的一副强盗嘴脸。他在诗中不仅叙述了事件的起因,还描绘了列强攻城略地、烧杀抢掠的惨状。

> 夜半炮声起,听之心骇然。初疑我军发,几欲轰塌天。
> 晨兴即起视,弹落如珠联。无屋不掀破,有垣皆洞穿。
> 争路勇已溃,守陴兵非坚。加以火药馨,势难张空卷。
> 生不丽谯据,死多沟壑填。陡闻辘轳转,不断声连连。
> 虏炮隔城击,环攻东北偏。相持未终日,城阙难保全。②

> 回戈去睥睨,炸炮轰云霄。悠悠旆旌偃,岌岌楼橹摇。
> 凶锋及一试,额烂头还焦。乞降固非计,万众魂已销。

---

① 延清:《庚子都门纪事诗》,第24页。
② 延清:《庚子都门纪事诗》,第29—30页。

督战不闻命,白旗空际飘。东隅四门启,敌进如春潮。
草木失依附,难藏狐鼠妖。穷搜遍城社,遇者何曾饶。
衣并积尸委,杵随流血漂。池鱼尽殃及,岂止城门烧。①

从作者鲜活直观的描写中可见列强进攻之猛烈,京城被破坏的惨状。昔日繁华热闹的正阳门也被焚烧殆尽,化作焦土。作者由此悲叹道:"驱车怕过正阳桥,弥望西南土尽焦。难怪千家燕市哭,真同一炬楚人烧。"② 作者还记录了列强在京城疯狂抢劫的行径。"金穴铜山外,难穷府库财。一朝楂客至,搜刮压装回。"③ 延清在诗中记录的外国侵略者对京城破坏的情形,远比《清实录》《清史稿》中对战争时间、地点做的简单记录要更为详尽直观,达到了以诗记史的效果。

延清对义和团的评价比较客观公正,既看到了其爱国主义的一面,亦看到了其良莠不齐、封建迷信的方面。他在《纪事杂诗三十首》中写道:"义和揭旗帜,拂拂飘薰风。赤帕裹其首,纷如兵交讧。军刃各在手,外观真英雄。""设坛就庄邸,府第何高庞。黄绫饰幡盖,碧纱糊轩窗。殿中鼎炉峙,门外戈戟摐。乡愚杂沓至,如水之赴江。"④ 然而作者亦认为这些英雄"水乳欠融洽,种杂言愈咙"⑤,"跳舞假神道,咄咄频书空"⑥,也揭露了义和团不问青红皂白在京城滥杀无辜。"天方万千厦,一炬腾烟虹。化城灭俄顷,搜

① 延清:《庚子都门纪事诗》,第30页。
② 延清:《庚子都门纪事诗》,第55页。
③ 延清:《庚子都门纪事诗》,第143页。
④ 延清:《庚子都门纪事诗》,第23、24页。
⑤ 延清:《庚子都门纪事诗》,第24页。
⑥ 延清:《庚子都门纪事诗》,第23页。

捕男女童。杀人竟如草,血染刀光红。"①与当时的士大夫对义和团
一概持鄙夷态度比起来,作者能客观地评价义和团是明智而可贵
的,这表明蒙古旗人在外国侵略的形势下不分旗民、蒙汉,产生了
与汉族人民一同排外的民族主义意识。

　　除了赞赏义和团英勇抗敌的行为外,作者在诗作中还表达了自
己爱国的情怀和久困北京报国无门的苦闷心情。当敌人大兵压境,
京城危在旦夕时,他主张坚决抵抗,反对屈辱的"城下之盟"。他写
道:"我为国家惜,不求城下盟。庚申即前辙,例可援以争。容尔扣
关入,整军屯帝京。"②诗人援引第二次鸦片战争由于统治者的软弱
妥协,导致英法联军进入京城烧杀抢掠的惨痛教训,认为应当整军
备战、誓死抵抗,展现了其不畏强敌的爱国精神。京城沦陷之时,他
悲痛欲绝,"深居府第昧先几,汲水甘心混布衣。何若当时投井死,
偷生免得后人讥"③。悲叹不能以死报国之屈辱。在吟咏之间表达
了自己无以报国的悲伤:"兴怀家国无穷事,独立西风两泪垂。"④

　　总之,延清的《庚子都门纪事诗》反映了在国难当头时,蒙古旗
人和汉族人民一致对外,反对外国侵略的民族主义情绪,他们同满
洲八旗一起共同融入了中华民族的民族共同体之中,这是时代大势
所趋。

地方意识的深化:蒙古旗人史地研究的小高潮

　　19世纪末20世纪初,在地方为官的蒙古旗人越来越多,他
们纷纷依据自身为官经历编写了诸多方志和舆图。这些方志和
舆图不仅延续了传统的体例,也尝试了西方的绘图方法和编目,

---

① 延清:《庚子都门纪事诗》,第23页。
② 延清:《庚子都门纪事诗》,第33页。
③ 延清:《庚子都门纪事诗》,第40页。
④ 延清:《庚子都门纪事诗》,第75页。

使这一时期的方志呈现出西化和近代化的新特征。同时,驻防的蒙古旗人也开始总结驻防的历史,一批驻防志和驻防史著作纷纷涌现。

1. 方志、舆图编纂:经世致用内涵的衍变

在光绪到民国这一阶段,蒙古旗人编纂的方志有升允的《甘肃全省新通志》、国璋《峡江图考》、恩麟《洧川县乡土志》。光绪年间蒙古旗人撰写的边疆游记仅有博迪苏的《朔漠纪程》。

其中升允的《甘肃全省新通志》和恩麟的《洧川县乡土志》按传统体例编纂,总目十:天文、舆地、建置、祠祀、学校、兵防、职官、人物、艺文、志余。子目七十。体例、撰写技法多模仿"正史"。"纶音"、"天章"冠诸卷首,效法《春秋》不列入目录。而恩麟的《兴城县志》和国璋的《峡江图考》的内容、体例则贴近日常生活生产,其中增加了很多辛亥革命制度改革之后的内容,和传统的志书比更具实用性。博迪苏的《朔漠纪程》记载了光绪三十年(1904)英军入侵西藏、达赖出逃后达赖及库伦的状况。博迪苏,蒙古正白旗人,任御前大臣。光绪三十二年(1906)四月,博迪苏奉命以赴喀尔喀考察游牧事宜为由,安抚逃往库伦的达赖,劝其早日归藏;与达赖会见九次后,五月返京。他在《朔漠纪程》中不仅记载了沿途的风景见闻,还着重描述了与达赖会见的情况,其中对达赖言行的记述弥补了《十三世达赖喇嘛传》的不足。①

更贴近日常生活、更具实用性的志书是国璋的《峡江图考》和《重庆府治全图》。

《峡江图考》作者国璋,字子达,蒙古镶白旗人,为京口驻防。国璋16岁时任幕僚入蜀,21岁时任四川隆昌知县,后历任华阳、

----

① 吴丰培著,马大正整理:《吴丰培边事题跋集》,第236页。

宜宾、内江、江北、江津等县知县。光绪七年（1881）出任巴县县令，次年下任，以后又两次出任巴县县令。①《峡江图考》的编纂与国璋任职巴蜀鄂楚的经历有关。在《峡江图考》的序言中他写道："余官蜀几三十稔，于役鄂楚，行峡八次。每当停泊，辄询榜人。凡躬历诸险，必详究委末，记之以笔，目之曰《行江纪程》，殆以志行役鞠瘁、宦海风波，非徒诩游历之见闻、舆地之考据也。岁在己丑，会有轮船入川事，余恭奉宪檄赴宜郡赞议，因于诸滩险要，留意有加焉。"② 从中可见，国璋《峡江图考》资料得益于平常的细心观察和耳闻目睹，也就是说注重实地考察是《峡江图考》的一大特点。

另外，《峡江图考》还借鉴参考了前人绘制的三峡航道图和游记。"爰取宜昌总镇罗笏臣军门《行川必要》，考其得失，证以详略，拾遗补缺而谨志之。然有志无图未能豁目。嗣见夔州府汪晓潭太尊绘有由夔至巫创修峡路图。笏臣军门亦绘有由巴东至东湖峡路图。救生船勇弁亦绘有一图。因影本笏臣军门《峡江图考》并上三图，折衷之而图为一册，更新增由万至渝数页，虽不径云完善，然亦不大缺略也。其异于罗图者，罗图详于南岸，此则补之以北岸。"③ 从中可知国璋将宜昌水师总兵罗缙绅的《行川必要》、由巴东至东湖峡路图与夔州知府汪晓潭的由夔至巫创修峡路图以及救生船勇弁的水道图结合在一起，并增加了万县至重庆的水道图，成为一册完整、系统的三峡水道图。

《峡江图考》成书于光绪十五年（1889），现存最早的版本于光绪二十年（1894）由上海袖海山房书局出版，现藏于国家图书馆和

---

① 朱之洪：《巴县志》卷八、九，民国三十二年刻本。
② 国璋：《峡江图考》序言，光绪二十年上海袖海山房书局版。
③ 国璋：《峡江图考》序言，光绪二十年上海袖海山房书局版。

日本早稻田大学图书馆。该书分上下两册,以图为主,辅之以文字,反映了从重庆巴县至湖北宜昌 660 里水道的状况。上册为湖北宜昌到夔州(今奉节)的水道状况,下册绘夔州至重庆巴县的水道状况。上册在序言之后便是"宜昌至夔府水道程途",罗列了长江沿岸的风景、地标,罗列沿途重要的邑镇、民居、滩险方位、水文和里程。还在每个重要的地标后注明水道的危险程度和应该注意的事项。之后便是 53 幅图文并茂的水道图,在图中亦标记沿途的风景名胜、滩险位置、水文和里程。最后则是"夔府至宜昌水道程途",以便回程阅览,此即为序言中所说的:"上水则从册首以逮尾,下水则从册尾以达首,反覆顺逆,皆可浏览。"[①]下册的封面和扉页同上册,内文开始是"夔府至重庆水道程途",然后是图文并茂的正文和图,共 44 幅。图后则从尾朝前的"重庆至夔府水道程途"。

　　与以往传统的三峡水道图相比,国璋的《峡江图考》具有两大特点。

　　其一是实用性较强。宜昌水师总兵罗缙绅的由巴东至东湖峡路图与夔州知府汪晓潭的由夔至巫创修峡路图之绘图和文字都十分简略,只是简单指示了沿江的救生船和炮船位置,并没有附上更多的险滩位置、水文状况及行舟注意事项。而《峡江图考》附有详细的三峡水道里程及注意事项、险滩位置。如在红石子处记:"大水险,红石未现,定须在美人沱山斗屏停泊,候水平再走。"[②]如在新滩场处注:"一连三滩最险。小心。上下水险极,宜昌同知分驻于此,有滩夫,十月朔上轮,代放,四月朔下轮。"[③]更有实用意义的

① 国璋:《峡江图考》序言,光绪二十年上海袖海山房书局版。
② 国璋:《峡江图考》上册,光绪二十年上海袖海山房书局版。
③ 国璋:《峡江图考》上册,光绪二十年上海袖海山房书局版。

是航道图中十分明确地标注了大量险滩方位,并附有大量流传于船夫间关于行船安全的民谣口诀,做到了图文结合、浅显易懂。这既是民间三峡航船经验的首次系统总结,也是最系统完整将这些经验与航道图的重要地点精确结合,如此标注对行船安全大有裨益。如在耍和尚岩处记:"耍和尚岩在兵书峡口,形似比丘,水淹其石,舟不敢过。谚云:'水淹和尚口,神仙不敢走。'"[①] 又如在瞿塘峡黑石滩处记载:"黑石滩距夔城三十里。谚云:'滟滪冒顶,黑石下井。'言其险也。"[②] 该图精准说明了何处需用多长纤索,何处需增加纤夫,何处是纤路。比如在许多处都记有"岸上有路挽缆"、"须用长篙二合半"、"纤篙二合"、"用一长篙"、"用缆二合,须用榨篙",在多处记有要"添人夫"、"必添人"等[③]。这种图文并茂的行船图自然对于航运的作用十分大。正如作者所言:"上水则从册首以逮尾,下水则从册尾以达首。反覆顺逆,皆可浏览。每篇上下对列名目,道里远近,附录极楚,尤复证以古今之沿革、俚俗之歌谣、舟师棹人之口授指画。入斯峡者,请于风樯缓发,间以左右顾盼,然后取此图而历证之,庶不哂所图之或妄也。"[④] 整本书无论从绘图、注释,还有前后可以颠倒浏览附有水道地标的目录上来说,都是为了便于读者航行之便,可以说真正意义上达到了史地学"经世致用"的目的。

其二是《峡江图考》改变了以往写意的方式,而用立体透视的西洋画法绘制地图。《峡江图考》之前的三峡水道图和其他舆图的绘图方式都是传统山水写意的手法,并没有精准且符合实际地形

---

① 国璋:《峡江图考》下册,光绪二十年上海袖海山房书局版。
② 国璋:《峡江图考》上册,光绪二十年上海袖海山房书局版。
③ 国璋:《峡江图考》下册,光绪二十年上海袖海山房书局版。
④ 国璋:《峡江图考》序言,光绪二十年上海袖海山房书局版。

的河道边线和礁石、暗礁、险滩位置,对于指导航行帮助不大。而《峡江图考》则采用了一种写实的立体透视角度,绘制出了明显的河道曲线和大量的险滩、暗礁位置,具有现代水道图直观性强、准确度高、利于指导行船等特点。对比《峡江图考》瞿塘峡段与现代三峡水道图,两者河道江岸的曲折基本是相似的。写实的地图比传统写意手法绘图要有更强的实用性。

另外,《峡江图考》记载的资料对史地学地名研究意义重大。图中两岸各山上具体标注了很多不见于地方志记载的地名,历史中的地名记忆被如实记录在图中。这些重要的被方志忽略的信息是作者亲自八次行舟于三峡间,寻求"舟师楫人口授"而集得的。这些失于记载的微小地名对于历史地理研究及三峡历史文化的解读有着至关重要的意义。民国十二年(1923),江北县人杨宝珊以《峡江图考》为底本,编成《最新川江图说集成》,上标英文地名,有为西洋人使用的意图,可见《峡江图考》一书影响之广泛。

国璋还绘有最早的重庆市图——《重庆府治全图》,此图编绘于光绪十一年至十二年(1885—1886)。国璋经过实地测量,"爰召画工,周历郡治,绘为全图"。此图比例约为1:4000左右。从地图的标注上来看,是一种运用平面投影对景和符号相间与正面投影形象法绘制的地图 ①,是较为先进的西式绘图法。

2. 八旗驻防志的编纂与驻防文化总结

清朝以武功定天下,八旗制度为清朝统治之根本。入关后,八旗有劲旅和驻防之分。劲旅八旗拱卫京师。为了镇压地方反抗和监视绿营汉人,清朝在京师之外的各战略要冲设立军事据点,派八旗驻扎防守,是为驻防八旗。驻防八旗驻守于全国各大省会,重要

---

① 蓝勇:《古代重庆城市地图与重庆社会经济文化发展研究》,《面向新世纪的中国历史地理学:2000 年国际中国历史地理学术讨论会论文集》,第 322 页。

城镇、水路要冲,控扼着京师以外所有的重要军事据点。包括京师劲旅八旗在内,全国驻防将军、副都统一级的驻防点共32个。将军级的驻防单位共13个,副都统专辖之驻防点共18个。这些驻防点由来自满、蒙、汉军三个旗分的官兵驻扎(一些驻防地仅有满蒙或满汉或单一旗分官兵驻扎)。在将军和副都统级驻防地中,由满蒙汉八旗驻防的有:杭州、成都、伊犁、乌鲁木齐、密云、山海关、乍浦、凉州、乌鲁木齐。由满蒙八旗驻防的有:西安、江宁、荆州、热河。由满洲八旗单独驻防的有:宁夏、盛京、吉林、黑龙江、青州、熊岳、锦州、宁古塔、伯都讷、三姓、阿拉楚喀、瑷珲、墨尔根、呼兰、呼伦贝尔。由蒙古八旗单独驻防的有:绥远城、察哈尔都统(由察哈尔八旗驻防,察哈尔八旗并不属于满蒙汉八旗系统)、归化城、京口。由汉军八旗单独驻防的有福州和广州。①

　　晚清驻防制度业已历经二百余年,到了应加以总结的阶段。光绪年间由于太平天国起义已经平息,各地驻防八旗军务减少,各地驻防八旗长官因此得以抽出时间来编纂驻防八旗志。清代的《荆州八旗驻防志》《京口八旗志》《福州驻防志》《杭州八旗营房志略》《驻粤八旗志》几乎都在光绪年间编成。蒙古旗人三多六桥也编写了记载杭州八旗驻防掌故的诗歌。可以说,光绪年间是八旗驻防历史文化的总结阶段,蒙古旗人在其中的贡献甚大。

　　蒙古旗人希元等编纂的《荆州驻防八旗志》和春元的《京口八旗志》最具代表性。下面简要介绍希元的《荆州驻防八旗志》。希元(？—1894),伍弥特氏,蒙古正黄旗人。同治九年(1870)授荆州副将。十三年(1874),任杭州将军。光绪二年(1876),调荆州将军,又调黑龙江将军、吉林将军、福州将军。光绪十七年(1891),

---

① 定宜庄:《清代八旗驻防研究》,沈阳:辽宁民族出版社,2003年,第114页。

以福州将军兼闽浙总督及船政大臣。光绪二十年(1894)卒。①

希元编驻防志的目的很明确,是为了记录八旗将士们的英勇事迹及驻防掌故,补充地方志,以传承八旗勇武善战的精神。"二百余年间,生聚教诲,不惟材官、技卒有勇知方,而且户习诗书,家兴仁让,名臣宿将,代不乏人。大政所关,载在国史。而私家著录,迄无成书,父老传闻,久或失实。其附载《荆州府志》者,又复略而不详。余滋憾焉。"② 于是作者于同治九年(1870)在都统任上与荆州将军巴玉农商议"拟仿《八旗通志》之例,创为《驻防志》"③。希元任荆州将军于光绪五年(1879)始修此志,光绪九年(1883)由后任荆州将军宗室祥亨完成。

全书分制诏、建置、风土、食货、学校、武备、职官、选举、仕宦、人物、列女、艺文十二门类共十六卷。除文字以外有荆州满城、军署、书院、寺庙图六幅。该书是对荆州一地八旗驻防记载,汇总了八旗在政治、经济、军事、文化各方面的典章制度及社会风俗、生活习惯、人物事迹等资料,弥补了《荆州府志》等其他方志在旗务记载方面的不足。与方志不同的是,八旗驻防志偏重记载军事方面的资料,如驻防地的武备及阵亡将士名单,这是由八旗军事驻防的特点决定的。《荆州驻防志》也根据本地特点增加了三卷篇幅的《宸翰》《敕谕》,主要内容是皇帝对八旗将士的奖赏、训诫。

同时期,完全由八旗蒙古驻防的京口也产生了《京口八旗志》,由蒙古旗人春元纂辑。

春元,字凤池,氏伊布杼克,隶镶红旗,京口驻防。举人,大挑

---

① 希元、祥亨等:《荆州驻防八旗志》,沈阳:辽宁大学出版社,1990年,第5页。

② 希元、祥亨等:《荆州驻防八旗志》,第1页。

③ 希元、祥亨等:《荆州驻防八旗志》,第1页。

二等,选授光禄寺署丞保,升直隶州知州。后来他看到政府的腐败及官场上的污秽而决意不再进取,遂辞官,放情山水,出游镇江之金焦与北固之间。七十八而卒。[1]

《京口八旗志》由掌京口左司关防右翼协领钟瑞和京口右司关防右翼协领善连任总纂,春元主要负责资料的搜集、整理。春元在序中说明了此次编写《京口八旗志》的目的是在于通过记录八旗英烈事迹的方式,铭记和宣传他们忠君爱国的精神,同时也补充地方志《丹徒县志》的不足。"元大惧八旗事实久而无征,不足以传信于将来而播皇仁于远迩。适京口有重修《丹徒县志》之举,本营协领钟公瑞、善公连等命元秉笔。元不揣固陋,旁搜博采,编为《京口八旗志》二卷,附诸县志,以备参稽。后之君子修而辑之,则斯志之传与我国家于万斯年之盛且相引于勿替云。"[2]该书分上下两卷,卷上为:营制志(包括建制沿革、额官、额兵、户口、俸饷、米石、马政、营地、廨舍、官署、公所、兵房、教场、炮台、军洲、祠庙)、职官志(记载历任副都统和名宦的名录)、学校志(包括学额、附义学、附月课)、选举志(科目、武课)、人物志(荫袭、忠节、宦绩、孝义、文苑、方技)。卷下为列女志,分贞节、孝烈、坊表三部分,记录了守贞而亡及第一次鸦片战争和太平天国之乱中殉节的贞节烈妇共 1300 多人,为研究少数民族妇女史不可多得的资料。如白苏氏,正白旗武生领催东海妻,道光二十二年(1842)英军进犯京口,城池陷落,听闻丈夫重伤,存亡未卜,谓女有姑曰:"我等世受国恩,无以为报,今正男子

---

① 恩华编纂,关纪新整理:《八旗艺文编目》,第 21 页。

② 马协弟主编:《杭州八旗驻防营志略　绥远旗志　京口八旗志　福州驻防志(附琴江志)》,沈阳:辽宁大学出版社,1994 年,第 477 页。

尽忠、妇女尽节之日!"遂率女投于井。① 八旗蒙古妇女为守贞或为国殉节而亡人数众多,说明晚清八旗蒙古这一群体受汉文化影响很深,已经将汉人道德标准纳入本民族风俗伦理之中。

三多的《杭州旗营掌故》也是蒙古旗人总结八旗文化的代表作之一。三多,号六桥,蒙古族,姓钟木依氏,汉姓张。同治十年(1871)五月二十二日生于杭州,杭州驻防蒙古正白旗籍。清末民初做过归化城副都统、库伦办事大臣、金州副都统、东北边防司令咨议等。② 著作有《可园诗抄》四卷、《可园外集》、《可园文集》。编辑《柳营诗传》四卷,集杭州满洲驻防营中诸老辈诗,附采诗余,亦收录驻防旗人眷属、闺秀诗作。

《杭州旗营掌故》,又称《柳营谣》,是三多于十四五岁时用竹枝词体叙述杭州驻防营典制风俗、名胜掌故的著作,共诗一百首,并附以说明。其自序云记诗目的是为保存资料供后人利用:"吾营建自顺治五年,迄今二百四十余载,其坊巷、桥梁、古迹、寺院之废兴更改者,既为杭郡志乘所略,而其职官、衙署、科名、兵额一切规制,又无纪载以传其盛。自经兵燹,陵谷变迁,老成凋谢,欲求故实,更无堪问。夫方隅片壤,尚有小志剩语,纪其文献。吾营八旗,实备满蒙大族,皇恩优渥,创制显荣,其间勋名志节,代不乏人。倘无一编半册,识其大略,隶斯营者非特无以述祖德,且何以答君恩乎? ……窃不忍其淹没无传,以迄于今。每为流留轶事,采访遗闻,凡有关于风俗掌故者,辄笔之。积岁余方百事,即成七绝百首,

① 马协弟主编:《杭州八旗驻防营志略 绥远旗志 京口八旗志 福州驻防志(附琴江志)》,第 517 页。
② 延清:《遗逸清音集》卷三,上海:商务印书馆,1916 年。

名曰《柳营谣》。"① 晚清掌故学家徐一士称此诗集:"既见诗才夙
慧,尤足考有清一代驻防旗营之史迹。举凡典制风俗、人文名胜,
以及轶事雅谈,略具于斯,洵可称为诗史,研究旗营故实者之绝好
资料也。"② 其中记录的八旗制度资料最为突出。如记载汉军出旗
的资料:"四旗裁去近千人,万顷沙田泽沛春。此即盛时司马法,兵
当无事本为民。(乾隆二十八年裁去汉军四旗九百余人,赐以萧山
沙田,有不耕者准其外补营勇。)"③ 如记载乱后八旗重建的资料:
"同承恩泽镇之江,敢享承平志气降? 调自六州归一本,和亲康乐
答家邦。(乱后八旗调自乍浦、福州、荆州、青州四川六处。以复旧
额。)"④ 记载八旗选官制度的资料:"弓胎骅角箭翎雕,试取穿杨百
步遥。闻说将军亲选缺,争将全技献星轺。(官制,由前锋领催挑
取骁骑校,递上至于协领皆然。每一缺出,与选者齐赴教场听候考
选官缺,拟定正陪,奏送引见。)"⑤ 记载八旗日常制度的资料:"鼓
角声残大阵还,八旗兵马拥城湾。旧时军令何严肃,一月惟教一日
闲。(道光元年奏,遵于每月朔停操一日,余则逐日轮习各技。)"⑥
还有记载历史遗迹的重要资料:"短短红墙小小门,一官虽谪亦君
恩。桥东遗署今乌有,盖代威名世尚闻。(年大将军雍正年间谪杭
州,后贬至正白旗满州防御,其故署皆围红墙,在石湖桥东折东弄
内。按年为防御时,日坐涌金门侧,鬻薪卖菜皆不敢出其门,曰年

---

① 徐一士著,徐禾选编:《亦佳庐小品》,北京:中华书局,2009 年,第 296—
　　297 页。
② 徐一士著,徐禾选编:《亦佳庐小品》,第 296 页。
③ 徐一士著,徐禾选编:《亦佳庐小品》,第 299 页。
④ 徐一士著,徐禾选编:《亦佳庐小品》,第 299 页。
⑤ 徐一士著,徐禾选编:《亦佳庐小品》,第 300 页。
⑥ 徐一士著,徐禾选编:《亦佳庐小品》,第 300 页。

大将军在也。见《啸亭杂录》。)"① 这些资料弥补了地方志和八旗驻防志的不足,对研究八旗文化的历史有着重要的意义。

3.蒙古旗人之北京史地学的兴起

清末蒙古旗人史地学地方研究兴起除了表现在驻防志的集中编纂以外,更重要的还体现在对北京史地的研究上。崇彝、杏芬、奉宽是这一阶段北京史地研究的代表人物。

崇彝的《道咸以来朝野杂记》为北京地方掌故之经典。崇彝字泉孙,号巽庵,姓巴鲁特,别署选学斋主人,蒙古正蓝旗人,大学士柏葰孙。著有《选学斋书画寓目笔记》《道咸以来朝野杂记》。崇彝因在朝中任户部文选司郎中久居京城,故对宫中和北京的制度、掌故颇为熟悉,因而撰写《道咸以来朝野杂记》,内容包括帝系宗支、政局典制、园林第宅、寺庙古迹、节令游览、里巷琐闻、市井风俗、人物逸事等,一定程度上反映了晚清北京全貌,对研究北京史地和清史有一定的参考价值。本书最具特色之处是记载了正史不曾记载的北京民风生活,对北京军民的饮食起居、服饰车马、婚丧礼仪、市肆贸易、戏剧曲艺等都有详细的记载,弥补了正史的不足。特别在曲艺方面,对名角、名曲牌、票友方面都有很细致的描述。如其对票友果勒敏轶事的记载:"果勒敏,字杏岑,博尔济吉特氏。世袭子爵,官杭州将军。罢归,穷极无聊,日游戏园。颇通词曲,无聊时,所编排子曲、岔曲甚多,能以市井俚语加入,而别有趣。于最窄之辙,押之极稳妥,此实偏才。亦能作诗,则打油类也。凡歌唱类分十三辙,犹之韵也。如中东、言前、江阳、花发、由求、仁辰、灰堆、依期、裘波、姑苏、怀来、遥条之类。最窄之辙为捏邪,戏界多忌此辙。果公有自编大排子曲,用此辙极俏,惜忘其名词也。所居在王府大街路东,即

---

① 徐一士著,徐禾选编:《亦佳庐小品》,第307页。

今之培元学校也。"① 对旗人习染戏曲的记载，于戏曲艺术史研究别具价值。作者记载的掌故也不仅局限于北京城，还添加了边疆地区的轶事。如其记载新疆八城的新名称："新疆回八城，道光初年长文襄公（龄）所底定。喀什噶尔赐名恢武城，叶尔羌名嘉艺城，英吉沙尔名辑远城，和阗名威靖城，阿克苏名普安城，乌什名孚化城，库车名巩平城，喀喇沙尔名协顺城。此与乌鲁木齐皆在天山南路。若伊犁、乌里雅苏台、科布多，则在北路，相隔数千里，瀚海、雪岭、戈壁介于其间。北路荒寒，人多苦之。南路丰腴，间有田稻之利，气候既佳，且多花木，有'小江南'之称。长文襄公第，在王府井南头纱帽胡同。宅尚齐整，有小园，共三所。光绪间，廖尚书（寿恒）居之。后归绥远城将军贻榖。彼时宣宗赐长中堂之'平格功成'匾额尚赫然在目也。"② 回疆八城的名称与《实录》记载一致，还增加了道光赐长龄匾额的细节，弥补了《实录》的不足。

对北京地名有专门研究的蒙古旗人是巴里克女史杏芬。杏芬为巴里克氏，京口镶白旗人，晚清诗人延清之女。生于同治十三年二月十九日（1874 年 4 月 5 日），幼年随兄弟一起受老秀才教育，后其父任职工部，举家随父进京。她长大后一直掌管家务，代父亲写文书，应酬亲友宾客。由于杏芬当家事务繁多，加之延清择婿甚苛，导致她一直待字闺中。闲暇之余，吟诗作赋，以北京地名做对，聊以自娱。可惜天妒红颜，光绪二十三年六月二十七日（1897 年 7 月 26 日）因肺病卒于家中，临死前从容镇定和父母兄弟一一告别。③ 家人为了怀念她，在其亡故五年后，将其日常所作地名对共

---

① 崇彝：《道咸以来朝野杂记》，北京：北京古籍出版社，1982 年，第 16 页。
② 崇彝：《道咸以来朝野杂记》，第 5—6 页。
③ 杏芬：《京师地名对》（下卷），国家图书馆藏光绪二十七年刻本。

五百余副编辑成册,刊行于世。此书通篇以当时北京地名两两对仗组成对子,在每个地名之后加以注释,表明所在地点,间附以考证。如欢喜地(京城内外凡寺庙墙壁皆贴"登欢喜地"四字)、色空天(京西海淀明米万钟勺园内有色空天诸景,后为郑亲王园邸);天齐庙(朝阳门外元建以祀东岳天齐仁圣帝,有赵孟頫道教碑)、地藏庵(正阳门外迤西排子胡同,又宣武门外西草厂,又京西萧家河)。①全书上下两卷,分20类。各类先按字数,由二字至八字,顺序编排。字数相同者,则按诗韵先后编排。每一地名下,均有简明的一两句注释。20类类目如下:

一、天地总类:如"天喜庙,地安门"之类,共8副。

二、天文时令类:如"夕照寺,朝阳门"之类,共87副。

三、地理宫室类:如"海淀,江亭"、"水窦,沙滩"、"海会寺,郊劳台"、"甜水井苦水井,大石桥小石桥"之类,共63副。

四、人伦类:如"王府井,祖家街"、"内官监,外郎营"之类,共32副。

五、性情人事总类:如"极乐寺,大悲庵"之类,共116副。

六、身体类:如"三角淀,八面槽"之类,共26副。

七、古迹类:如"李皇亲夹道,王寡妇斜街"、"俄罗斯馆,利玛窦坟"、"玛哈噶喇庙,耶律楚材坟"之类,共46副。

八、鬼神仙佛释道类:如"灶君庙,炉圣庵"、"财神庙,利市营"、"火神庙,水仙庵"之类,共48副。

以上为上卷。

九、禾稼蔬果草木类:如"晾果厂,惜薪司"、"南柳巷北柳巷,东华门西华门"、"东荷包巷西荷包巷,南芦草园北芦草园"之类,共

---

① 杏芬:《京师地名对》(上卷),国家图书馆藏光绪二十七年刻本。

108 副。

十、鸟兽鳞介昆虫类:如"龙泉寺,虎坊桥"、"铁老鹳庙,石驸马街"、"前马厂,后牛湾"之类,共 130 副。

十一、服饰用物总类:如"磨盘大院,烟袋斜街"、"南剪子巷北剪子巷,东棋盘街西棋盘街"、"栏杆市,喇叭营"之类,共 78 副。

十二、珍宝类:如"金阁寺,玉渊潭"、"销金厂,积水潭"之类,共 54 副。

十三、饮食类:如"米粮库,豆腐池"、"灶王庙,厨子营"之类,共 36 副。

十四、数目类:如"二闸,双桥"、"十方院,半壁街"、"九天庙,八里庄"、"三家店,八道湾"之类,共 60 副。

十五、方位类:如"北海,西山"、"关东店,陕西街"之类,共 66 副。

十六、干支类:如"长辛店,正乙祠"、"奶子府,挂甲屯"之类,共 23 副。

十七、卦名类:如"观音寺,节孝祠"之类,共 34 副。

十八、颜色类:如"青草市,翠花街"、"红罗厂,白纸坊"、"前青厂后青厂,大红门小红门"、"白塔寺,卢沟桥"之类,共 44 副。

十九、虚字类:如"真如寺,般若庵"、"花之寺,陶然亭"之类,共 8 副。

二十、叠字类:如"娘娘庙,姐姐房"之类,共 6 副。

以上为下卷。

上下卷共 20 类,1073 副。

《京师地名对》一书不仅具有文学价值,更对清代北京历史地理研究有很大的参考价值。清代记载地名对的专门书籍有俞樾的《春秋人地名对》和黄朝桂的《广春秋人地名对》,这些都是涵盖全国的地名对。而杏芬的《京师地名对》专载北京一地,专门性较强。延清友人李恩绶称此书足以补充朱彝尊等人的北京史地著作:"京师坊巷纷歧,杏芬闻地名诸新奇,勤加蒐讨,证以名刺之所载。至如'烂面衚衕'作懒眠,一作蓝面。……余客宣南时,子澂举其事谂余,余诧曰:'此足补竹垞翁《日下旧闻》及梁苣邻《巧对录》。'"① 鲍心增亦云:"《京师地名对》一卷,紫丞水部哀其女公子杏芬之不寿,爰取其生平所编辑为次第以存之者也。京师建四方之极,经涂九轨,阛井鳞布,明张爵有《坊巷胡同集》,光绪《顺天府志》亦立坊巷专门于其间,丛祠第宅以至琐闻轶事,靡不甄录,览古者资考镜焉。若乃驱策康庄、组织衢术,束部分而有位,出清新于无穷,斯亦地志中之巧制也。"② 足见杏芬考证地名之细致,保存北京地名史料之完备。

　　另一位北京史地研究专家是奉宽。奉宽(汉名鲍汻)(1897—1943),字仲严,号远楼,蒙古博尔济吉特氏,元太祖成吉思汗三十世孙。自幼随父习满汉蒙文,后从多如山先生学习满文,精通满、蒙、汉、维、藏、托忒、八思巴、梵等文,尤精于满文。他在清末由兵部笔帖士转入海军,任海军部科员,后任兵部堂主事。清帝逊位后赋闲在家,专心文史研究。曾赴西山考察,后将考察资料编成《妙峰山琐记》。民国五年(1916)改名鲍汻。国立北平研究院成立后,任史学研究会编辑,后任古物保管委员会顾问、北京大学导师、故宫文献馆专门委员等职,其间兼任燕京大学讲师,教授满、蒙文课程。民国二十三年(1934)秋始编《续修四库全书总目提要》,奉

---

① 杏芬:《京师地名对》(下卷),国家图书馆藏光绪二十七年刻本。
② 杏芬:《京师地名对》(上卷),国家图书馆藏光绪二十七年刻本。

宽承担满文提要撰写,截至至民国三十年(1941),共撰写提要876篇。①奉宽对北京史地有深入的研究,著述有《清理红本记》《燕京故城考》《妙峰山琐记》《京师外城庙宇全志》《旧京之元国书石刻》《旧京西山故翠微寺画像千佛塔记跋》《奉天旗制变通甲乙按两种》等,编辑罗密之《博尔济吉特氏族谱》。其中以《清理红本记》和《妙峰山琐记》对北京史地的研究价值最大。

《清理红本记》是奉宽拣选原紫禁城藏八千麻袋的内阁奏章档案,择其重要内容,抄录整理成册。其中大部分是顺治年间为编修明史而挑选的明末天启、崇祯年间和清初天聪年间的文书奏章。这些资料涵盖明清广宁之战、松锦之战、入关战役及朝鲜纳贡朝觐等方面,其中也不乏满文书籍。如满文的《三国演义》中的一部分,后被奉宽收藏。"满文《三国志》第二十二卷一本,无汉字。其目录四则,译云,孔明秋夜祀泸水,孔明初上出师表;赵子龙大破魏兵,诸葛亮计取三城。高丽纸钞写本,蓝布皮,与今本《三国演义》不同,国初旧物也。按,太宗文皇帝崇德四年,命榜式达海译《孟子》、《通鉴》、《六韬》,兼及《三国演义》,未竣。顺治七年正月,《演义》告成颁布,大学士范文肃公文程等,蒙赏鞍马银币有差即此。今本此四则分为九十一、九十二两回,曰祭泸水汉相班师,伐中原武侯上表,赵子龙力斩五将,诸葛亮智取三城。其卷数亦异。"②总之,这些资料记述了明清易代的细节,还附有作者的按语,对研究明清史有很大的参考价值。

---

① 戴鑫英(巴图):《早期古文字学者——鲍氏父子》,《满族研究》,2003年第4期。

② 奉宽:《清理红本记》,第15页。

　　对北京妙峰山香道研究较为系统的要数《妙峰山琐记》。从明代天启年间到民国初年,每年的节庆日,京津各地的百姓多数要组成香会前往妙峰山进香,来往香道络绎不绝,成为一道景观。奉宽曾多次对妙峰山的古迹及香会进行考察。该书详尽记录了妙峰山的名胜古迹、石刻碑文、庙宇道场、香会民俗,是一部反映京郊名胜民俗的百科全书。该书分四卷,第一卷讲从德胜门、西直门到阳台山一路的风物民俗,第二卷讲香路的中道、中北道的名胜古迹,第三卷记述南道、滴水岩、北道和中南道,第四卷讲妙峰、灵感宫、五元君及各地的茶棚、社火、香会。因奉宽有三十年亲身考察探访妙峰山的经历,对香路非常熟悉,一些名胜古迹的掌故都信手拈来,旁征博引,甚至连碑文也都一字不漏地抄录在案,可以说他对妙峰山的记载研究是真实可靠的。另外作者带有强烈的求真精神,书中随处可见对传说考辨纠讹之文字。如对妙峰山一带杨家将遗迹传说的驳斥:"(火焰头)此处有小山脉从南来,逶迤接地而伏。土人因半天云岭下有地名水源头,故连类及此,呼为火源头。'源'字不伦,易以'焰'字;且谓孟良盗骨烧昊天塔,由此纵火。按孟良盗杨无敌骨于昊天塔事,见元人所撰杂剧。……特昊天寺塔远在京城西便门内,安能由此纵火?则荒诞矣!"[1]"考百望山,俗呼望儿山,云是佘太君望杨六郎处。……正殿石佛一尊……其首为人盗去。据手印,为释迦牟尼像。俗谓佘太君像,非也。杨无敌父子与契丹交战,初未尝一至幽燕,则太君望儿,六郎挂甲,孟良放火等事,固皆子虚乌有。"[2] 这种不人云亦云的态度表明《琐记》一书非业余的游记,而是专业的研究书籍。作者也在考察的过程中

① 奉宽:《妙峰山琐记》,国立中山大学民俗学会,1929 年,第 11 页。
② 奉宽:《妙峰山琐记》,第 16 页。

用二重证据法,以故迹碑文纠正方志之误。如考阳台山云:"大觉寺……内西北院为龙王堂,有辽咸雍四年阳台山清水院创造藏经记碑。……碑中语及碑阴题额,阳台皆'阴阳'之'阳'。而陈天祥金仙寺碑、《日下旧闻》、王昶《金石萃编》、光绪《顺天府志》皆作'旸谷'之'旸',盖相沿于明宣德三年四月初七日,正统十一年十一月初一日御制大觉寺碑。《萃编》按语且云'曾于乾隆戊戌亲见此碑',乃亦误书'旸'字,殊不可解。"①书中以古迹证史的还有,以石佛殿的魏太和十三年阎惠端造像,考证《顺天府志》书"阎"为"闫"之误;②用大云寺的辽大康九年舍利经版塔,指出史书中书"大康"为"太康"之误,且于"定光佛"一名证明辽代不以帝讳(辽太宗名德光)、缺佛号的末笔。③作者这种严谨的精神连顾颉刚先生都赞叹道:"这种一字不苟的精神,不值得我们佩服吗!"顾先生还说,比起奉宽一字不漏地记录碑文、茶棚香会名号和传说,他们自己对妙峰山的调查可谓"小巫见大巫"。④可见《妙峰山琐记》在清末民初的北京史研究中已经属于经典之作。

此阶段的史地创作具有三大特点。

一是史地学创作具有强烈的爱国主义特点,特别是蒙古旗人的主权领土意识觉醒,维护国家主权领土完整,对外国侵略具有强烈忧患意识。如延清在《庚子都门纪事诗》中所表现的对外敌入侵的强烈愤怒:"通商四十载,事事甘受欺。我朝尚宽大,不复计较之。顷以民教故,辄兴无礼师。戈铤竞北指,飚轮纷交驰。丁沽失所据,

① 奉宽:《妙峰山琐记》,第25—27页。
② 奉宽:《妙峰山琐记》,第71—72页。
③ 奉宽:《妙峰山琐记》,第85—86页。
④ 奉宽:《妙峰山琐记》,第6页。

要挟胡能支。"[1] 崇彝在《道咸以来朝野杂记》中亦云："道咸之际，初办外洋交涉，多不见当，丧失权利，在在皆是。"[2] 可见蒙古旗人对被迫通商和主权被侵占有着强烈的民族主权意识。锡良在给光绪皇帝的奏疏中明确提出了主权不由外人干涉的主张："权柄不可外移，用人尤宜自主。我中国为首出自主国家，实有专一自主之权。乃外人欺我势弱，竟至干预内政，并操纵我行政之人。始而驻京各国公使，继而通商各口领事，或云大局，或云因公，多般要挟，迫我不得不从之势。"[3] 他对外国势力利用货币、银行经济侵略中国深表忧虑："今日财政之竞争，即为异日国权领土之竞争。……溯自两邻内侵以来，各以道胜、正金银行为财政操纵之总机关，所发羌币、日币充斥三省，夺我经济特权，蹙我民间生计。"[4] 因此他提议在东三省开设银行以掌握经济主权。锡良对外国干涉内政的反感及对掌握主权的陈述表明蒙古旗人的领土主权意识觉醒。

二是史地学创作开始具有世界眼光。凤凌的《四国游记》即是蒙古旗人视角跳出传统的朝贡贸易国家，关注西洋诸国的代表，虽然时间上比汉人士大夫关注西方诸国要晚一些，不过也可谓是开八旗风气之先。

三是地方意识兴起，地方史研究深入。蒙古旗人于光绪年间编纂的几部驻防八旗志可谓是他们地方意识兴起的标志。他们对北京史地的深入研究也可见对内地和汉族文化认同感增强。

---

① 延清：《庚子都门纪事诗》，第 24 页。
② 崇彝：《道咸以来朝野杂记》，第 22 页。
③《锡良遗稿》，第 231 页。
④《锡良遗稿》，第 890 页。

第三章　蒙古旗人史地学者的时空分布

学者群的时空分布统计 [1]

1. 时间分布

表一　蒙古旗人史地学作者及著作时间分布表

	康熙	雍正	乾隆	嘉庆	道光	咸丰	同治	光绪	宣统	民国
创作总量	1	1	15	23	17	10	9	44	17	7
作者总量	1	1	12	6	10	5	6	24	10	7
平均每人创作	1	1	1.25	3.8	1.7	2	1.5	1.8	1.7	1

（平均值：142/54，平均每人2.6种）

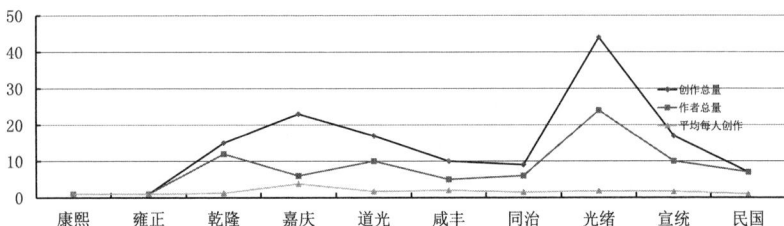

　　如"蒙古旗人史地学作者及著作时间分布表"所示，蒙古旗人史地创作作者和著作平均值曲线均成"M形"，两边高中间低。蒙古旗人史地创作可分为五个阶段：

第一阶段：康雍时期作者两位，共创作两种。平均每人1种，低于平均值2.6种／人。为蒙古旗人史地学创作的发端期。

第二阶段：乾嘉时期作者8位，创作40种著作。平均每人5种，高于平均值，为蒙古旗人史地学发展小高潮期。乾嘉时期成为蒙古旗人史地学研究的小高潮原因在于乾嘉时期清朝大一统版图最终确立，是大一统总结时期，故出现了诸多总结大一统的著作。

第三阶段：道咸时期作者15位，创作27种，平均每人1.8种。平稳发展，为史地学发展的平稳期。

第四阶段：同治时期作者6位，创作9种，平均每人1.5种。平均值为最低，是蒙古旗人史地学发展低谷期。

第五阶段：光宣至民国作者30位，创作73种，平均每人2.4种。光宣时期至民国初年是蒙古旗人史地学创作的高峰期，也是边疆危机层出不穷在学术研究上的反映。

2. 地域分布

表二　蒙古旗人作者、著作地域分布表

	京旗	西藏	凤城	张家口	伊犁	河南	山西	甘肃	江苏	广西	四川	京口	荆州	未知
人数	17	5	4	1	1	1	2	1	1	1	2	17	1	8
著作总量	69	28	5	1	11	4	3	3	2	2	1	39	3	11

（北方：32人，115种）
（南方：26人，64种）

表三　蒙古旗人南北方作者分布时间表

	康熙	雍正	乾隆	嘉庆	道光	咸丰	同治	光绪	宣统	民国
北方人数	1	1	1	8	5	4	3	9	3	3
南方人数	0	0	1	0	3	1	3	11	5	3

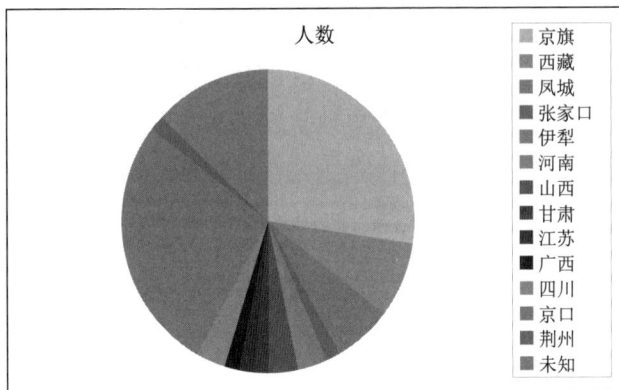

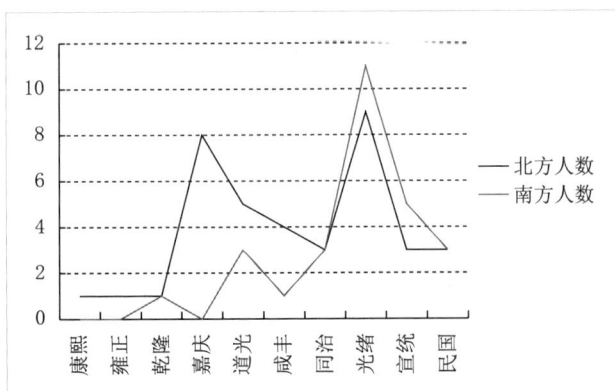

　　如表二所示,北方作者多于南方。其中,京口、北京作者数量最多,占总人数的27%。按著作总量统计,京口、北京居首。北方创作总量是南方的两倍,明显高于南方。这与政治中心在北方和清朝长期经营西北、清后期北方塞防问题突出有关,也与驻防地分布北多南少有关。

　　从表三可看出,蒙古旗人创作者的南方和北方地域分布变化与表一"作者及著作时间分布表"的"M形"基本相似。乾嘉和光宣为创作的两个高潮,且光绪朝为南方、北方创作者数量变化的转折点。光绪朝开始,南方蒙古旗人史地学创作者的数量开始高于北方。这与表七"文化身份时间分布表"中南北方参加科举的作者之人数变化极其相似。以光绪年为节点,南方参加过科举的作者人数高于北方。表六"文化身份分布表"中表明,参加过科举的蒙古旗人作者(包括举人和进士身份)占作者总数的70%。可见科举与蒙古旗人史地学创作总量之间有着千丝万缕的联系。这说明科举对蒙古旗人史地创作的重要影响。

3. 题材统计

如表四和表五所示,康熙到民国十个时间段内每阶段著作体例较多的为方志、谱录、游记、记史诗。总体来看,创作体例的数量由多到少排列分别为:方志21种,占15%;记史诗16种,占11%;笔记15种,占10%;文集13种,占9%;游记13种,占9%;谱录13种,占9%;奏稿公牍10种,占7%;方略7种,占5%;舆图7种,占5%;传记6种,占4%;金石5种,占3%;官箴5种,占3%;史书4种,占3%;史评4种,占3%;政书3种,占2%;目录1种,占2%。这些书目体例以及题材都是日常生活工作必需的。可见蒙古旗人史地创作和日常生活工作息息相关。方志类的题材主要包括西北史地和南方官修地方志,这与清朝长期派蒙古旗人出任边疆大员经营西北,以及晚清蒙古旗人多出任西南地方官有关。而谱录和游记、记史诗、文集则是蒙古旗人日常生活轨迹的遗留。相比于方志和文集、谱录类等著作,金石、史评类等历史研究著述相对较少,这可能和蒙古旗人大部分是经世官僚,而非有大量闲暇时间用于研究的文人有关。

表四　体例时间分布表

	史书	史评	传记	谱录	政书	方略	奏稿公牍	金石	官箴	方志	舆图	笔记	文集	游记	记史诗	目录	总计
康熙											1						1
雍正				1													1
乾隆		2		5				3		4		1		1	1		17
嘉庆	1		1	2	3	3				2		6	3		2		23
道光			1	1		3			1	3	1			6	1		17
咸丰				1					3	4		1		1			10
同治	1						2			3			2	1			9
光绪	1		4	3		1	7	2	1	4	5	5	5	3	7		48
宣统	1						1						2	1	2		7
民国		2								1		2	1		3		9
总计	4	4	6	13	3	7	10	5	5	21	7	15	13	13	16	1	142

表五　创作体例分类表

	史书	史评	传记	谱录	政书	方略	奏稿公牍	金石	官箴	方志	舆图	笔记	文集	游记	记史诗	目录
创作总量	4	4	6	13	3	7	10	5	5	21	7	15	13	13	16	1

另外，从表四中可以看出，从康熙朝到光绪朝蒙古旗人创作体例的种类，从最初的舆图、谱录、方志类为主逐渐增加到了光绪朝各体例种类全面繁荣的局面。增加的体例数量最显著的有文集、游记、奏稿、公牍、方略、记史诗。这可能与蒙古旗人大多参加科举入仕，汉化程度提高有关，也可能受光绪朝王朝危机、边疆危机加重的影响。庚子事变之后产生了大量的蒙古旗人记载当时京城陷落状况的诗集、文集、笔记。如延清的《庚子都门纪事诗》、崇彝的《道咸以来朝野杂记》。这些足以证明重大历史事件对蒙古旗人创作题材和体例有一定的影响。

4. 出身统计

表六　文化身份分布表

	进士	笔帖士	驻防	举人	侍卫	留学生	闺阁	总计
著作总量	88	30	18	11	3	1	1	实际143种
人数	36	7	6	4	3	1	1	实际53人

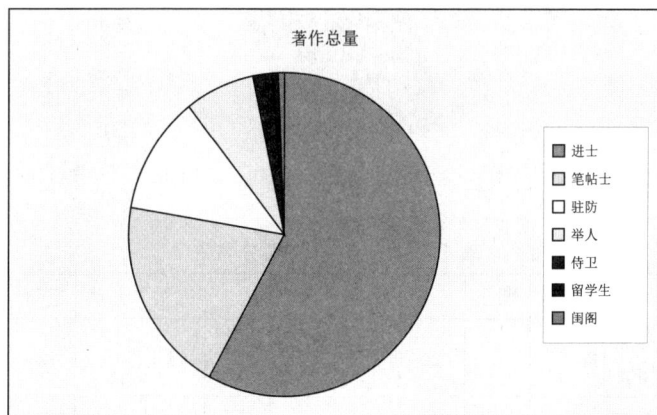

著作总量

进士
笔帖士
驻防
举人
侍卫
留学生
闺阁

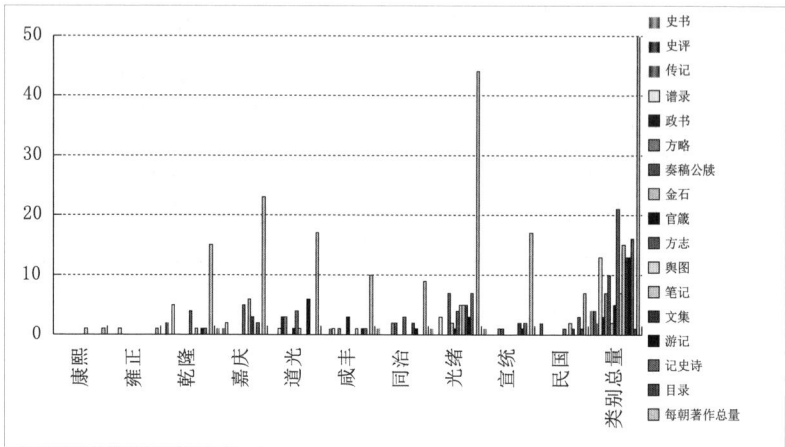

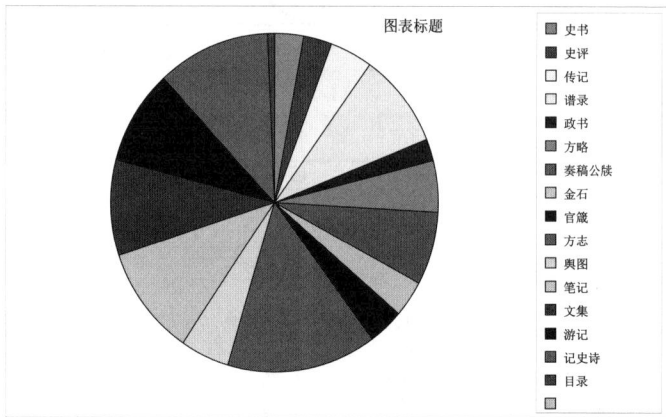

表七　文化身份时间分布表

	康熙	雍正	乾隆	嘉庆	道光	咸丰	同治	光绪	宣统	民国
北方参加科举作者	0	0	5	3	4	2	3	5	2	3
南方参加科举作者	0	0	0	0	0	1	3	10	0	2

	康熙	雍正	乾隆	嘉庆	道光	咸丰	同治	光绪	宣统	民国
北方未参加科举作者	1	1	2	3	5	2	0	3	2	2
南方未参加科举作者	0	0	0	0	1	0	0	2	0	0

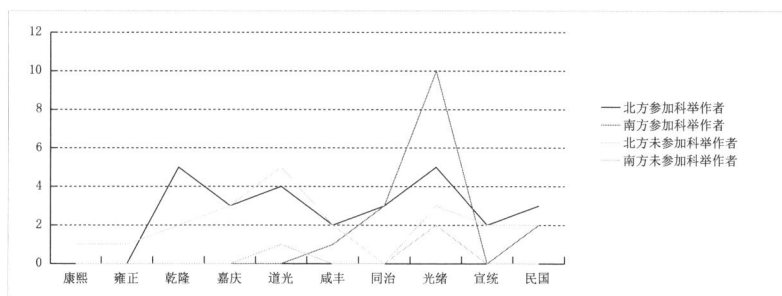

（注：其中宣统、民国科举作者应为光绪年间参加科举，为统计方便，以作者著作出版时间为准。故出现有宣统、民国年间参加过科举的作者）

表八　八旗身份分布表

	正黄旗	镶黄旗	正白旗	镶白旗	正红旗	镶红旗	正蓝旗	镶蓝旗	总计
著作	37	25	7	14	8	9	28	13	141
作者	11	9	6	9	2	5	10	7	59

（上三旗共计69种，26位，下三旗72种，33位）

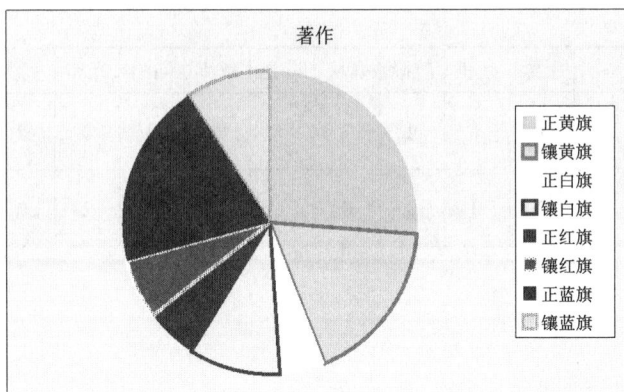

如表六和表七所示,参加过科举的八旗蒙古作者的作品总量占全部作品的95%,足见科举对八旗蒙古史地创作的重要影响。

如表八所示,正黄旗蒙古旗人的著作总量37种,占全部的26%;镶黄旗为25种,占18%;正白旗为7种,占5%;上三旗总共有26位作者,共69种,占总量的49%。镶白旗14种,占10%;正红旗8种,占6%;镶红旗9种,占6%;正蓝旗28种,占20%;镶蓝旗18种,占9%。下五旗33位作者72种占著作总量的51%。上三旗人均创作量为2.72种,远远高于下五旗的1.67种。另外,某些原来在蒙古旗的旗人由于种种原因被抬入满洲旗(如博明被抬入满洲正黄旗,蒙古旗人壁昌的后代文绣也被抬入满洲旗)。《八旗画录》中所录的蒙古旗人大部分都被抬入满洲旗,可见上三旗和满洲旗分代表的政治文化精英属性。

史地学者的社会网络

士大夫、学人之间的交流

清人言:"国朝师儒之为学也,皆得力于师友,渊源有自,故能卓然有所成就。"① 士大夫之间师友交流对学术研究的发展有着重要的作用,蒙古旗人的史地研究亦然。他们与汉人士大夫亦师亦友,互相切磋讨论边疆形势,促进了蒙古旗人的史地研究发展。诚如梁启超所言:"此数君者时代略衔接,相为师友,而流风所被,继声颇多。兹学遂成道光间显学。"② 蒙古旗人与汉人士大夫交往大致有四种形式。

一为官员与幕僚关系。蒙古旗人官员中与汉族幕僚交往最密切的要数松筠。通过《西陲总统事略》的编撰,松筠与祁韵士、徐松都结下了深厚的友谊。在某种程度上,祁韵士与徐松等于是松筠幕僚,因此当伊犁帮办事务笔帖式职衔有空缺时,松筠遂奏"请以徐松坐补"。但嘉庆帝认为"(徐松)发往伊犁效力赎罪,到戍甫逾一年",松筠此举"殊属有意市恩",驳回奏请。而祁韵士则在六十多岁还先后两次(嘉庆十五年和嘉庆十六年)应松筠之邀襄理幕务。道光十一年(1831),在祁韵士逝世十五年后,八十高龄的松筠在一次旅途中专程迂道寿阳,拜访祁韵士的遗孀。当谈到他和祁韵士的友谊时,不禁老泪纵横,唏嘘不已。③

二为诗友、文友关系。如法式善与翁方纲、袁枚、洪亮吉、赵翼颇有交往过从。为翁方纲、袁枚之后的诗坛盟主。清中叶的诗人梦麟卓越的文学才华受到当时汉人士大夫的钦佩赏识,沈德潜作为诗友,在其给梦麟《大谷山堂集》序言中称赞:"先生具轶伦之才,贯穿百家,其胸次足以包罗众有,其笔力足以摧挫古今。"④

① 徐珂:《清稗类钞》第八册,北京:中华书局,1986 年 3 月,第 3577 页。
② 梁启超:《中国近三百年学术史》,第 347 页。
③ 转引自师道刚:《西北地志学研究的开创者——祁韵士》,《晋阳学刊》,1980 年第 1 期。
④ 梦麟:《大谷山堂集》,民国九年嘉业堂刻本。

　　壁昌与徐继畬、龄秀峰交往密切。徐继畬曾阅读过壁昌的大部分著作,并与其互相切磋,提出修改和出版意见。"顷在闽中,尝出所著《守边辑要》相示,继畬受而读之,叹为有益边防,亟怂恿付梓。"①他也为壁昌的《守边辑要》、《牧令要诀》、《兵武闻见录》撰写序言,在序中自称"愚侄徐继畬","(壁昌)著《兵武闻见录》八篇。圣主以朱谕征取原稿,公遵旨进呈,哲嗣月川方伯锓版以赠同人,以继畬事公久,属以一言缀简末"②。可见两人的关系较为亲密。徐继畬《退密斋时文》中关于福建布防的见解及画图参考了壁昌《守边辑要》的内容。③龄秀峰为壁昌任叶尔羌参赞大臣的继任,曾依据当地档案资料续写补充《守边辑要》。

　　三为师生关系。如博明与其文友翁方纲同拜桐城张树彤先生为师。梦麟按试江南时曾选拔后来著名的文史学家王鸣盛、吴泰来、钱大昕、曹仁虎等人。梦麟门生王昶称其"生平宏奖风流,惟恐不及,典乾隆癸酉江南乡试,予得出其门下。既进谒,历询南邦人士,予以凤喈、企晋、晓徵、来殷、升之、策时、东有为对。未几,视学江苏,取来殷诸人,悉置之首列,而于凤喈辈推奖不遗余力"④。除了提拔这些后生外,梦麟在平常还不遗余力地关心他们的学业,经常对他们进行诗文上的指导,并赠诗鼓励他们,为这些门生日后成才起到了很大的作用。

　　四为同事关系。松筠与和瑛为同时代的人,两人任职边疆的

---

① 徐继畬:《壁勤毅公兵武闻见录序》,《徐继畬集》第一册,第598页。
② 徐继畬:《壁勤毅公兵武闻见录序》,《徐继畬集》第一册,第598页。
③ [美]龙夫威:《徐继畬及瀛环志略》,波士顿:哈佛大学出版社,1975年,第82页。
④ 王昶著,周维德辑校:《蒲褐山房诗话新编》,济南:齐鲁书社,1988年,第39页。

经历相似。和瑛在藏八年,在疆七年;松筠在藏五年,在疆七年。松筠于乾隆五十九年(1794)至嘉庆四年(1799)任驻藏大臣期间,曾与时任西藏办事大臣的和瑛见过几次面。他们一起讨论治边方略,并诗文唱和,和瑛写有《端阳书怀寄前藏湘圃司空二首》。在《手煎白菜羹饷湘浦并致以诗》中他回忆了与松筠"共话关心事"的经历,并寄托了"与君多古事,白菜水根香"的关切之情。和瑛在担任喀什噶尔参赞期间还写有《巡阿克苏城有怀松湘圃将军》,怀念其和松筠共事期间的深厚情谊。

史地研究世家的特点及代表人物

　　蒙古旗人在史地创作过程中不仅与满、蒙、汉士大夫或同僚交流,还与父兄辈交流经验,在此基础上形成了蒙古旗人史地研究世家,直接推动了蒙古旗人史地学的发展。史地研究世家是指在清代学业上祖孙、父子(女)、兄弟相传,从事史地研究的,产生出史地研究著作的家族。其中比较突出的有乌鲁特博尔济吉特氏家族、额尔德特氏家族、卓特氏家族、巴里克氏家族以及博尔济吉特氏家族。这些家族的史地研究有着较强的专门性、地域性、实用性和文学性四大特征。

　　以博清额、德坤为代表的乌鲁特博尔济吉特氏家族的历史研究具有较强的专门性和实用性。该族的始祖是归附努尔哈赤的乌鲁特部贝勒明安,博清额和德坤为堂兄弟关系。两人的祖父同为明安的六世孙保住①。博清额将喀喇沁部罗密的《蒙古世系谱》删改校正后,还增补了本家族在清代的史实。如增补达延汗第六子阿尔楚博罗特以降,旧喀尔喀五部中巴约特部归附清朝

---

① 杜家骥:《〈蒙古家谱〉增修者博清额之家世及该族〈蒙古博尔济吉忒氏族谱〉、〈恩荣奕叶〉》,《蒙古史研究》第七辑,呼和浩特:内蒙古大学出版社,2003年。

的人及其子孙后裔在清朝封爵的状况,增补达延汗九子格勒罗特之后子孙特别是明安一系的子孙状况。德坤则在博清额《蒙古世系谱》的基础上另增补一册《恩荣奕叶》,详细增补了明安后代到乾隆朝的子孙及封爵状况,其中还增补了明安一系子孙的传记、封爵诰命。两人增补的地方都突出了本支的地位,使家谱编纂起到了铭记祖先、证明身份便于袭爵、彰显家族荣耀的实用性。

在史地研究上成就最大的家族是以和瑛、壁昌为代表的额尔德特氏家族。该家族产生了和瑛、壁昌、锡珍三位史地研究者。据《朱卷集成》齿录记载,锡珍的始祖廷弼——二世祖旺鳌——三世祖满色——高祖德克精额——曾祖和瑛(进士)——祖父壁昌(笔帖士)——父同福——锡珍(进士)①。该家族史地研究的一大特点是具有专门性和地域性,和瑛和壁昌都曾在新疆任职,他们的著作多取材于实际经验,如《三州辑略》、《回疆通志》、《叶尔羌守城纪略》大都围绕着新疆一地进行创作。在边疆治理上有家学渊源的壁昌还创作了实用性较强的著作《守边辑要》。该家族史地研究的另一大特点是作品多具文学性。《清史稿》称和瑛“娴习掌故,优于文学”,著有《太庵诗稿》和《易简斋诗钞》。他的《西藏赋》以诗赋的体例记载了西藏的风土人情,是一部文学性和史地研究结合的百科全书。在《三州辑略》中,他也重视文学作品研究,搜集了大量描写新疆风情的诗词歌赋,独辟“艺文”一目。壁昌也承袭乃父之风,优于诗文,除了留有《壁参帅诗稿》之外,他在《牧令要诀》、《兵武闻见录》、《守边辑要》之中也经常以打油诗、口诀的形式总结

---

① 顾廷龙主编:《清代朱卷集成》卷三一○,台北:成文出版社,1992年,第319页。

内容要点。如其在《兵武闻见录》中写道："取人当因其才,不论其出身贵贱,不责其识字通文。相貌不在丑俊,只要气度英发、眉目轩昂、神足捷便、言谈有忠义之气、出于自然。或身躯魁梧,或短小精干,弓箭枪炮,件件可观。或自幼入伍,或武举乡勇、投营效力,总以军功出身者为尚。"①壁昌孙锡珍的《奉使喀尔喀纪程》可谓是诗文合一、珠联璧合之作。其中《穹庐赋》一篇内容翔实、文笔清丽,并非刻意堆砌之作。其描写苏尼特旗境内古坟的诗也有诗史的价值："穹庐遥望诚何似,乱草荒沙竖一丘。未到百年营奥圹,居然先向此中休。"②值得一提的是锡珍还是溥仪淑妃文绣的祖父,文绣也是一位善于诗文的女性,作有《哀苑鹿》,额尔德特一族也可谓是文学世家。

史地研究著作同样具有文学性的是巴里克氏一族。代表人物有延清及其子彭年、其女杏芬。除了诗史《庚子都门纪事诗》以外,延清还有纪事诗《奉使车臣汗纪程诗》《虎口余生录》《锦官堂诗草》和对联集《蝶仙小史汇编》等,大都是以诗记史创作。其子彭年著有《春晖阁诗集》一部。其女杏芬的《京师地名对》以对仗的形式记载北京地名,其中亦夹杂着地名考证,可谓是一部北京地名百科全书。延清父女之间经常交流学术心得,讨论诗词歌赋。除了父女日常学术交流之外,杏芬还帮延清整理书籍。"子澂尝辑《蝶史》及《八旗进士题名表》,以至纂订诸诗集。杏芬侍左右,颇能按韵类编,分乃翁之劳。"③其父评价杏芬才华："惜汝非男子,将以不

① 壁昌:《兵武闻见录》,见杨晏平主编:《清代军政资料选粹三》,北京:全国图书馆文献缩微复制中心,2002年,第10页。
② 锡珍:《奉使喀尔喀纪程》,中国社会科学院中国边疆史地研究中心编:《清末蒙古史地资料荟萃》,第457页。
③ 杏芬:《京师地名对》(下卷),国家图书馆藏光绪二十七年刻本。

栉书生终矣。"① 父女、兄妹之间亦师亦友,也为时人所称赞,"谭诗共婢,问字呼爷,闲翻阿母之经,戏弄乃兄之笔"②。

父子学术传承的史地研究世家还有鲍汭(奉宽)、鲍育万父子。二人的史地研究较之前代更为系统全面专业。鲍汭除了著述《妙峰山琐记》、编纂《清理红本记》之外,还撰有《渤海国志》,其子鲍育万助其整理编辑。鲍育万还著有《北京法源寺志》,编有《东三省盐法新志》、《吉林县志》、《黑龙江通志》。③

从蒙古旗人史地研究世家的成员身份也可以看出家族成员多为进士和入仕者,可以说这些家族既是官宦世家,也是科举世家、文学世家。科举使他们熟于文学掌故,具备了良好研究素养。而封疆大吏的官宦身份使他们具备了较丰富的边疆经验。从中不难发现,科举和任职边疆对蒙古旗人史地研究有促进作用。

第四章　蒙古旗人边疆史地撰述兴盛的原因及影响

边疆史地学兴盛的原因

纵观蒙古旗人的史地研究,我们发现蒙古旗人边疆史地题材创作占大多数,原因在于以下几个方面。

第一,源于蒙古旗人在任官上的特权。

蒙古旗人在担任管理边疆事务职位上具有的任官优势是蒙古

---

① 杏芬:《京师地名对》(下卷),国家图书馆藏光绪二十七年刻本。
② 杏芬:《京师地名对》(上卷),国家图书馆藏光绪二十七年刻本。
③ 戴鑫英(巴图):《早期古文字学者——鲍氏父子》,《满族研究》,2003年第4期。

旗人边疆史地题材著作丰富的根本原因。

满族作为一个入主中原,统治中国的少数民族,对八旗以外的汉族、外藩蒙古和新疆回部掌权疑忌很深,因而不可能让这些少数民族首领任职理藩院管理民族事务,或担任参赞大臣、驻防将军等边疆要职。而八旗蒙古在文化上和民族心理上一定程度上已经满洲化,其政治利益与同属八旗的清朝统治者息息相关。正如松筠所说:"旗人是忠于皇帝的奴才,凡事都要为大清皇帝着想。"① 作为清室心腹的他们任职边疆,皇帝自然放心。另外,蒙古旗人保留了先民的生活习惯和语言文字,具有语言优势的他们善于协调边疆各民族的关系。他们在民族情感上也贴近其他少数民族,因而能理解边疆民族的需求,减少其他少数民族的抵触情绪。故蒙古旗人自然成为清廷处理边疆事务要员的最佳人选。②

蒙古旗人在处理边疆事务的中枢部门——理藩院中占有很大的比例。理藩院设尚书一人,左右侍郎各一人。清朝蒙古旗人任职理藩院尚书的共有 14 人,累计任职时间达七十余年,占整个清朝历史的四分之一,除雍正、同治、宣统朝外,其余每朝都有蒙古旗人尚书。蒙古旗人任职理藩院侍郎的更多,其中左侍郎 17 人,右侍郎 22 人。在理藩院内部的官缺分配中,蒙古旗人所占比例更大。理藩院全部司官中,共有郎中 1 缺,员外郎 3 缺,主事 16 缺,其中蒙古缺占总数的 67.2%。笔帖士中蒙古缺也占大多数。③ 蒙古旗人赛尚阿在任职理藩院尚书期间编纂《理藩院则例》和《回疆则例》,理藩院侍郎和瑛撰有《回疆事宜》。

---

① 松筠:《百二老人语录》,东洋文库本。
② 张永江:《八旗蒙古任官初探》,《蒙古史研究》第三辑,呼和浩特:内蒙古大学出版社,1989 年,第 172 页。
③ 张永江:《八旗蒙古任官初探》,《蒙古史研究》第三辑,第 172 页。

　　清政府也派了大量的蒙古旗人担任边疆要职。他们任职期间采集边疆档案和总结任职经验,创作了大量边疆史地著作。

　　漠南地区的将军、都统自东向西主要有呼伦贝尔副都统、热河都统、察哈尔都统、绥远城将军四处,有大批蒙古旗人在这些地区任职。任职热河都统的有 14 人,其中包括著名汉文著作家和瑛、松筠、柏葰、锡良等。任职察哈尔都统的有 15 人、副都统 10 人,其中包括著名汉文著作家松筠、赛尚阿、升允等。任职绥远城将军有 10 人,任职归化城副都统有 10 人[①],其中包括著名八旗蒙古文史研究者三多,在此期间留下了《归化奏议》《可园文钞》等著作。

　　漠北地区自东向西主要有库伦办事大臣、乌里雅苏台将军(定边左副将军)、科布多参赞大臣。任职库伦办事大臣的蒙古旗人在嘉庆元年(1796)后有 8 人。[②] 松筠曾任该职 8 年,在职期间撰写了《百二老人语录》。松筠也在后来作《绥服纪略图诗》,将“在彼八年所事及公余游山略地所历各处形势”形诸文字。三多在此期间留下了《库伦奏议》《库伦蒙俄卡伦对照表》。任职定边左副将军的有 5 人,任职科布多参赞大臣的有 9 人,其中包括著名汉文著作家富俊、长龄以及满洲旗的蒙古人瑞洵等人。瑞洵据任职经验编有《散木居奏稿》,富俊留有《科布多政务总册》,长龄著有《长文襄公自订年谱》及《长文襄公奏稿》。

　　漠西及青海地区也设有将军和大臣衙署三处,即伊犁将军、塔尔巴哈台参赞大臣和青海办事大臣。任职伊犁将军的蒙古旗人有 6 人[③],其中包括松筠、长龄等。松筠先后三次出任此职,在此西陲

① 张永江:《八旗蒙古任官初探》,《蒙古史研究》第三辑,第 178 页。
② 张永江:《八旗蒙古任官初探》,《蒙古史研究》第三辑,第 179 页。
③ 张永江:《八旗蒙古任官初探》,《蒙古史研究》第三辑,第 179 页。

总统之区整整度过九个春秋,著有《西陲总统事略》。任职塔尔巴哈台参赞大臣的有8人,任职青海办事大臣的有14人。

清政府在东北地区设有盛京将军。蒙古旗人担任过该职的有7人,包括和瑛、富俊、松筠等,其中富俊任此职前后长达8年;任职吉林将军的有7人,包括富俊、松筠等,其中富俊前后任此职长达一年;任职黑龙江将军的有6人[①],富俊也任过此职。光绪三十三年(1907)盛京将军、吉林将军、黑龙江将军等职被裁撤,改设东三省总督,锡良曾出任该职。

清廷在西藏设有驻藏大臣,管理西藏军政、宗教事务。吴丰培、曾国庆编撰的《清代驻藏大臣传略》一书,共收录136位驻藏大臣,其中明确标明旗籍的八旗蒙古人有25位。雍正五年(1727),蒙古镶红旗人、内阁学士僧格和与他一同赴藏办事的副都统马喇成为首任驻藏大臣。乾隆十六年(1751),蒙古镶黄旗人、驻藏大臣班第与四川总督策冷等人上奏乾隆皇帝《酌定西藏善后章程》,共13条,得到批准后颁布实行,成为当时清朝政府治理西藏的政策和法规,也为后来清政府进一步完善治理西藏的政策和法规奠定了基础。松筠、和瑛也都任过驻藏大臣一职。[②]松筠在藏任职五年,著有《西招纪行诗》、《丁巳秋阅吟》、《西招图略》、《西藏图说》等;和瑛在藏任职八年,著有《西藏赋》。

据笔者统计,蒙古旗人史地著作中根据任职边疆经历撰写的边疆史地著作有42种,占全部史地著作的29%。

可以说,正是任职边疆的经历引发他们关注边疆的兴趣。没

---

① 张永江:《八旗蒙古任官初探》,《蒙古名研究》第三辑,第177—179页。

② 张力均:《清代八旗蒙古汉文著作家政治思想研究》,沈阳:辽宁民族出版社,2007年。

有任职边疆的机会,他们无法获得耳闻目睹、亲身经历的经验,也无从撰写边疆史地研究著作。故蒙古旗人任职边疆上的政治优势是他们边疆史地创作兴盛的根本原因。

第二,客观政治需求,即清朝大一统格局的形成及巩固疆域的统治需求。

经过清朝前中期多次西北用兵,漠南漠北蒙古、青海、西藏、新疆在清中期均已隶属中国版图。边疆经济繁荣,人民安康,达到了空前大一统的局面,其疆域"东至盛京、黑龙江,西至厄鲁特,南至长城,北至朔漠,袤延万有余里"[①]。了解边疆山川地理形势,便于边疆管理成了官方迫切的需求。正如乾隆所言:"自军营至伊犁,以抵哈萨克,率汉唐来匈奴西域地。其山川部落,前史类多讹舛。盖外藩本无载籍,史官无所征信,又未尝亲履其地……况复时代迁移,益难追考。……所有山川地名,按其疆域方隅,考古验今,汇为一集……数千年疑误,悉为是正,良称快事,必当成于此时,亦千载会也。"[②]为此,乾隆命何国宗、刘统勋前往新疆测量数据,编纂《西域图志》。蒙古旗人的史地著作也得益于清朝大一统局面。松筠在《西陲总统事略》序言中说:"伊犁为西域总统之区,自南北两路勘定以来,迄今已阅五十余载,各城案牍日积,悉关旧章,特因纪载未有成书,每遇行查事件,不免参差挂漏,考核无资。"[③]和瑛在《三州辑略》中更赞颂了清朝一统西北、广施仁政的盛况,并认为是其创作边疆史地著作的重要条件。"严壁垒则龙骧虎旅,何忧乎封豕长蛇;建簧宫则雁户鱼民,伫俟乎腾蛟起

① 据乾隆《大清会典》卷七九《理藩院·旗籍清吏司》,《文渊阁四库全书》,上海古籍出版社,2003 年,第 713 页。
②《钦定皇舆西域图志》,乾隆二十一年二月十三日奉上谕。
③ 松筠:《西陲总统事略》序,第 1 页。

凤。穹庐毳幕,奉扬玉帐仁风;蔀屋蓬门,渐沐琴堂时雨。莫不向九边之使节,祝万里之尧封也。(瑛)识同尾焰,学等蹄涔。游异域十三年,未窥半豹;历训方二万里,敢目全牛。兹乃忝护北庭,旁搜西史,爰成辑略,哀纪三州。"① 诚如梁启超所言:"边徼地理学之兴,盖缘满洲崛起东北,入主中原。康乾两朝,用兵西陲,辟地万里。幅员式廓,既感周知之必需;交通频繁,复觉研求之有藉。故东自关外三省,北自内外蒙古,西自青海、新疆、卫藏,渐为学者兴味所集。"② 清朝大一统局面和统治边疆的需求为蒙古旗人史地学研究创造了有利的客观条件,成为蒙古旗人边疆史地学兴盛的另外一个重要的原因。

第三,主观条件,蒙古旗人在民族记忆与情感上对蒙古族的认同,进而扩及对塞外其他民族的认同与接纳。

蒙古旗人在民族记忆与情感上对蒙古族的认同是其边疆史地研究兴盛的主观原因。蒙古旗人虽然被编入八旗,经历了满洲化和汉化的过程,但是他们集体无意识中仍保留对边疆和本民族风俗历史的记忆,心中仍然留有对边疆草原的向往。他们把对边疆的向往寄托在戍守边疆精忠报国的梦想中。延清、博清额、博明、梦麟、和瑛的诗作中多有守边报国之志。如梦麟的《冬日观象台二首》:

木落风高画角哀,霜浓野阔一登台。云旗天转桑乾出,日驭烟横碣石开。黑水退封思禹迹,金方借箸失边才。汉家养士恩如海,谁伏青蒲请剑来。

① 和瑛:《三州辑略》序,早稻田大学藏清刻本。
② 梁启超:《中国近三百年学术史》,第387页。

严飙吹雪满西山，原野苍茫积素间。钲鼓一军劳挽粟，风沙十月忆当关。重闉日落铜符出，大漠云驱塞马还。骠骑贰师俱寂寞，短衣拟缀羽林班。①

诗中可见梦麟不甘于安逸闲适的生活，立志守卫边疆忠心报国。西北用兵时他还曾意图投笔从戎，报效祖国，可惜英年早逝。故王昶挽之曰："夜台有恨知难尽，未遂骠姚斩骨都。"②柏葰更是在《出古北口放歌》中直言自己对边疆的向往和追溯祖先功绩的怀古之情："我家大漠临潢府，攀鳞附翼来燕幽。……翚然凭眺策马去，使我怀古心悠悠。"③

另外，蒙古旗人的原生情感仍然保有对蒙古族的强烈认同，如晚清蒙古旗人奉宽在《妙峰山琐记》和《清理红本记》的序言落款中自记为"蒙古博尔济吉特氏奉宽"。锡缜自称"吾宗蒙古事骑射，授以书籍际不凝"。④罗密也在著作中流露出身为"我博尔济吉特"、"我蒙古"的自豪感：

记（博本作"计"）我博尔济锦（博本作"吉特"）氏宗支，至今为汗者三（博本无"至"字），为王者数十，为扎萨克掌一部之政者各统一部落者百余人。幸能恪恭奉职，勉效驰驱，皆沐圣代隆（博本作"鸿"）恩，有加无已，故得休养生息，以乐育于光天化日之中也。噫！亦盛矣。

我蒙古自始祖以来，虽盛衰不一，聚散无常，而俗尚简

①［清］梦麟：《大谷山堂集》，民国九年嘉业堂刻本，第17页。
②［清］杨钟羲：《雪桥诗话》第六册，北京：文物出版社，1984年，第31页。
③［清］柏葰：《薛簳吟馆钞存》卷三。
④锡缜：《退复轩诗》卷二。

易,复(博本作"服")用俭朴,且能勤畜牧,耐劳勚,凡蒙委使,奋勇争先,戮力疆场,克奏伟绩。故迄于今,犹(此处博本有"得")荷累朝之厚宠(博本作"泽"),沐列圣之殊恩,重以姻亲(博本作"娅"),荣忝戚畹,袭以世爵,位列藩屏,共际圣明之世,常依日月之光,岂非我博尔济锦氏(博本作"博尔济吉特")之厚幸欤?"①

三多六桥在缅怀成吉思汗的诗中赞扬祖先的功绩,表达了希望成吉思汗英灵保佑蒙古诸部的愿望:"人间无敌始英雄,黄祸于今警不穷。并亚吞欧骄大彼,拔山盖世胜重瞳。起家草泽仍沙漠,遗恨蓬瀛只飔风。默祝九庌常助顺,武扬八十六旗同。"②

可以说集体无意识中保留的边疆记忆、对边疆的向往和对蒙古族强烈的民族认同使蒙古旗人在日常创作中更加关注边疆问题,促进他们边疆题材的创作。

第四,主观意识上八旗精神的激励。

忠君爱国为儒家传统伦理观,满洲入主中原前八旗就有基于旗主、旗丁从属关系的效忠观念,这一观念在入关后结合儒家忠君爱国的传统伦理观,在驻防旗人中形成忠君爱国、守卫疆土的八旗精神。诚如松筠所言:"咱们旗奴,因为从先祖(就)为国家勤勉努力,对主尽忠,对此等恶者与叛乱平定而处理之,因为(从先祖就)行这些事情,所以都凭着太平的福气,安逸快乐的生活。当知此处理应各自学习道德与本事之后,预备国家之选用。当此之时,才能

---

① 中国第一历史档案馆:《蒙古博尔济锦氏族谱(上卷)》,《历史档案》,1996 年第 3 期。

② 三多六桥:《可园诗钞》卷六。

够接续祖先的事业与心,才可以指望后世子孙仿效而行啊。"①正是蒙古旗人的这种忠君爱国、守卫疆土的八旗精神,促使他们为了保家卫国、寻求治边策略研究边疆史地。忠君爱国八旗精神是蒙古旗人边疆史地学兴盛的主观原因。

第五,客观条件的具备,八旗科举兴盛为蒙古旗人边疆史地学兴盛创造了文化条件。

清朝入关后,满洲统治者认识到自身民族文化较之于汉族文化的不足,决心努力学习汉文化,以便更好地统治汉族占大部分的清王朝。他们通过科举取士的方式用高官厚禄来诱导八旗子弟深入研习汉家经典,意在培养一批高素质的统治人才。"图治首在用人,而作人必由学校。我朝满、汉并用,内外文武需人孔多。合十八省汉人所服之官,八旗与之同其员而共其事。我祖宗深知其难,于是广设官学,加意训迪。二百余年,人才辈出,指不胜屈。良由上之教泽深,下之学校广也。"②同时,沿袭明朝旧的科举制度也起到减轻汉人士大夫对满族统治的抵触情绪。顺治八年(1651)准许"满洲、蒙古、汉军生员开科乡试"③。康熙八年(1669)九月取消了满蒙独立的乡试、会试,改为与汉人同时考试,并且取消了八旗蒙古独立的录取名额,改由满蒙一并录取四十名。中间有一度恢复原来满蒙与汉分别录取的状况,后于康熙二十六年(1687)

---

① 转引自蔡名哲:《本计试图,审所先务——〈百二老人语录〉中的认同与记忆》,中正大学历史研究所硕士学位论文,2010年,第120页。

② 万青黎、周家楣修,张之洞、缪荃孙纂:《光绪顺天府志》,《中国地方志集成·北京府县志辑》,上海:上海书店出版社,2002年,第160页。

③ 光绪《清会典事例》卷三三七《礼部四十八·贡举》,北京:中华书局,1991年,第978页。

又恢复旧制。"八旗准同汉人一体考试。"① 规定旗人应试一律改用汉文,与汉族同一标准录取,"取进童生满洲、蒙古照旧例四十名",②"又议准于直隶举人中额外照旧例,满洲蒙古取中举人十名,汉军应减五名,止取中五名"③。并颁布上谕要求八旗子弟"痛加改省,争自濯磨,积行勤学,以图上进。国家三年登造,束帛弓旌,不特尔身有荣,即尔祖父亦增光宠矣。逢时得志,宁俟他求哉"④。为了保持满蒙旗人的民族语言优势,清廷于雍正元年设满文翻译科,将八旗满文翻译乡试、会试列为考试常项。"嗣后将满洲、蒙古能翻译者,三年之内,考取秀才二次,举人一次,进士一次。"⑤ 雍正九年(1731),雍正帝又以"蒙古旗下人能蒙古话及能以蒙古字翻译者甚少,如是相沿日久,蒙古文字并蒙古语必渐至废弃"为由,下令开蒙古乡、会试,"考取蒙古翻译生员、举人、进士,在理藩院补用",⑥ 设立只限八旗蒙古参加的蒙文翻译科。⑦

　　自从康熙八年(1669)把八旗蒙古、满洲与汉人纳入同一考试轨道,汉、满、蒙统一录取之后,蒙古旗人具有的考试录取特权已不复存在,一定程度上来说增加了考试的难度。为了同具有文化优

---

① 光绪《清会典事例》卷三三七《礼部四十八·贡举》,第 978 页;《清朝文献通考》卷四七《选举考一》,杭州:浙江古籍出版社,1988 年,第 5303 页。

② 《清朝掌故汇编内编》卷三八《礼政十·学校一》,台北:文海出版社,1986 年,第 3011 页。

③ 光绪《清会典事例》卷三四八《礼部五十九·贡举》,第 1107 页;《皇朝政典类纂》卷一九八《选举八·文科》,台北:文海出版社,1983 年,第 3336 页。

④ 《圣祖仁皇帝圣训》卷十二,康熙三十九年庚辰六月戊午,《景印文渊阁四库全书》第 111 册,台北:台北商务印书馆,1986 年,第 277 页。

⑤ 《清世宗实录》卷六,雍正元年四月辛酉,北京,中华书局,1985 年,第 5983 页。

⑥ 光绪《清会典事例》卷三六三《礼部·贡举》,第 1294 页。

⑦ 陈力:《试论清代八旗蒙古科举》,中国人民大学硕士学位论文,2007 年。

势的汉军和汉族士子竞争，他们必须要更加刻苦地研读儒家经典，以便入仕为官。这一改变客观上增强了蒙古旗人对儒家经典的理解，加强了满蒙汉之间的民族文化交流，提高了他们的汉文化素养，为他们利用汉文创作文史作品打下了坚实的文化基础。熟练掌握汉文的蒙古旗人熟悉汉族经典中的既往治边理论，这为他们在边疆史地研究中提出自己的创见提供了学术基础。壁昌、和瑛、松筠等人在著作中强调，要尊重少数民族的信仰风俗、平等相待少数民族同胞，一方面源于自身在少数民族立场上对其他少数民族的接纳和认同，另一方面也是汉文经典《礼记·王制》中的"修其教不易其俗，齐其政而不易其宜"这一治边理论的延伸。可以说，熟悉和掌握汉文经典中的治边理论是蒙古旗人边疆史地学兴盛的理论基础。

据笔者统计，蒙古旗人史地创作者中70%的人参加过科举，而在蒙古旗人史地创作家中，参加过科举的作者所创作的作品占史地创作总量的95%[①]。另外，蒙古旗人史地研究世家也都是科举世家，产生了如博清额、德坤、和瑛、壁昌、锡珍、赛尚阿、崇绮，延清、彭年这样的学术世家。可见八旗蒙古科举的兴盛是蒙古旗人边疆史地创作兴盛的文化原因。

第六，蒙古旗人儒化影响。儒家诗书传家的观念促使史地研究成果的延续，成为边疆史地研究的积淀。

蒙古旗人在入关后逐渐汉化，他们也接受了儒家诗书传家的观念。史地研究者将治学经验传承给下一代，后代史地研究者继承了前代积累的研究经验、语言天赋，因而在前代基础上进行更深入的史地研究，从而将家族的学术成果传承下去。很多史地学者

---

① 参见本文第三章《蒙古旗人史地学者的时空分布》。

的史地研究不仅得益于自身的后天努力，更受益于丰厚的家学渊源。如两代西北史地学家璧昌、和瑛父子，鲍汴、鲍育万父子。著名史地学者博明在文史方面取得的巨大成就很大一部分原因是因为具有家学渊源。

翁方纲称博明“少承世家旧闻，加以博学多识，精思强记，其于经史诗文、书画艺术、马步（骑）射、翻译国书源流及蒙古、唐古忒诸字母，无不贯穿娴习”①。张宝森在《京师地名对》序言中称赞家学给巴里克氏杏芬的史地创作带来重要的影响：“远取吴太元《宸垣识略》，近采陈圣湖《郎潜纪闻》，分门别类，各有部居；配宫谐商，无伤声病。锦官堂有此家学，玉合子居然天成。”②儒家诗书传家的观念造就了深厚的家学，使蒙古旗人史地研究者具备了高于常人的深厚的文化素养，成为蒙古旗人史地研究的文化基础。可以说，诗书传家的观念是蒙古旗人边疆史地学兴盛的另一个文化因素。

蒙古旗人治边思想与汉人士大夫的异同

边疆问题自古以来便是关乎国家稳定、王朝治乱兴衰的重要方面。作为一个统治中原的少数民族，满族在吸收前朝原有边疆民族政策“守在四夷”、“怀柔远人”、“厚往薄来”、“以夏变夷”等治边经验的基础上，考虑理解了少数民族的风俗习惯，增加了“修其教不易其俗，齐其政不易其宜”、“重建以分其势”、“因俗而治”等具有少数民族政权特色的边疆民族政策。作为少数民族的蒙古旗人，也同样因其民族身份在历代治边经验和本朝民族政策的前提下，提出了一些

① 翁方纲：《西斋杂著二种序》，博明：《西斋偶得》，清光绪二十六年刻本，第1页。
② 张宝森《京师地名对》序言，杏芬：《京师地名对》，杨之峰点校：《燕京记（外三种）》，北京：北京出版社，2020年，第31页。

具有民族特色的治边经验,为统一多民族国家的和平稳定做出了重要贡献。下文将汉人士大夫与蒙古旗人的治边思想作比较,择其要点述之。

蒙古旗人和汉人士大夫治边思想有五点相同之处。

第一,提倡民族团结。

清中叶统一天山南北之后,清代统一的多民族国家达到空前盛况,如何处理好边疆民族关系,使边疆稳定团结,是统治者及士大夫关注的一个重要问题。对此,汉人士大夫和蒙古旗人都提出维护民族团结的观点。

龚自珍总结以往维吾尔族反叛的经验,以乌什办事大臣素诚欺凌维吾尔族百姓终致身败名裂的反例,说明维护民族平等、团结的重要性,提出善待少数民族的主张。"吾师亦知乌什往事乎?素诚者,旗下役也,叨窃重寄,占回之妇女无算,笞杀其男亦无算,夺男女之金银衣服亦无算,乌什杀素诚以叛;乌什之叛,高宗且挞伐,且怜哀,圣谕以用素诚自引咎。御制诗,时以激变为言,谓素诚死有余罪。纳世通卞塔海之诛也,非以失机也,以平日扰回也。"[1] 他还提倡以农耕为主的汉人移民与以畜牧为生的少数民族要互相尊重,互不侵扰。"耕者毋出屯以垦,牧者毋越圈而刈,上毋虐下,下毋藐上,防乱于极微,积福于无形。"[2] 某些汉人士大夫也一改传统的"夷夏大防"之偏见,代之以民族平等的观念。龚自珍说:"令回人安益安,信益信而已矣。信,生信;不信,生不信。不以驼羊视回男,不以禽雀待回女。回人皆内地人也,皆世仆也。"[3]

---

① 龚自珍:《上镇守吐鲁番领队大臣宝公书》,《龚自珍全集》,上海:上海古籍出版社,1975 年,310 页。

② 龚自珍:《上镇守吐鲁番领队大臣宝公书》,《龚自珍全集》,第 312 页。

③ 龚自珍:《上镇守吐鲁番领队大臣宝公书》,《龚自珍全集》,第 311 页。

壁昌在《守边辑要》中提倡民族团结,认为众志成城即可抗敌。他告诫,维汉百姓两族的命运息息相关,"如同舟遇风,谁是局外者乎! 今居回疆之中,彼众我寡,若连成一体,彼此相护,断无勾结外夷之心"①。嘉庆六年(1801),张格尔叛乱时壁昌告诫受叛军劫掠的维吾尔族百姓,张格尔掌权后必将剥削劫掠民众,称"回汉虽不同经,皆归天朝王化,共享太平之福"②,唯有团结一心才能战胜叛军共享太平安康;并训诫回、汉众人双方要同心协力纠察破坏民族团结、外通敌方的滋事者。"汉人中有暴横不群之徒,众共禀官究办,回子必感众人也。……其中如有私通败类者,回众禀官,严拿正法,汉人亦必信回众矣。从此两无疑忌,再事预为修备可也。"③

壁昌也将民族团结的主张运用于实战当中,他提倡"官民回汉共守城",在第一次叶尔羌守城战争结束之后,他"发帑银四千两交阿浑分赏有功者,其商民回子中尤为奋勇者均奏保蓝翎。于是官兵等深悔未随出城打仗得赏,盼贼再来。从此官兵民回联为一体,争先出力"④。通过奖赏维吾尔族守城者达到团结民心的目的。

第二,反对捐西守东论。

道光七年(1827)张格尔之乱后,一些官员和士大夫埋怨新疆"取之虽不劳,而守之或太费"⑤,提出了放弃新疆的主张。参赞大臣武隆阿提出放弃西四城(喀什噶尔、英吉沙、叶尔羌、和阗)的主

① 壁昌:《守边辑要》,张羽新主编:《清朝治理新疆方略汇编》第13册,第196页。
② 壁昌:《守边辑要》,张羽新主编:《清朝治理新疆方略汇编》第13册,第197页。
③ 壁昌:《守边辑要》,张羽新主编:《清朝治理新疆方略汇编》第13册,第196、198页。
④ 壁昌:《叶尔羌守城纪略》,苗普生编:《中国西北文献丛书·二编》,北京:线装书局,2006年,第7页。
⑤ 魏源:《圣武记》卷四,北京:中华书局,1984年,第158页。

张："西四城各塞环逼外夷,处处受敌,地不足守,人不足臣。""与
其靡有用兵饷而无用之地,不若归并东四城(乌什、喀拉沙尔、库
车、阿克苏)。"① 这类"捐西守东之议"遭到蒙古、汉人士大夫的
批驳。

　　沈垚的《新疆私议》总结了汉唐以来防守西域的经验教训,说
明新疆统一对边疆安定有重要的意义,他驳斥了"捐西守东"
论,认为清朝现今的边疆状况与汉唐的情况不同,故不能放弃西部边
疆四城。"然则谓西域绝远,得之不为益,弃之不为损,真迂士之
论而不审于汉唐之已事者矣。"② 他反对以耗费繁多为由放弃边防
"捐西守东",认为若放弃边疆则耗费更多。"不欲耗内则必弃外,
此议者所以有四城悬远难守之说也。然则远终不可守乎? 非也。
不尽其守之之道,故不可得而守也。不守远必守近,而守近之费不
减于远,或更甚焉。……论者或谓竭内地以事外夷,散有用以资无
用。不知外夷不守,防守将移在内地,而费益不赀。"③

　　龚自珍也对比前朝边疆形势,指出与清朝不同,反对"捐西守
东"。"臣闻前史安边之略,不过羁縻之,控制之。虽有长驾远驭之
君,乘兵力之盛,凿空开边,一旦不能有,则议者纷纷请弃地,或退
保九边已耳。非真能疆其土,子其人也。国朝边情、边势,与前史
异。拓地二万里,而不得以为凿空;台堡相望,而无九边之名;疆
其土,子其民,以遂将千万年而无尺寸可议弃之地,所由中外一家,
与前史迥异也。"④ 又认为"回人皆内地人也"。可见当时清朝已经

① 魏源:《圣武记》卷四,第 188 页。
② 沈垚:《新疆私议》,《落帆楼文集》卷一,《续修四库全书》集部,上海:上海
　　古籍出版社,2002 年,第 2375 页。
③ 沈垚:《新疆私议》,《落帆楼文集》卷一,《读修四库全书》集部,第 2376 页。
④ 龚自珍:《御试安边绥远疏》,《龚自珍全集》,第 112 页。

对汉唐以来施行羁縻的新疆等地实现了实地控制、有效管辖,与前朝的边疆情况大异,故龚自珍坚决反对放弃新疆四城,提出屯田守边、自给自足的建议。

魏源的《答人问西北边域书》驳斥了时人提出放弃新疆的荒谬论断,论述了巩固西北的重要性,提出移民边疆、开发西北,以此巩固边疆的主张。他认为:"或谓地广而无用,官糈兵饷,岁解赔数十万,耗中事边,有损无益。曾亦思西兵未罢时,勤三朝西顾忧,且沿克鲁伦河长驱南牧,蹂躏至大同、归化城,甘、陕大兵不解甲,费岂但倍蓰哉!"他还认为"捐西守东"是目光短浅的主张,"奈何狃近安,忘昔祸,惜涓涘之费,昧冥渤之利,以甘里闉鄙儒眉睫之见"。①

壁昌也反对捐西守东论,认为这是把有用之地拱手让与他人,以资敌方。在《叶尔羌守城纪略》中他写道:"先是,有倡东汉闭玉门之议□将西四城撤守。圣明未以为可。事下边臣议之。余以为我弃彼取,回子懦弱必不能自立。阿克苏迤未均须添兵重镇,是西四城产粮之区,反资于敌,非计也。"②

第三,主张移民实边、垦荒屯田、发展边疆经济的方案。

移民实边、屯垦开荒自古为治边良策。开荒以囤积粮饷,自给自足;移民以充实边防,防御外敌。蒙古旗人与汉人士大夫在著述中都提出了移民实边、垦荒屯田的主张。

汉人士大夫沈垚针对新疆局势提出了加强边防建设、整治水利、屯田垦荒、发展边疆经济、慎择边臣等巩固边防的建议,他说:

---

① 魏源:《答人问西北边域书》,贺长龄、魏源等编:《清经世文编》卷八十,北京:中华书局,1992年,第1963页。
② 壁昌:《叶尔羌守城纪略》,苗普生编:《西北史地文献》第二辑,第15—16页。

"镇守诸臣,诚以时度地形,益治沟洫,广田畜,务储积,则内地之转输可罢,蓄积益多,兵食益足,缓急有备。"[1]他将开发边疆和巩固边防结合起来,不仅自给自足减轻中央政府的经济负担,并且可以加强兵力、安定边疆。

魏源也提出了坚守西域的方法在于移民实边、发展西北经济,并且认为开发边疆是缓解内地人口膨胀、资源短缺的良策。他在《答人问西北边域书》中说:"国家醲醖孳生,中国土满人满,独新疆人寡地旷,牛羊、麦面、蔬蓏之贱,播植浇灌,毡裘贸易之利,金矿之旺,徭役赋税之轻且稀,又皆什倍内地。穷民服贾牵牛出关,至辄长子孙,百无一反。是天留未辟之鸿荒,以为盛世消息尾闾者也。"[2]

龚自珍在《西域置行省议》中不仅提出了新疆建行省的建议,更提出了迁"内地无产之民,入疆垦荒",既解决了流民问题,稳定社会,同时又将开发边疆与巩固国防结合起来。

蒙古旗人对屯垦移民实边也非常重视,壁昌、富俊、松筠、锡良、瑞洵都曾上书提议屯垦实边。

壁昌将移民屯垦的思想贯穿到实践中去。道光九年(1829),他任叶尔羌办事大臣时,于黑色热巴特增建军台,并招募当地维吾尔族百姓垦荒修渠,"所属塔塔尔及和沙瓦特两地新垦荒田,皆回户承种"[3]。为了鼓励当地百姓垦边开荒,他还上奏请求免除一年田赋。道光十一年(1831),壁昌担任叶尔羌参赞大臣时再次"兴喀拉赫依屯田,招练民户五百人,修渠筑坝,以牌博为界,不侵回地,凡垦屯地二万二百四十亩"[4]。道光十二年(1832),和阗回民塔瓦

① 沈垚:《新疆私议》,《落帆楼文集》卷一,《续修四库全书》集部,第2364页。
② 贺长龄、魏源等编:《清经世文编》卷八十,第1963页。
③ 赵尔巽:《清史稿》卷三六八《壁昌传》,第3326页。
④ 赵尔巽:《清史稿》卷三六八《壁昌传》,第3326页。

克戗伯克多拉特、依斯玛伊勒等为乱,壁昌请求增兵屯驻叶尔羌、喀什、乌鲁木齐,疏言:"长龄等奏增南路防兵三千,屯巴尔楚克,因其地筑城未竣,遂以二千人分屯叶、喀二城。二城形胜较巴尔楚克尤要,请以暂时分屯之兵永为定额。喀城更增绿营兵三千五百,分屯七里河为犄角,叶城增乌鲁木齐满洲兵五百、绿营兵一千。"①

清末,帝国主义借边境冲突蚕食中国边疆地区,屯垦移民守卫边疆的需求更为迫切。锡良对日俄觊觎东三省吉林之地甚为不安,在奏疏中指出:"吉林地处边陲,东毗俄疆,南临韩境,荒芜遍野,伏莽潜滋,久为外人窥伺。曩时国界不清,无端以东边数千里领地沦丧于俄;南部延吉一带,自韩民越垦,发生界务交涉,至今未决。筹边失策,由来者渐矣。"为此他提出了"非实边不能守土,非兴垦不能实边,非移民不能兴垦,非保安不能移民"的主张,并且制订了度地、移民、设治、分防、通道等一系列具体办法。②

瑞洵在担任科布多参赞大臣期间,认为屯田实边为练兵防御外患的基础:"欲为地策治安,必先为士卒谋生计。"③"科布多属地不乏膏腴……且乌阑古木、布伦托海、察罕淖尔、布拉罕河、青格里河、额尔济斯河等处又皆有旧迹可寻,徒以创办需费甚巨,蒙古又无力自谋垦种,以致天地自然之利莫开其源。现值外患频乘,我不自筹,恐彼族将攘臂而争,妄思侵占,转致难于拒绝。此田必须垦。"④

第四,重视发展当地教育。

自古以来,汉人士大夫就有着"以夏变夷"的民族文化观,孟

---

① 赵尔巽:《清史稿》卷三六八《壁昌传》,第3328页。
②《锡良遗稿》,第906页。
③ 瑞洵:《散木居奏稿》第3册,全国图书馆文献缩微复制中心,2004年,第831页。
④ 瑞洵:《散木居奏稿》第1册,第364—366页。

子云："吾闻用夏变夷者,未闻变于夷者也。"① 旨在通过向边疆少数民族传播汉族的儒家价值观和中原风俗习惯,达到华夷一体,从而更好地管理边疆地区。经受过汉文化熏染的蒙古旗人在治理边疆政策中,也重视向边疆地区输出儒家文化,教化边民。

壁昌在《守边辑要》"宣教化"一条中指出:"仁义礼智,人之性也;劳来匡直,上之教也。彼回子亦有人情,岂独不可教哉?! 其教之之法莫如《圣谕广训》《朱子小学》简便易明,择通事中有才学者翻出。于汉、回两城内各设一公所,每月朔望,该回长带领众回子于公所外伺候,令通事等详为讲说。又择众回子中少年俊秀者,令通事教习之。俾之分行四乡,家喻户晓,一以传十,十以传百。要使他身体力行,不可视为空言。如此数年,潜移默化,日相忘于训行之中,将人人知有礼义矣。"② 壁昌还制定了赏罚措施。勤学善文者嘉奖顶戴、花红或免徭役,怠慢者受罚,如此,维吾尔族同胞便会勤于学习儒家经典,达到移风易俗的目的。

锡良任云贵总督时,考察了云南地区的教育情况,认为教育机构的编制和教学水平混乱低下,令人担忧。"省城官立者,如高等学堂、小学堂以及实业学堂等,盖已十数,名目不为不备;而一经考察,教科固未完全,阶级尤多紊躐,定章且未符合,成效于何取资?"③ 他明确指出,教育为国家实力之基础,教育不发达,民智不开,国家各个方面都不发达,故教育为当今治理之首要。"自强之本,教育为先。东、西各国,每以学校之兴衰,定国势之强弱。故兴

---

① 《孟子·滕文公上》,北京:中华书局,2006年,第38页。
② 壁昌:《守边辑要》,张羽新主编:《清朝治理新疆方略汇编》第13册,第255页。
③ 《锡良遗稿》,第678页。

学敷教,实为现今迫要之图。"① 为此,他进行教育改革,设立专门负责教育的机构学务公所,扩大教育规模,增加教育内容。

但是与汉人士大夫不同的是,蒙古旗人不仅重视向边疆渗透儒家传统文化,还重视发展当地满蒙各族的民族文化教育,为保护当地的民族文化做出了贡献。

锡良在宣统元年(1909)上奏提出兴立蒙学,以启边民的建议。"蒙古接壤东三省,如哲里木盟十旗,延袤三千余里,近边设立郡县,与行省属地无殊。屏藩东北,利害攸关,闭塞既深,强邻日迫。……蒙民趋于愚暗,非浚其智识亦无以救亡图存。……惟是文言未能一致,教化难以强同,欲求输入新知,不得不授以中文科学。中文繁杂,蒙文简单,义例有难赅括,不得不证以满文。矧近代蒙古文字渐就销沉,其有从学寺僧亦仅能讽习梵典,以故翻译文牍他书,率鄙俚浅陋,舛迕难通,即保存蒙学亦为不可缓之图。是知求固边防,必先兴学,兴学必先译书。特蒙文几成绝学,更求贯通满、汉文字,并难其人。"② 故锡良命人将学部审定的初等小学教科书译成满、蒙文字,给蒙边各学堂使用。之后,他还奏请在奉设立八旗满蒙文中学堂。他认为教育对边区发展尤为重要:"今日为八旗筹生计,自以振兴实业,推广教育为先务,而教育一端尤关重要。"③ 锡良兴办满蒙学堂这一举措保存了蒙古族和八旗文化,传播了近代新思想文化,提高了当地少数民族文化素质,对当地社会文化经济发展起到了很大的作用。

第五,对外来侵略具有强烈的忧患意识和爱国主义情结。

---

① 《锡良遗稿》,第 724 页。
② 《锡良遗稿》,第 985—986 页。
③ 《锡良遗稿》,第 1044 页。

　　清前中期,中国正处于拓展边疆大一统形成时期,故蒙、汉史地学研究中多是为开疆拓土歌功颂德、赞颂康乾盛世的著作。而随着清中后期边疆危机的加剧,蒙古旗人和士大夫的著作中流露出对外来侵略强烈的忧患意识和爱国主义情结。

　　地理学家何秋涛撰写《朔方备乘》的一个重要目的,就是期冀通过介绍俄罗斯的历史地理和对外政策揭露其侵略野心。在书中他大声疾呼:"西北塞防,乃国家根本。"他希望自己的撰述能够引起国人对俄罗斯觊觎边疆的警惕,从战略的高度理解边疆对国家安全稳定的重要作用,以早做准备,维护国家统一和边疆安全稳定。

　　徐继畬在《兵武闻见录》序中称赞壁昌在书中流露的强烈的爱国情结:"要惟抱忠诚爱国之心如公者,始能殚精竭思而为此言;亦必抱忠诚爱国之心如公者,始能行公之言而有实效。然则读公之书者,必先心公之心焉,可乎?"①壁昌强烈的爱国主义情结和对外敌入侵的忧患意识也反映在《守边辑要》的序言中,他把回疆八城比作八羊,布鲁特比作牧羊犬,而浩罕是蚕食八城的恶狼,狼趁清廷边疆统治薄弱,两次入关卡食羊,而牧羊犬也因清廷软弱跟随狼欺凌蚕食羊群,故"今狗之空吠亦不足深信矣"②。对此壁昌认为:"近日守边之难亦如是也。抚之徒长其刁,剿之预窜出卡。"③他提出缓解边疆危机的方式是"为今之计,以内修为尚,有备为先"④。

---

① 壁昌:《兵武闻见录》,杨晏平:《清代军政资料选粹三》,第2页。
② 壁昌:《守边辑要》,张羽新主编:《清朝治理新疆方略汇编》第13册,第188页。
③ 壁昌:《守边辑要》,张羽新主编:《清朝治理新疆方略汇编》第13册,第188页。
④ 壁昌:《守边辑要》,张羽新主编:《清朝治理新疆方略汇编》第13册,第188页。

日俄战争前后,日本、俄国借铁路蚕食中国,锡良对此深表忧虑:"东省大势,自日、俄罢战以来,权力竞争,久成南北分据之局。日人以旅顺、大连为海军根据地,其铁路由朝鲜之义州越鸭绿江入安东达奉天,又由奉天而北至长春,南至旅顺,近复允许合办吉长至朝鲜之会宁铁路,全国陆军不日可达。俄人以海参崴为海军根据地,其铁路由莫斯科入黑龙江,更循江岸,经波里以达于海参崴,近又修改贝加尔湖铁路,而用双轨,全国陆军亦不日可达。东省命脉已悬于日、俄两国之手,情势了然,无庸讳饰者也。……今于无可收拾之中,作万一保存之想,非于两国路线之外,别筑一路,不足以救危亡。"[①]于是有了修筑锦瑷铁路的计划。正是蒙、汉士大夫对边疆危机强烈的忧患意识,促使他们思考守边之策,促进了清后期边疆史地学的繁荣。

由于蒙古旗人同满洲统治者一样为少数民族统治阶级,其民族政策自然与汉人士大夫有不同之处。他们的视角往往从边疆民族习俗和生活出发,关注与边疆少数民族息息相关的宗教信仰与边疆防御。

一、蒙古旗人较之于汉人士大夫非常看重了解边疆部落宗教信仰,善于利用宗教势力统治管理边疆百姓。

蒙古旗人与汉人士大夫守边思想的不同之处,在于蒙古旗人延续清政府"修其教不易其俗"的政策,善于利用宗教势力来管理边疆百姓。

松筠在《卫藏通志》中亦引申清廷"齐其政不易其宜,修其教不易其俗"的政策,认为要尊重各民族的风俗信仰。"然则由此以推,声教所暨,流通无碍,风雨露雷,莫非神化,滋液渗漉,何生不

---

① 《锡良遗稿》,第959—960页。

育。不废摩哈默之天方教,可以回收哈萨克、布鲁特以西诸部,兼行尔撒之摩西十诫,唐碑所谓景教者,苟仿释典,使高才润色之,以彼教治彼族,可以维娄西牛贺诸大洲,借权寓实。"①

壁昌在守叶尔羌时通过阿訇传达了希望回汉一心共守回城的主张:"谕阿浑等:'圣人,汉经无故不可杀人。大皇帝王法,无故不准杀人。汝回经亦如此教训。要知若为贼害人,杀之无罪。汝等为回教师长,照此传知回众,共守回城。'宣谕而去。"② 可见其熟悉并尊重当地的宗教信仰,而且能利用当地的宗教势力团结少数民族。

二、蒙古旗人熟悉边疆情况,加强武备防御。

蒙古旗人作为边疆大员,守边防止外敌入侵为其工作的第一要务。不同于汉人士大夫移民垦荒、修筑城墙的守边方式,蒙古旗人还进一步提出熟悉边疆内外形势,加强武备防御的守边策略。

首先就是要探清内外形势。松筠在《钦定新疆识略》中言:"盖闻守边之要,首在熟悉夷情,然非特知其长技,察其习尚已也。其部落之强弱、形势之夷险,以及承袭之世次、官制之维系,尤必周知之而后足以得其心,以制其命。"③ 松筠还强调要了解境外情形。在《回疆事宜规条十则》中指出:"喀什噶尔参赞大臣到任之初,即宜悉知疆外情形。"④ 壁昌也深知守边之要必须注重分析内外情形。他在《守边辑要》"今昔情形"中分析了准格尔统治之下,维吾尔族百姓受剥削民不聊生的状况,而平定准格尔叛乱后,回疆农工商发展欣欣向荣。在总结平定浩罕唆使和卓后裔两次叛乱的经验时,

---

① 《西藏研究》编辑部编辑:《西藏志　卫藏通志》,拉萨:西藏人民出版社,1982 年,第 157—158 页。
② 壁昌:《叶尔羌守城纪略》,苗普生编:《西北史地文献》第二辑,第 9 页。
③ 松筠:《钦定新疆识略》,第 1129 页。
④ 松筠:《钦定新疆识略》,第 480—481 页。

他提出必须要团结内部人心,掌握敌方矛盾并以此化解敌方内部力量。[1] 为了团结力量,巩固内部人心,他也分析了南疆回城的宗教信仰状况,摸清伊斯兰教黑帽、白帽两派宗教势力的矛盾,并指出可以利用宗教力量固结民心。他还分析了回疆八城中朵兰、安集延商人,巴达克什米尔、各城伯克及阿訇的可信任程度,按可靠程度来分派任务,另外需特别留意排除奸细。[2] 对外而言,壁昌提出了守边要探清夷贼形势。他说:"其贼势不可不晓,兵法云:'知己知彼,百战百胜。'"[3] 他在"夷贼形势"中介绍了第二次和卓后裔之乱末期玉素普后悔发生叛乱的态度,认为和卓之后可以为朝廷所用,还指出在这之后浩罕内部玉素普两子因争和卓之位产生矛盾,清廷可以利用两兄弟之矛盾瓦解和卓与浩罕势力,使边境安稳。为了更深入地了解敌情,必须慎选侦探探清敌方兵马粮草情形和弱点以制定对策[4]。

其次是要整饬武备加强防御。松筠提出了积极防守的思想:"武备不可不修,操防不可不讲,爰绘散总之图,俾知舆地之险,固我疆隅,化彼觊觎。"[5] 壁昌也认为要加强武备修整以防不时之需:"夫城池既修完固,自属可恃。而守具繁多,缺一不可,必须件件着意。平时将武库所存军械,照册点验。……每操倒替演习,以准为

---

① 壁昌:《守边辑要》,张羽新主编:《清朝治理新疆方略汇编》第 13 册,第 206 页。
② 壁昌:《守边辑要》,张羽新主编:《清朝治理新疆方略汇编》第 13 册,第 229 页。
③ 壁昌:《守边辑要》,张羽新主编:《清朝治理新疆方略汇编》第 13 册,第 230 页。
④ 壁昌:《守边辑要》,张羽新主编:《清朝治理新疆方略汇编》第 13 册,第 230—234 页。
⑤ 松筠、黄沛翘:《西招图略　西藏图考》,第 3 页。

尚,如有不妥,随时修理整齐。"①

实践中,壁昌在担任叶尔羌参赞大臣、阿克苏办事大臣期间,在叶尔羌、喀什、阿克苏等地修筑汉城城墙,将商铺、街道、民宅包括在城墙内,又令维吾尔族人修筑城墙以御外敌,并每日勤于操练官兵。②

锡良将整饬武备、积极防御的思想贯穿到实践中去。清末,日俄战争之后,帝国主义国家借修铁路之名侵略蚕食中国边疆,蒙古旗人加强武备、保卫边疆的主张更加系统、迫切。锡良对日俄两国妄图将东北变为殖民地的企图有清醒的认识,并提出设立新军、增强军备的应对措施。"日、俄之视我东三省为殖民地,环球皆知。近自协约告成,继以日、韩合邦,吞噬之心益炽,沿安奉、南满路线所至,其铁路警察及车站人员,多系陆军军队,安东、辽阳、海城、铁岭、长春且均有联队驻扎,吉林则延吉一带,亦骎骎逼处矣。其所以未遽实行侵略主义者,因近甫并韩,困于财力,故未能大肆野心。稍缓须臾,朝鲜全境布置粗完,势必席卷而西,踞吉、奉以窥顺、直。俄则进规蒙古,如在掌握。近于西伯利亚沿路车站,增建营房,添扎军队,其用意可知。……东省……即再练一二镇,亦不足以言战守。将近畿陆军勤加训练……以为后劲。人人有同仇之忾,日日存决死之心。"③

总之,在边疆有亲身体验的蒙古旗人在治理边疆策略上比汉人士大夫更富有经验,心思也更为缜密周全。利用边疆少数民族

① 壁昌:《守边辑要》,张羽新主编:《清朝治理新疆方略汇编》第 13 册,第 207 页。
② 壁昌:《守边辑要》,张羽新主编:《清朝治理新疆方略汇编》第 13 册,第 198—203 页。
③《锡良遗稿》,第 1233—1234 页。

宗教势力、熟悉边疆内外情形、加强守备整饬武备的思想是汉人士大夫未曾提出的,这些治边思想对巩固边疆统治,维护边疆安全,改善民族关系有着重要的作用。

蒙古旗人边疆史地学的影响

蒙古旗人的边疆史地学在清朝中叶兴盛,也给后世带来了重要的影响,主要反映在四个方面。

第一,蒙古旗人边疆史地学的研究成果被后世研究者采用,成为后世研究的基础。

博明依据《元朝秘史》进行的研究被后来的西北史地名家引用,后世蒙元史著作,如张穆的《蒙古游牧记》、何秋涛的《朔方备乘》、洪钧的《元史译文证补》等都参考了博明的著作。《西斋偶得》可谓是清代蒙元史研究的开山之作。松筠的《西陲总统事略》广泛搜集了新疆一地的实地考察资料和文献资料,为后世学者广泛征引,成为西北史地学的奠基之作。

第二,蒙古旗人的边疆史地学著作成为后世治理边疆的经验来源,后世治边者治边的必备之书。壁昌的《叶尔羌守城纪略》由其后任龄秀峰补充并刊印,也是前后任官员之间一种经验的交流与传承。"龄秀峰先生奉命办事西陲,洞悉夷隐,制为安边四要,殆所谓运用之妙存于一心者乎。宛平张凤歧茂才与先生交最久,知最深,恐其良法无以传后。今特付梓,非徒存两先生之鸿规,亦欲使亿万世知制治保邦,抚驭陲之要道也。"[1]1841 年 8 月鸦片战争中期,徐继畬作为福建总督颜伯焘身边的幕僚,管理厦门的防务工作。在部防时,徐继畬大量参考了友人壁昌《守边辑要》《兵武闻

---

① 壁昌:《叶尔羌守城纪略》,苗普生编:《西北史地文献》第二辑,第 3 页。

见录》中的部防经验①。虽然最后厦门失守,不过壁昌的史地著作在边疆防务实际操作中的影响可见一斑。

第三,蒙古旗人的边疆史地学著作为后来的西北史地研究提供了新资料。

松筠之著作成为清政府编订史书之依据,"钦定之书及正史为据,旁采……松筠"②。他的《西藏图说》为黄沛翘的《西藏图考》提供了图像资料。魏源为壁昌幕僚时,曾翻阅壁昌的《守边辑要》和《叶尔羌守城纪略》,将其中关于"汉城"、"回城"的记载写入著作《圣武记》中。《守边辑要》言:"回俗丛居,向无城郭。初留官兵无多,惟于其旁围砌土墙,高可及肩,名曰'汉城',仅容公署、兵房、仓库而已。其贸易商民或杂处回房之中,或另立街市,均在汉城之外,所以六年易失四城。善后定以择地重建汉城,始与回子隔别而居。适昌从征其间,筹议建喀什噶尔新城,地基宽大,街市铺房,并包在内。至英、叶、和三城,承办者惟计兵数,以致城又筑小,商民仍居城外,非上策也。十年夷匪围喀、英二城,赖兵民同力,得以闭门固守。彼时昌留守叶城,将商民货物全归城内,贼至,攻打铺房,带领兵民开城出剿,杀伤遍地,贼夷大败而逃,因市房碍守,自行烧毁,诚为可惜。"③

魏源《圣武记》关于"汉城"的记载与壁昌的《守边辑要》中对"汉城"的记载基本一致:"初,回俗皆无城。乾隆初定新疆,于回庄旁筑墙及肩,名曰'汉城',仅容官署、兵房、仓库而已。其商民街市均在汉城之外,或杂处回房,故六年之变,四城易失。及八年善后,

①［美］龙夫威:《徐继畬及瀛环志略》,第82页。

② 何秋涛:《朔方备乘》叙,台北:文海出版社,1966年,第3页。

③ 壁昌:《守边辑要》,张羽新主编:《清朝治理新疆方略汇编》,第17册,北京:
　 学苑出版社,2006年,第233—234页。

重建汉城,始与回庄隔别。然惟喀什噶尔新城包坊市于城内,其英吉沙尔、和阗、叶尔羌三城则仍居商民于城外。十年,壁昌守叶城,急移商民货物入城,而毁城外市舍。及再筹善后,仍未筑关墙以包坊市,论者以为憾。"[1] 可见壁昌关于新疆的资料为魏源《圣武记》诞生起到了奠基作用。

第四,蒙古旗人提携了年轻一代的史地研究者,为日后西北史地学学术团体的出现做了铺垫。

梦麟作为江南乡试的主考官,提拔录用了王昶、王鸣盛、吴泰来、钱大昕等人,这些人后来成了乾嘉年间著名的文史研究者。王昶是著名的诗人,也是金石学家,撰有《金石萃编》一百六十卷。同为乾隆十九年(1754)进士的王鸣盛累官至内阁学士兼礼部侍郎,在经史文词方面成就斐然,撰有著名史学著作《十七史商榷》、《尚书后案》、《蛾术篇》。吴泰来是清中期著名的藏书家,与王昶、王鸣盛、钱大昕等称"吴中七子"。钱大昕是著名的经史学家,曾为山东、湖南、浙江、河南乡试考官,任广东学政。曾参与编纂《音韵述微》、《续文献通考》、《续通志》、《一统志》等书。著有《廿二史考异》、《十驾斋养新录》、《潜研堂诗文集》、《竹汀日记钞》等文史名著。值得一提的是,钱大昕还非常关注蒙元史的研究,他曾将《永乐大典》中收录的汉字音译的《元朝秘史》抄出,介绍给汉人士大夫。这一研究极可能与梦麟对他的指导有关。

松筠对汪廷楷、祁韵士、徐松的提拔不仅使西北史地学奠基之作《钦定新疆识略》诞生,也培养了一批西北史地研究者,促进了以徐松为中心的西北史地研究学术团体的产生。道光元年(1821),道光帝召见从伊犁返京的徐松,询问西北地方状况,并赏

---

[1] 魏源:《圣武记》卷四,第196页。

徐松内阁中书,亦将《钦定新疆识略》付武英殿刊行。徐松因此声名大振,为世人所瞩目。许多学术名流如龚自珍、魏源、张穆、沈垚、李兆洛、俞正燮、杨亮、程同文等都纷纷与之结交。他们经常在一起吟诗诵赋、切磋学问,讨论时局,商议治边策略,久而久之形成了以徐松为中心的西北史地学研究团体。① 可以说蒙古旗人的史地学研究为晚清西北史地学兴起起到了奠基的作用。

结论 蒙古旗人史地研究的特点

综上所述,蒙古旗人的史地研究经历了四个阶段。

康雍乾嘉时期伴随着清政府多次对西北用兵及疆域的拓展,蒙古旗人的史地研究出现了第一个小高潮,此一阶段的著作多是为王朝大一统局面歌功颂德及积累治边经验的经世致用之作,以松筠《钦定新疆识略》和和瑛的《三州辑略》为代表。

道光咸丰时期,边疆危机的加剧使得学人们期冀通过研究西北史地学,寻求化解边疆危机的良方,蒙古旗人的史地学中边疆史地题材增加,以壁昌的《守边辑要》和《叶尔羌守城纪略》为代表。

同治时期为蒙古旗人史地研究的低谷期,仅有两部著作。

光宣时期随着外来势力的侵略加剧和西方近代科学技术的传入,蒙古旗人的史地研究进入了复兴和转型时期。转型的方面在于:其一是视角上蒙古旗人将边疆地区和内地视为一体,试图在边疆实行和内地一样的近代化改革;其二是他们的目光向域外拓展,摆脱了传统的朝贡藩属圈的视角,出现了《四国游记》这样关注西欧国家的著作;其三是他们在研究方法上近代化,采用了西方的测

① 廖荃孙编,王兴康等整理:《续碑传集》卷七八,第87页。

绘技术和近代的编纂体例;其四是地方意识增强,出现了专门的驻防志和地域性的专门研究。

蒙古旗人史地著作中产生大量边疆史地题材的原因在于:第一,蒙古旗人任官上多占有边疆大员出缺的特权是边疆史地题材丰富的主要原因;第二,清政府大一统局面的形成产生巩固边疆的统治需求;第三,蒙古旗人对边疆地区的民族记忆与蒙古族身份认同的民族情感是边疆史地创作出现的主观原因;第四,八旗忠君爱国、守卫疆土意识的激励;第五,八旗科举的兴盛及儒家诗书传家的观念使蒙古旗人具备了史地创作的文化素养;第六,对既往治边理论的熟悉为蒙古旗人边疆史地学创作提供了理论基础。

综观以上蒙古旗人的史地研究成果,我们亦可发现蒙古旗人与汉人士大夫的史地研究具有两大相同点和五处相异之处。

相同点在于:

第一,研究特点上都具有经世致用与乾嘉考据之学相结合的特征。

虽然蒙古旗人和汉人士大夫都受清中叶乾嘉考据学风的影响,注重资料事实的考证,但他们的研究都没有放弃经世致用的目标,都具有经世致用与实事求是相结合的研究风格。龚自珍和魏源的研究都是有感于当时边疆危机的形势,而具有经世致用精神。故王国维评价道:"虽承乾嘉专门之学,然亦逆睹世变,有国初诸老经世之志。"[①]张穆治学"专以笃实为主",他的《蒙古游牧记》广征他书,考证精密,功力深厚,被誉为经世致用与实事求是结合的典范之作。祁寯藻在《蒙古游牧记》序言中称赞此书:"海内博

---

① 王国维:《沈乙庵先生七十寿序》,《观堂集林》卷二三,石家庄:河北教育出版社,2001年,第720页。

学异才之士,尝不乏矣。然其著述卓然不朽者厥有二端。陈古义之书,则贵乎实事求是;论今事之书,则贵乎经世致用,二者不可得兼,而张子石州《蒙古游牧记》独能兼之……是书之成,读史者得实事求是之资,临政者收经世致用之益,岂非不朽之盛业哉!"①何秋涛的研究以考据见长,但最终目的是为了经世致用。黄彭年评价其为:"君专精汉学,而从诸公游处,未尝以门户标异。其于经史百家之词、事物之理,考证钩析,务穷其源委,较其异同,而要归诸实用。"②

　　蒙古旗人的著作中也不乏经世致用之作。郭伯荫在壁昌所著《牧令要诀》跋中评价道:"经世之书宜乎愈浅愈明,愈近愈切也……是编所示皆见诸躬行,著有成效之言,以为无难则信无难也。然而操是心以从事,虽古循良之治不难由此而几焉。"③徐继畬在《兵武闻见录》序中称赞该书的实用性:"古今兵家汗牛充栋,读者仿而行之,往往龃龉不合,或致败事,泥古而不通今,故无当于实用也。读公所著书,实事求是,无一影响揣摩之语,为将帅者果能道而用之,战无不克,守无不固,正如良医立方,病者覆杯,而沉疴立起。空言之与实用岂可同日语哉!《行军》一篇有'以毒攻毒'之论,僧邸之破连镇实用此术。此近事之确而可征者。"④壁昌的《叶尔羌守城纪略》、《牧令要诀》、《兵武闻见录》都是其任职期间守城治边的经验总结,条理清晰、事无巨细,有很强的实用性。松

①　祁寯藻:《蒙古游牧记》序,张穆:《蒙古游牧记》,台北:文海出版社,1965年,卷首第2页。

②　黄彭年:《刑部员外郎何君墓表》,缪荃孙编,王兴康等整理:《续碑传集》卷七八,第709页。

③　壁昌:《牧令要诀》,《官箴书集成》第七册,第588页。

④　壁昌:《兵武闻见录》,杨晏平:《清代军政资料选粹(三)》,北京:全国图书馆文献缩微复制中心,2002年,第16—17页。

筠在《西陲总统事略》序言中指出,因为处理边疆事务时没有可以参考的经验,故需要编一部具有实用性的书。"伊犁为西域总统之区,自南北两路戡定以来,迄今已阅五十余载。各城案牍日积,悉关旧章,特因纪载未有成书,每遇行查事件,不免参差挂漏,考核无资。"① 于是才编了《西陲总统事略》,以备清政府熟悉边地形势,管理边疆之用。盛昱称其书"其所著者皆有裨用"②。松筠的其他著作《西招图略》、《卫藏通志》、《绥服纪略》都是积累解决边疆问题经验的经世致用之作。

蒙古旗人的史地著作虽是经世致用之书,其中也不乏深入考据之处。松筠在《卫藏通志》一书中独辟考证一目,将《后汉书》、《隋书》、《旧唐书》、《佛国记》等前代古籍中有关西藏、西域诸国及佛教史的资料摘录成文,并依据亲身史地考察加以补充考证真伪。他说:"疑耳而信目者,人之常情;源远而末分者,学之流弊。尝考《通典》、《类函》、《子史》、《通鉴》、《水经注》诸书,未尝不载天竺西域诸国事迹。然所闻异辞,疑信相参,源末互异。求其质实于人迹不到之区,不可得也。姑博采焉,考诸古则存而勿论,证之今则信而有征。"③ 清末名儒谭献对博明《西斋偶得》中引经据典的考证文章评价很高:"蒙古西斋兵部先生,夙官禁近,揽柱下之藏万卷研求,学有心得,随笔纂录。掌故舆地经典之纲要,援古证今,无游移传会之陋说。学人也与,史才也与。"④

总之,经世致用与考据学相结合的研究风格是蒙古旗人和汉人士大夫史地研究的共同特征。

① 松筠:《西陲总统事略》序,第1页。
② 盛昱:《八旗文经》,第374页。
③《西藏研究》编辑部编辑:《西藏志 卫藏通志》,第171页。
④ 博明:《西斋偶得》,国家图书馆藏清刻本。

第二，编目及体例借鉴了传统方志的编目方式。

以和瑛的《三州辑略》为例，该书编目分为沿革、疆域、山川、官制、建置、库藏、仓储、户口、赋税、屯田附遣犯、俸廉、粮饷、营伍、马政、台站、礼仪、旌典、学校、流寓、艺文、物产等二十一个门类，与传统方志的编目体例几乎一致。延续传统方志的编纂体例是蒙古旗人与汉人士大夫史地研究特点中的另一相同之处。

蒙古旗人与汉人士大夫史地研究的不同之处在于：

其一，蒙古旗人注重文献考证与实地考察相结合，而汉人士大夫的研究则偏重文献考据，缺乏实地考察。

古人言，读万卷书不如行万里路，实地考察对研究文献记载相对较少的边疆地区来说尤为重要。蒙古旗人有别于汉人士大夫的史地研究的特点之一就是注重文献考证与实地考察相结合，尤其注重实地考察经验。研究史地学的蒙古旗人多是管理北方、西北边疆的要员，因此他们有机会有条件对边疆进行实地考察，将考察经验与文献进行对比研究。

松筠在编辑《西陲总统事略》时，不仅命徐松"周历南北二路重加考订"，还依据亲身考察经验，重新亲自审阅修订了书中兵屯、镇抚和边防情形等重要部分。在撰写《西招纪行诗》和《绥服纪略图诗》时，他也是"缘述北漠库伦所事，而兼采西南沿边见闻"①，对西北边疆进行了广泛深入的考察。

和瑛在边疆任职的时间很长，他趁任职边疆之时广泛考察，积累了丰富的经验，为日后的研究打下了坚实的资料基础。在任职西藏办事大臣期间，"在藏八年，博采地形、民俗、物产，自为之

---

① 松筠：《绥服纪略图诗》序，汪廷楷等纂辑：《西陲总统事略》，北京：中国书店，2010 年 9 月，第 215 页。

注"①,因而撰成《西藏赋》。他在新疆七年,嘉庆七年(1802)遣戍乌鲁木齐,任叶尔羌帮办大臣、喀什喀尔参赞大臣、乌鲁木齐都统,直至嘉庆十四年(1809)归京。在新疆期间依据实地考察的经验编纂《三州辑略》:"(瑛)识同尾焰,学等蹄涔。游异域十三年,未窥半豹;历训方二万里,敢目全牛。兹乃忝护北庭,旁搜西史,爰成辑略,哀纪三州。"②

富俊为科布多参赞大臣时,在任上"询之僚属,访之耆旧",收集了大量的资料。两年之后,他离职任喀什噶尔参赞。在新疆地方见《新疆事宜》其"大纲细节,缕晰条分,无不包举。其间节目与科布多相同者居其半",遂"仿其所纪,集为政务总册,述其大略"。富俊还"致札现任科布多使者策凌度,嘱其详细确查。如有遗漏舛错者,量加更易添补;并将伊任内随时调剂款件,逐一纂入"。其重视实地考察和资料搜集细致程度可见一斑。③

博明在撰写《凤城琐录》前曾做过大量的实地考察和口述笔录:"询访故迹,惜无知之者。求十一于千百,浸录成帙,半皆琐细,用备考核。朝鲜贡员亦时相过访,并问其国中典故,亦间有所得,集其语附焉。"④

国璋能够撰写《峡江图考》更是得益于其任职四川三十多年的实践寻访经验。"余官蜀几三十稔,于役鄂楚,行峡八次。每当停泊,辄询榜人。凡躬历诸险,必详究委末,记之以笔,目之曰《行江纪程》,殆以志行役鞠瘁,宦海风波,非徒诩游历之见闻、舆地之考据也。岁在己丑,会有轮船入川事,余恭奉宪檄赴宜郡赞议,因

---

① 和瑛:《西藏赋》,盛昱:《八旗文经》,第19页。
② 和瑛:《三州辑略》,早稻田大学藏清刻本。
③ 富俊:《科布多政务总册》序言,《近代中国史料丛刊》第八十六辑,第3页。
④ 博明:《凤城琐录》,第1页。

于诸滩险要,留意有加焉。"①

可以说,没有详细而丰富的实地考察经验,蒙古旗人便无法创作出客观准确真实的史地著作,史地研究就如同无源之水、无木之本,单薄而论述无力,而汉族学者的著述则缺乏实地考察。真正具有实地考察经验的著作仅有祁韵士的《西陲总统事略》、徐松的《西域水道记》和洪亮吉的《伊犁日记》《天山客话》。实际上,除了沈垚外,汉人士大夫本身并不排斥实地考察,只是他们没有像蒙古旗人那样任职边疆的机会,而缺乏实地考察的条件,因此只能利用别人的实地考察成果。如魏源曾经请求跟随杨芳平定张格尔叛乱,后由于战事胜利,至嘉峪关而返回。故其在给龚自珍的信中表达了未能亲身考察西域的遗憾:"足迹所至,北仅古北口而止,西仅秦蜀近界而止,未尝历九关,使绝域。只据图籍传闻,矍括梗略,以塞明问","钩档案之遗闻","诹都护之属吏","博访之躬虎节老边塞之人,讲求方略。苟有未闻,悉以见教",吸收了别人的考察成果。②

总之,有机会外任得到边疆实地考察经验是蒙古旗人较之于汉族学者的最大优势。实地考察经验使蒙古旗人的史地著作更具科学性和严谨性。

其二,蒙古旗人的史地研究多为经验记录、档案总结,缺乏真正意义上系统科学的学术研究。

富俊《科布多政务总册》中的资料大多为官方档案、公牍资料汇编,作者很少加入自身的论述。松筠之《卫藏通志》其中喇嘛、番目、兵制、镇抚、钱法、条例、抚恤部分内容也大多是上谕及大臣

---

① 国璋:《峡江图考》序言,光绪二十年上海袖海山房书局版。

② 魏源:《答人问西北边域书》,贺长龄、魏源等编:《清经世文编》卷八十,第1962—1963 页。

的奏稿,纪略的内容也多为实录、方略简写之内容,除了考证和介绍西藏各部落以外,并无作者自己更多的论述。

考察《回疆通志》《三州辑略》《科布多政务总册》《钦定新疆识略》这些书的目录,我们不难发现,书中目次、内容编排多为御制诗文、各部总传、舆图、山川、城郭、屯田、兵防、卡伦、官制、水利、矿产等官方事务性资料。目的都在于积累知识经验,服务现实统治,很少有类似《凤城琐录》这样记载当地风土民情的著作。松筠在《西陲总统事略》序言中明确指出:"兵屯镇抚之要,边防形势之宜,仍复亲为厘定……藏之衙斋,用备公余省览,或于守土思职之意,不无小补焉。"[1] 程振甲也认为此书"意繁而旨博,于伊犁安抚之长策,尤三致意"[2]。故吴丰培言:"视前所编之《西域图志》《西陲总统事略》《新疆识略》虽类似省志,而不具备省志之体例,乃因地制宜之作,难以内地省志相衡量。至各地区,更难有府县志之规格。但别创有事宜之一种,乃取前时档册、办事沿革,兼及地理之形势、生产之情况,往往详于行政之管理,忽略民情及习俗。"[3] 有系统科学学术研究的著作当属博明的《西斋偶得》,罗密和博清额的《博尔济吉特氏族谱》,奉宽的《妙峰山琐记》《清理红本记》。

蒙古旗人的著作缺乏系统专业的研究,一方面可能是因为过于关注经世致用,另一方面也可能由于他们忙于边疆事务,无法抽出时间进行专门的学术研究。

其三,蒙古旗人的史地研究具有鲜明的民族特色,对于蒙元史的研究相当深入。

---

① 松筠:《西陲总统事略》卷首,早稻田大学藏清刻本。
② 松筠:《西陲总统事略》卷首,早稻田大学藏清刻本。
③ 吴丰培著,马大正整理:《吴丰培边事题跋集》,第224页。

由于蒙古旗人蒙古族身份的价值关联,和构建自身蒙古人的身份认同的需要,他们在研究中往往更关注蒙古方面的资料,因而他们的蒙元史研究比汉人士大夫更深入。如罗密的《蒙古世系谱》对达延汗以下的支脉及明安一系的记录都补充了魏源《元史新编》和《元代北徼诸王传》记载的缺略。博明在重新整理厘定《蒙古世系谱》时,对蒙古源于天竺说和苍狼白鹿说做了有力的驳斥,不可不谓蒙古史研究之精品。他在《西斋偶得》中引用《元朝秘史》的资料比汉人士大夫要早得多。他以各民族语言音义之别,辨析前人对女真、蒙古国号的曲解,发前人之未发。松筠《钦定新疆识略》所载"厄鲁特风俗纪闻"更是填补了汉人士大夫对卫拉特史研究的不足。奉宽的《旧京之元国书石刻》一文研究了蒙元时期八思巴文石刻碑,开八思巴文研究之先河,而近人关注这一领域则要到20世纪50年代。

其四,蒙古旗人的史地研究具有强烈的八旗意识。

蒙古旗人的史地创作除了保留有强烈的蒙古民族意识之外,还具有强烈的八旗意识。如松筠在《百二老人语录》中借故事中领队大臣之口,表达了自己八旗一体的观念:"我与章京以至兵丁皆系皇上奴仆,彼此虽属隔旗,均系旗人,实如一家一族。今楷行者皆系我之弟兄。吾等仰赖皇上洪福前往立功,惟当恪遵禁令、安静速行,以养锐气。旗一一所向共勉协力,以期倾刻告成。"[1] 三多六桥在《柳营谣》中对旗人身份透露出强烈的自豪感:"吾营八旗,实备满蒙大族,皇恩优渥,创制显荣,其间勋名志节,代不乏人。倘无一编半册,识其大略,隶斯营者非特无以述祖德,且何以答君恩乎?"[2]

---

① 松筠:《百二老人语录》,东洋文库本。
② 三多六桥:《杭州旗营掌故》,徐一士著,徐禾选编:《亦庐佳小品》,第296—297页。

其五,蒙古旗人的史地著作中没有夷夏之别,注重民族平等团结。

由于本身是少数民族,蒙古旗人没有汉人士大夫的"夷夏之别"。他们将边疆少数民族视为同胞,团结、平等相待之。在著作中也很少称边疆地区少数民族为蛮夷。如松筠在《西招图略》中写道:"安边之策,贵于审势而行权。……宜威则威,宜惠则惠。然后仁以厉其俗,义以作其气,惩贪除苛,使知节用而爱人。并教以诚敬,示以忠信,虽蛮夷可冀知感知畏矣。久之,众心我同,则民胞物与之化成,于时保之,小心翼翼,固可永安乐利也。"[1]不难看出松筠重视与少数民族同心同德,希望通过安抚少数民族达到边疆长治久安。在《绥服辑略图诗》中他更明确地表达了视少数民族为自己同胞的观念,力行以德服人。"抚之教之,常以同胞物与为念,可期万载相安耳。"[2]

总之,虽然蒙古旗人的史地研究不如汉人士大夫专业深入,但是他们的著作在民族观念上要比汉人士大夫开明得多,具有实地考察经验也是蒙古旗人研究方式的一大特点。他们开展边疆史地研究也比汉人士大夫早得多。可以说蒙古旗人的史地研究产生了丰硕的成果和一批成功的学人,从而丰富了清代史地研究,为清代汉人士大夫的西北史地研究兴盛起到了奠基作用。因此蒙古旗人在清代史地学术史上的地位不容忽视。

从清初蒙古旗人的史地著作罗密之《蒙古世系谱》用蒙文书写开始,到清中后期蒙古旗人史地著作完全运用汉文书写,采用汉族的研究方法和编纂体例结构这一过程,我们也可以看出,蒙古旗

---

① 松筠、黄沛翘:《西招图略　西藏图考》,第3页。
② 松筠:《绥服辑略图诗》,《西陲总统事略》,早稻田大学藏清刻本。

人在近三百年的时间内,在学术、生活中逐渐习惯优先用汉语书写,从赳赳武夫渐渐成为饱读儒家经典的博学之士,蒙古旗人的思想文化完全融入于汉族儒家文化之中。这正验证了恩格斯所说的:"比较野蛮的征服者,在绝大多数情况下,都不得不适应征服后存在的比较高的'经济情况'。……而且部分甚至还不得不采用被征服者的语言。"①值得注意的一点是,虽然在清代蒙古旗人业已浸染汉文化,但他们蒙古族的民族意识尚未泯灭,他们在科举题目或档册履历中都会注明自己蒙古人的身份。像三多六桥、奉宽等人在诗文中也记载称颂了他们蒙古祖先的丰功伟绩。蒙古旗人荣庆在日记中也记述了家中进行蒙古祭祀礼仪的过程。可见文化的传播并不一定造成民族意识的完全变化甚至消失,也不意味着一个民族完全抛弃自身的民族文化风俗。

---

① [德]恩格斯:《反杜林论》,《马克思恩格斯选集》第三卷,北京:人民出版社,1972 年,第 222 页。

附表：蒙古旗人史地著作表

	著作名称	分类	作者姓名	成书年代	驻防地;任职地	旗籍	出身
1	河源图	舆图	拉锡；旺札尔	康熙四十三年（1704）	?	蒙古正白旗	侍卫
2	皇舆全图（新疆部分）	舆图	明安图	乾隆二十年（1755）	?	蒙古正白旗	侍卫
3	西斋偶得	杂著史评	博明	乾隆三十八年（1773）	凤城	满洲镶蓝旗（最初为兀鲁特蒙古旗，天聪年间隶满洲正黄旗）	进士
4	西斋杂著二种	杂著史评	博明	乾隆三十八年（1773）	凤城	满洲镶蓝旗	进士
5	凤城琐录	方志	博明	乾隆四十二年（1777）	凤城	满洲镶蓝旗	进士
6	蒙古世系谱	谱录	罗密；博清额；博明	乾隆年间抄本	凤城	满洲镶蓝旗	进士
7	博尔济吉特氏族谱	谱录	罗密	雍正十三年（1735）	凤城	满洲镶蓝旗	侍卫
8	博尔济吉特氏族谱	谱录	博清额重纂	乾隆四十六年（1781）	凤城	满洲镶蓝旗	进士

续表

	著作名称	分类	作者姓名	成书年代	驻防地；任职地	旗籍	出身
9	博尔济吉特氏族谱（恩荣亦叶部分）	谱录	德坤	乾隆年间	凤城	满洲镶蓝旗	笔帖士
10	藩疆揽要	方志	和瑛	嘉庆十年(1805)	京旗；西藏	蒙古镶黄旗	进士
11	三州辑略	方志	和瑛	嘉庆十二年(1807)	京旗；西藏	蒙古镶黄旗	进士
12	回疆通志	方志	和瑛	嘉庆九年(1804)	京旗；西藏	蒙古镶黄旗	进士
13	卫藏通志	方志	和瑛	乾隆五十七年(1792)	京旗；西藏	蒙古镶黄旗	进士
14	西藏志	方志	和瑛编作序（果亲王允礼撰写）	乾隆五十七年(1792)	京旗；西藏	蒙古镶黄旗	进士
15	西藏赋	诗歌	和瑛	嘉庆二年(1797)	京旗；西藏	蒙古镶黄旗	进士
16	续水经	志书	和瑛	乾隆嘉庆年间	京旗；西藏	蒙古镶黄旗	进士
17	《百二老人语录》汉文翻译	笔记	富俊	嘉庆十四年(1809)	西藏	蒙古正黄旗	进士
18	科布多政务务总册	方志	富俊	嘉庆四年(1799)	西藏	蒙古正黄旗	进士
19	槐厅载笔	笔记	法式善	嘉庆元年(1796)	京旗	内府正黄旗	进士

续表

	著作名称	分类	作者姓名	成书年代	驻防地；任职地	旗籍	出身
20	清秘述闻	笔记	法式善	嘉庆元年（1796）	京旗	内府正黄旗	进士
21	陶庐杂录	笔记	法式善	嘉庆二十二年（1817）	京旗	内府正黄旗	进士
22	朋旧及见录	笔记	法式善	嘉庆年间	京旗	内府正黄旗	进士
23	成均备遗录	笔记	法式善	嘉庆年间	京旗	内府正黄旗	进士
24	乾隆己亥恩科各省乡试齿录	谱录	法式善	乾隆四十四年（1779）	京旗	内府正黄旗	进士
25	（明）李文正公年谱	谱录	法式善	嘉庆十四年（1809）	京旗	内府正黄旗	进士
26	洪文襄公（承畴）年谱	谱录	法式善	嘉庆十四年（1809）	京旗	内府正黄旗	进士
27	逊学斋自订年谱	谱录	法式善	嘉庆年间	京旗	内府正黄旗	进士
28	国学司成题名碑录	谱录	法式善	嘉庆年间	京旗	内府正黄旗	进士
29	存素堂文集	文集	法式善	嘉庆十二年（1807）	京旗	内府正黄旗	进士
31	皇朝文颖	文集	法式善（编辑）	嘉庆年间	京旗	内府正黄旗	进士

	著作名称	分类	作者姓名（编辑）	成书年代	驻防地；任职地	旗籍	出身
32	古文渊鉴	文集	法式善（编辑）	嘉庆年间	京旗	内府正黄旗	进士
33	西招图略	治边官箴 方略图志	松筠	道光十五年(1835)	京旗；伊犁	蒙古正蓝旗	笔帖士
34	西招纪行诗	诗集	松筠	乾隆六十年(1795)	京旗；伊犁	蒙古正蓝旗	笔帖士
35	西藏巡边记	游记	松筠	乾隆六十年(1795)	京旗；伊犁	蒙古正蓝旗	笔帖士
36	西陲总统事略	方志 方略	松筠	嘉庆十三年(1808)	京旗；伊犁	蒙古正蓝旗	笔帖士
37	绥服纪略图诗	诗集	松筠	咸丰三年(1853)	京旗；伊犁	蒙古正蓝旗	笔帖士
38	绥服纪略	方略	松筠	咸丰三年(1853)	京旗；伊犁	蒙古正蓝旗	笔帖士
39	钦定合规	政书	松筠	道光七年(1827)	京旗；伊犁	蒙古正蓝旗	笔帖士
40	古品节录	史书传记	朱轼辑（裴可亭；松筠整理）	嘉庆十四年(1809)	京旗；伊犁	蒙古正蓝旗	笔帖士
41	百二老人语录	笔记	松筠	乾隆五十四年(1789)	京旗；伊犁	蒙古正蓝旗	笔帖士
42	西藏图说	图志	松筠	道光十五年(1835)	京旗；伊犁	蒙古正蓝旗	笔帖士
43	镇抚事宜（西招五种）	方志	松筠（后人编辑）	道光十五年(1835)	京旗；伊犁	蒙古正蓝旗	笔帖士

续表

	著作名称	分类	作者姓名	成书年代	驻防地；任职地	旗籍	出身
44	开国佐运功臣宏毅公家传	传记谱录	爱必达	乾隆年间		蒙古正白旗	笔帖士
45	湖南通志	方志	巴哈布	嘉庆二十五年（1820）		蒙古正黄旗	驻防
46	奉使朝鲜驿程日记	游记	柏俊	清道光二十四年（1844）	临潢；京旗	蒙古正蓝旗	进士
47	大清一统志	方志	柏俊	道光二十二年（1842）	临潢；京旗	蒙古正蓝旗	进士
48	游蜀记	游记	胜昌	道光年间	京口（今镇江京口区）	蒙古镶黄旗	驻防
49	江油县志	方志	桂星	道光二十年（1840）	京口（今镇江京口区）	蒙古正白旗	进士
50	南昌县志	方志	庆云	道光二十四年（1844）	京口（今镇江京口区）	蒙古正白旗	进士
51	正俗外吏规型	政书	裕谦	道光年间	京口 江苏	蒙古镶黄旗	进士
52	莎车行记	游记	倭仁	咸丰元年（1851）	河南；京旗	蒙古正红旗	进士
53	吏治辑要（倭文端公遗书）	官箴	倭仁	咸丰四年（1854）	河南；京旗	蒙古正红旗	进士
54	启心金鉴	官箴	倭仁	咸丰年间	河南；京旗	蒙古正红旗	进士

续表

	著作名称	分类	作者姓名	成书年代	驻防地; 任职地	旗籍	出身
55	民牧良鉴	官箴	倭仁	咸丰年间	河南;京旗	蒙古正红旗	进士
56	裕靖节公列传	传记	德俊	咸丰年间	京口;江苏	蒙古镶黄旗	进士
57	德壮果公年谱	谱录	花沙纳	咸丰七年	京旗	蒙古正黄旗	进士
58	东使纪程	游记	花沙纳	道光二十五年（1845）	京旗	蒙古正黄旗	进士
59	韩节录（东使记程附）	游记	花沙纳	道光二十五年（1845）	京旗	蒙古正黄旗	进士
60	东使吟草	游记	花沙纳	道光二十五年（1845）	京旗	蒙古正黄旗	进士
61	滇轺纪程	游记	花沙纳	道光十五年（1835）	京旗	蒙古正黄旗	进士
62	叶尔羌守城纪略	方略	壁昌	道光十九年（1839）	京旗	蒙古正黄旗	笔帖士
63	壁勤襄公列传	传记	壁昌亲属	嘉庆二十五年（1820）	京旗	蒙古正黄旗	笔帖士
64	守边辑要	方略	壁昌	嘉庆二十五年（1820）	京旗	蒙古正黄旗	笔帖士
65	牧令要诀	官箴	壁昌	道光二十八年（1848）	京旗	蒙古正黄旗	笔帖士
66	兵武闻见录	方略	壁昌	咸丰三年（1853）	京旗	蒙古正黄旗	笔帖士
67	兴城县志	方志	恩麟	民国十六年（1927）	京口（今镇江京口区）	蒙古正黄旗	进士

	著作名称	分类	作者姓名	成书年代	驻防地；任职地	旗籍	出身
68	潲川县乡土志	方志	恩麟	光绪年间	京口（今镇江京口区）	蒙古正黄旗	进士
69	南康府志	方志	盛元	同治十一年（1872）	杭州	蒙古正蓝旗	进士
70	南康金石志	方志	盛元	同治十一年（1872）	杭州	蒙古正蓝旗	进士
71	营房小志	方志	盛元	同光之间	杭州	蒙古正蓝旗	进士
72	南丰县志	方志	柏春	同治十年（1871）	杭州驻防	蒙古正黄旗	进士
73	穆宗实录	实录	锡镇	始于光绪元年	京旗	蒙古正蓝旗	进士
74	金贞祐铜印题词	金石	锡镇（自称兀鲁特锡镇）	同治二年（1863）	京旗	蒙古正蓝旗	进士
75	翻译《二十一史约编》	史书	库兑吉泰	光绪八年（1882）	张家口驻防	蒙古正黄旗	驻防
76	钦定理藩院则例	政书	赛尚阿	道光二十九年（1849）	京旗	蒙古正蓝旗	进士
77	钦定回疆则例	政书	赛尚阿	道光二十二年（1842）	京旗	蒙古正蓝旗	进士
78	峡江图考	图志	国璋	光绪二十年（1894）	京口；四川	蒙古镶白旗	进士
79	教种山蚕谱	农书 官箴	国璋	光绪二十年（1894）	京口；四川	蒙古镶白旗	进士
80	重庆府治全图	舆图	国璋	光绪年间	京口；四川	蒙古镶白旗	进士

续表

序号	著作名称	分类	作者姓名	成书年代	驻防地；任职地	旗籍	出身
81	江北舆地全图	舆图	国章	光绪年间	京口；四川	蒙古镶白旗	进士
82	梦梅吟稿	诗集	文熙	光绪年间	京口（今镇江京口区）	蒙古镶红旗	驻防
83	文文忠公事略	传记谱录	文熙	光绪年间	京口（今镇江京口区）	蒙古镶红旗	驻防
84	浙杭记游漫稿	游记	文熙	光绪年间	京口（今镇江京口区）	蒙古镶红旗	驻防
85	北元遗集	别集	崇巘	光绪年间	京口（今镇江京口区）	蒙古镶黄旗	举人
86	暖香堂笔记	年谱	延昌	光绪十八年（1892）	京口；广西	蒙古镶白旗	进士
87	杭阿坦都统奏议	奏章集（公牍）	奎斌	光绪九年（1883）	京口；广西	蒙古镶白旗	进士
88	藏印边务录	奏章集（公牍）	升泰	光绪年间	杭州；西藏	蒙古镶黄旗	进士
89	全权大臣升泰奏稿	奏章集（公牍）	升泰	光绪年间	杭州；西藏	蒙古镶黄旗	进士
90	川藏奏稿	奏章集（公牍）	有泰	光绪年间	西藏	蒙古镶黄旗	进士
91	驻藏往来电稿	奏章集（公牍）	有泰	光绪年间	西藏	蒙古镶黄旗	进士

续表

	著作名称	分类	作者姓名	成书年代	驻防地；任职地	旗籍	出身
92	驻藏函稿	奏章集（公牍）	有泰	光绪年间	西藏	蒙古镶黄旗	进士
93	蝶仙小史汇编	谱录	延清	光绪元年（1875）	京口（今镇江京口区）	蒙古镶白旗	进士
94	奉使车臣汗纪程诗	诗集	延清	光绪年间	京口（今镇江京口区）	蒙古镶白旗	进士
95	庚子都门纪事诗	诗集	延清	光绪二十八年（1902）	京口（今镇江京口区）	蒙古镶白旗	进士
96	遗逸清音集	诗集	延清	光绪年间	京口（今镇江京口区）	蒙古镶白旗	进士
97	虎口余生录	笔记	延清	光绪年间	京口（今镇江京口区）	蒙古镶白旗	进士
98	八旗艺文编目	目录	恩华	1932—1936年	京口（今镇江京口区）	蒙古镶蓝旗	进士
99	京口六先生诗文集辑遗	文集	克希尔图	民国十三年（1924）	京口（今镇江京口区）	蒙古镶蓝旗	官派留学生
100	朝鲜颂浩	公牍	锡珍	同光之间	京旗	蒙古镶黄旗	进士
101	台湾查办	公牍	锡珍	同光之间	京旗	蒙古镶黄旗	进士

续表

	著作名称	分类	作者姓名	成书年代	驻防地；任职地	旗籍	出身
102	奉使喀尔喀纪程	游记	锡珍	同治十三年（1874）	京旗	蒙古镶黄旗	进士
103	锡席卿先生遗稿	文集	锡珍	光绪年间	京旗	蒙古镶黄旗	进士
104	四国游记	游记	凤凌	光绪二十八年（1902）	京旗	蒙古镶红旗	进士
105	游余谨志	游记	凤凌	光绪年间	京旗	蒙古镶红旗	进士
106	东海吟	诗集	升允	民国二十四年（1935）	山西；甘肃	蒙古镶黄旗	举人
107	宣统甘肃通志	文集	升允	宣统年间	山西；甘肃	蒙古镶黄旗	举人
108	满汉合璧对联	文集	奉宽	民国二十五年（1936）	京旗	蒙古镶黄旗	进士
109	红本清理记	史学	奉宽	民国二十五年（1936）	京旗	蒙古镶黄旗	进士
110	妙峰山琐记	史学	奉宽	民国元年（1912）	京旗	蒙古镶黄旗	进士
111	东游日记	游记	庆春	宣统民国间		蒙古正黄旗	驻防
112	游蜀草	文集	荣庆	光宣之间	四川	蒙古正黄旗	进士
113	荣庆日记	日记	荣庆	光宣之间	四川	蒙古正黄旗	进士
114	师友渊源录	文集书信集	荣庆	光宣之间	四川	蒙古正黄旗	进士
115	德宗实录	实录	荣庆	光宣之间	四川	蒙古正黄旗	进士

续表

	著作名称	分类	作者姓名	成书年代	驻防地;任职地	旗籍	出身
116	庚子篆轨录	笔记	裕厚	光宣之间	京旗	蒙古正黄旗	举人;笔帖士
117	满汉分科考试卷	文集	祥麟	光绪年间		蒙古正蓝旗	举人
118	荆州驻防八旗志	驻防志	恩泽	光绪九年(1883)	荆州	蒙古镶蓝旗	驻防
119	守来山房襄鞭余吟	诗集	恩泽	光绪年间	荆州	蒙古镶蓝旗	驻防
120	重修京口八旗志	驻防志	爱仁	光宣之间(有民国十六年抄本)	京口	蒙古正黄旗	进士
121	京口八旗志	驻防志	春元	光宣之间(有民国十六年抄本)	京口	蒙古镶红旗	举人
122	浙水宦迹诗抄	诗集	善广	光绪年间	京口	蒙古镶红旗	进士
123	浦江县志	方志	善广	光绪二十五年(1899)	京口	蒙古镶红旗	进士
124	殉难录	笔记	善广	光绪年间(1900年之后)	京口	蒙古镶红旗	进士
125	京师地名对	地名集	杏芬	光绪二十六年(1900)	京旗;京旗	蒙古镶白旗	闺阁

	著作名称	分类	作者姓名	成书年代	驻防地；任职地	旗籍	出身
126	柳营菅谣	文集	三多六桥	同治五年（1866）	杭州	蒙古正红旗	举人
127	可园杂纂	文集	三多六桥	同治五年（1866）	杭州	蒙古正红旗	举人
128	可园诗抄（并外集）	诗集	三多六桥	同治五年（1866）	杭州	蒙古正红旗	举人
129	库伦蒙俄卡伦对照表	地名表	三多六桥	宣统三年（1911）	杭州	蒙古正红旗	举人
130	道咸以来朝野杂记	笔记	崇彝	光绪十三年（1887）	京旗	蒙古正蓝旗	笔帖士
131	选学斋诗存	诗集	崇彝	宣统三年（1911）	京旗	蒙古正蓝旗	笔帖士
132	选学斋集外诗	诗集	崇彝	宣统三年（1911）	京旗	蒙古正蓝旗	笔帖士
133	选学斋书画寓目笔记	笔记	崇彝	民国十年（1921）	京旗	蒙古正蓝旗	笔帖士
134	选学斋书画寓目笔记续篇	笔记	崇彝	民国十年（1921）	京旗	蒙古正蓝旗	笔帖士
135	宜古堂诗集	诗集	崇彝	宣统三年（1911）	京旗	蒙古正蓝旗	笔帖士
136	汉碑杂咏	诗集	崇彝	宣统三年（1911）	京旗	蒙古正蓝旗	笔帖士

续表

	著作名称	分类	作者姓名	成书年代	驻防地；任职地	旗籍	出身
137	金石赏	金石集	万选	光宣年间	京口	蒙古镶白旗	驻防
138	火龙攻战略	方略	万选	光宣年间	京口	蒙古镶白旗	驻防
139	长文襄公自订年谱	谱录	长龄	道光二十一年（1841）		蒙古正白旗	笔帖士
140	长文襄公新疆善后奏疏	奏章集	长龄	光绪年间		蒙古正白旗	笔帖士
141	谕哲里木盟十旗兴学劝业文	奏章	锡良	宣统元年（1909）	山西	蒙古镶蓝旗	进士
142	琴鹤堂印谱	金石谱	继良	光绪二十七年（1901）	京旗	蒙古镶蓝旗	廪生；笔帖士
143	朔漠纪程	游记	博迪苏	光绪三十二年（1906）	京旗	蒙古正白旗	进士

参考文献

（一）基本史料

中国第一历史档案馆、中国社会科学院历史研究所译注：《满文老档》，
　　北京：中华书局，1990年。

钱实甫编：《清代职官年表》，北京：中华书局，1980年。

顾廷龙主编：《清代朱卷集成》，台北：成文出版社有限公司，
　　1992年。

《清实录》，北京：中华书局，1985年。

乾隆官修：《清朝通典》，杭州：浙江古籍出版社，2000年。

乾隆官修：《清朝通志》，杭州：浙江古籍出版社，2000年。

李洵等校点：《钦定八旗通志》，长春：吉林文史出版社，2002年。

鄂尔泰等纂修：《钦定八旗则例》，《四库未收书辑刊》北京：北京出
　　版社，2000年。

理藩院修：《理藩院则例》，呼伦贝尔：内蒙古文化出版社，1998年。

赛尚阿：《钦定回疆则例》，香港：蝠池书院出版有限公司，2004年。

穆彰阿等修：《嘉庆重修一统志》，《四部丛刊》本，上海：商务印书馆，
　　1934年。

阿桂修：《清朝开国方略》，台北：文海出版社，1967年。

明亮、纳苏泰等纂修：《钦定中枢政考》，《续修四库全书》第
　　八百五十三册，上海：上海古籍出版社，1995—2000年。

《钦定皇舆全图》，国家图书馆藏。

王钟翰点校：《清史列传》，北京：中华书局，1987年。

缪荃孙编，王兴康等整理：《续碑传集》，上海：上海人民出版社，
　　2019年。

赵尔巽:《清史稿》,北京:中华书局,1977年。

蒋良骐:《东华录》,济南:齐鲁书社,2005年。

祁韵士:《皇朝藩部要略》,台北:文海出版社,1965年。

西清:《黑龙江外记》,哈尔滨:黑龙江人民出版社,1984年。

何秋涛:《朔方备乘》,台北:文海出版社,1964年。

边疆政教制度研究会编:《清代边政通考》,重庆:蒙藏委员会,1939年。

石光明等编:《清代边疆史料抄稿本汇编》,北京:线装书局,2003年。

(二)方志

和瑛:《回疆通志》,台北:文海出版社,1966年

和瑛:《三州辑略》,早稻田大学藏清刻本。

汪廷楷等纂辑:《伊犁总统事略》,早稻田大学藏清刻本。

松筠:《西招图略》,拉萨:西藏人民出版社,1982年。

松筠:《西陲总统事略》,台北:文海出版社,1965年。

松筠:《钦定新疆识略》,台北:文海出版社,1965年。

《西藏研究》编辑部编辑:《西藏志　卫藏通志》,拉萨:西藏人民出版社,1982年。

黄沛翘:《西藏图考》,拉萨:西藏人民出版社,1982年。

富俊:《科布多政务总册》,《近代中国史料丛刊》第八十六辑,台北:文海出版社,1971年。

袁大化修,王树枏、王学曾等纂:《新疆图志》,《中国西北文献丛书》,北京:线装书局,2006年。

邵晋涵纂:《乾隆杭州府志》,《续修四库全书》,上海:上海古籍出版社,1995—2002年。

周家楣、缪荃孙编纂:《光绪顺天府志》,北京:北京古籍出版社,

1987 年。

高得贵修,张九征等纂:《镇江府志》,南京:江苏古籍出版社,
　　1991 年。

柏春:《南丰县志》,国家图书馆藏,同治十年刻本。

盛元:《南康府志》,《中国方志丛书》,台北:成文出版社,1970 年

国璋:《峡江图考》,光绪二十年上海袖海山房书局版。

希元、祥亨:《荆州驻防八旗志》,沈阳:辽宁大学出版社,1990 年。

张大昌辑:《杭州八旗驻防营志略》,台北:文海出版社,1971 年。

贻谷修:《绥远旗志》,沈阳:辽宁大学出版社,1994 年。

春光修:《京口八旗志》,沈阳:辽宁大学出版社,1994 年。

新柱修:《福州驻防志》,沈阳:辽宁大学出版社,1994 年。

黄曾成纂:《琴江志》,沈阳:辽宁大学出版社,1994 年。

长善等纂,马协弟、陆玉华点校注释:《驻粤八旗志》,沈阳:辽宁大学
　　出版社,1992 年。

（三）笔记、年谱、文集

罗密、博清额:《蒙古博尔济锦氏族谱》,《历史档案》,1996 年第 3 期。

博明:《凤城琐录》,沈阳:辽海书社,1931 年。

博明:《西斋偶得》,国家图书馆藏清刻本。

法式善:《清秘述闻三种》,北京:中华书局,1982 年。

法式善:《陶庐杂录》,北京:中华书局,1959 年。

松筠:《百二老人语录》,东洋文库本。

壁昌:《叶尔羌守城纪略》,苗普生编:《西北史地文献》第二辑,兰州:
　　兰州古籍书店,1990 年。

壁昌:《守边辑要》,张羽新主编:《清朝治理新疆方略汇编》第 13 册,
　　北京:学苑出版社,2006 年。

壁昌:《牧令要诀》,《官箴书集成》,合肥:黄山书社,1997 年。

壁昌：《兵武闻见录》，杨晏平主编：《清代军政资料选粹三》，北京：
　全国图书馆文献缩微复制中心，2002 年。

花沙纳：《滇轺日记　东使纪程》，北京：中华书局，2007 年。

锡珍：《奉使喀尔喀纪程》，中国社会科学院中国边疆史地研究中心
　编：《清末蒙古史地资料荟萃》，1990 年。

凤凌：《四国游记》，国家图书馆藏光绪二十八年印本。

延清：《庚子都门纪事诗》，台北：文海出版社，1975 年。

延清：《遗逸清音集》，上海：商务印书馆，1916 年。

徐一士著，徐禾选编：《亦佳庐小品》，北京：中华书局，2009 年。

杏芬：《京师地名对》，国家图书馆藏光绪二十七年刻本。

奉宽：《清理红本记》，台北：文海出版社，1976 年。

奉宽：《妙峰山琐记》，国立中山大学民俗学会，1929 年。

梦麟：《大谷山堂集》，民国九年嘉业堂刻本。

徐继畬：《徐继畬集》，太原：山西高校联合出版社，1995 年。

昭梿：《啸亭杂录》，北京：中华书局，1980 年。

徐珂：《清稗类钞》，北京：中华书局，1986 年。

陈康祺：《郎潜纪闻初笔二笔三笔》，北京：中华书局，1984 年。

陈康祺：《郎潜纪闻四笔》，北京：中华书局，1990 年。

中华书局编辑部：《清人考订笔记（七种）》，北京：中华书局，2004 年。

震钧：《天咫偶闻》，北京：北京古籍出版社，1982 年。

章梫：《一山文存》，北京：海文出版社，1963 年

朱彭寿：《旧典备征》，台北：文海出版社，1968 年。

魏源：《圣武记》，北京：中华书局，1984 年。

魏源：《海国图志》，光绪二十一年上海积山书局藏本。

龚自珍：《龚自珍全集》，上海：上海古籍出版社，1975 年。

沈垚：《落帆楼文集》，《续修四库全书》集部，上海：上海古籍出版

社,2002 年。

贺长龄、魏源等编:《清经世文编》,北京:中华书局,1992 年。

张穆:《蒙古游牧记》,台北:文海出版社,1965 年。

奎斌:《杭阿坦都统奏议》,台北:文海出版社,1987 年。

瑞洵:《散木居奏稿》,全国图书馆文献缩微复制中心,2004 年。

中国科学院历史研究所第三所工具书组整理:《锡良遗稿》,北京:
　　中华书局,1959 年。

盛昱:《八旗文经》,沈阳:辽沈书社,1988 年。

李放:《八旗画录》,《清代传记丛刊·艺林类》,台北:明文书局,1985 年。

铁保:《熙朝雅颂集》,沈阳:辽宁大学出版社,1992 年。

崇彝:《道咸以来朝野杂记》,北京:北京古籍出版社,1982 年。

孙殿起:《琉璃厂小志》,上海:上海书店出版社,2010 年。

徐松著,朱玉麒整理:《西域水道记(外两种)》,北京:中华书局,
　　2005 年。

梁启超:《中国近三百年学术史》,北京:东方出版社,2012 年。

王国维:《观堂集林》,石家庄:河北教育出版社,2001 年。

(四)目录类

恩华篡辑,关纪新整理点校:《八旗艺文编目》,沈阳:辽宁民族出版
　　社,2006 年。

李灵年、杨忠主编:《清人别集总目》,合肥:安徽教育出版社,2000 年。

孙殿起:《贩书偶记》,上海:上海古籍出版社,1999 年。

孙殿起:《贩书偶记续编》,上海:上海古籍出版社,1980 年。

黄润华主编:《国家图书馆藏满文文献图录》,北京:国家图书馆出
　　版社,2010 年。

北京市民族古籍整理出版规划小组办公室满文编辑部:《北京地区
　　满文图书总目》,沈阳:辽宁民族出版社,2008 年。

中国民族古文字研究会:《世界满文文献目录》,中国民族古文字研究资料丛刊,1980年。

西村元照编:《日本现存清人文集目录》,京都:东洋史研究会,1972年。

杨丰陌、张本义主编:《大连图书馆藏少数民族古籍图书综录》,沈阳:辽宁民族出版社,2006年。

（五）今人专著

［德］恩格斯:《反杜林论》,《马克思恩格斯选集》第三卷,人民出版社,1972年。

［苏］符拉基米尔佐夫:《蒙古社会制度史》,北京:中国社会科学出版社,1980年。

［日］若松宽:《清代蒙古的历史与宗教》,哈尔滨:黑龙江教育出版社,1994年。

［日］田山茂:《清代蒙古社会制度》,北京:商务印书馆,1987年。

［日］村上信明:清朝の蒙古旗人その実像と帝国统治における役割,风响社,2007年。

［美］Roger V.Des Forges（戴福士）:*Hsi-Liang and the Chinese National Revolution*, New Haven and London Yale University Press,1973.

萧一山:《清代通史》,上海:华东师范大学出版社,2006年。

金启孮:《满族的历史与生活》,哈尔滨:黑龙江人民出版社,1981年。

刘小萌:《满族的社会与生活》,北京:北京图书馆出版社,1998年。

刘小萌:《八旗子弟》,福州:福建人民出版社,1996年。

郑天挺:《清史探微》,北京:北京大学出版社,1999年。

包桂芹:《清代蒙古官吏传》,北京:民族出版社,1995年。

戴逸:《简明清史》,北京:人民出版社,1980年。

《满族简史》编写组编：《满族简史》，北京：中华书局，1979年。

宝玉柱：《清代蒙古族社会转型及语言教育》，北京：民族出版社，2003年。

马大正：《中国边疆研究论稿》，哈尔滨：黑龙江教育出版社，2002年。

马大正：《中国边疆经略史》，郑州：中州古籍出版社，2000年。

滕绍箴：《清代八旗子弟》，北京：中国华侨出版社，1989年。

定宜庄：《清代八旗驻防研究》，沈阳：辽宁民族出版社，2003年。

张永江：《清代藩部研究——以政治变迁为中心》，哈尔滨：黑龙江教育出版社，2001年。

乌云毕力格、成崇德、张永江：《蒙古民族通史》，呼和浩特：内蒙古大学出版社，2002年。

马汝珩、马大正主编：《清代的边疆政策》，北京：中国社会科学出版社，1994年。

孙喆：《康雍乾时期舆图绘制与疆域形成研究》，北京：中国人民大学出版社，2003年。

云峰：《蒙汉文学关系史》，乌鲁木齐：新疆人民出版社，1997年。

李细珠：《晚清保守思想的原型——倭仁研究》，北京：社会科学文献出版社，2000年。

张晋藩、郭成康：《清入关前国家法律制度史》，沈阳：辽宁人民出版社，1998年。

张力均：《清代八旗蒙古汉文著作家政治思想研究》，沈阳：辽宁民族出版社，2007年。

赵相璧：《历代蒙古族著作家述略》，呼和浩特：内蒙古人民出版社，1990年。

云峰：《蒙汉文化交流侧面观》，天津：天津古籍出版社，1992年。

白·特木尔巴根:《古代蒙古作家汉文创作考》,呼和浩特:内蒙古教育出版社,2002年。

春花:《清代满蒙古文词典研究》,沈阳:辽宁民族出版社,2008年。

乌兰其木格:《清代官修民族文字文献编纂研究》,沈阳:辽宁民族出版社,2010年。

吴丰培著,马大正整理:《吴丰培边事题跋集》,乌鲁木齐:新疆人民出版社,1998年。

郭丽萍:《绝域与绝学——清代中叶西北史地学研究》,北京:生活·读书·新知三联书店,2007年。

王希隆:《新疆文献四种辑注考述》,兰州:甘肃文化出版社,1995年。

《中国方志大辞典》编纂委员会:《中国方志大辞典》,杭州:浙江人民出版社,1981年。

周轩、高力:《清代新疆流放名人》,乌鲁木齐:新疆人民出版社:1994年。

达力扎布:《明代漠南蒙古历史研究》,呼和浩特:内蒙古文化出版社,1998年。

[美]龙夫威:《徐继畬及瀛环志略》,波士顿:哈佛大学出版社,1975年。

（六）今人论文

何晓芳:《清政府对蒙古族、汉族的民族统治政策》,《满族研究》,1986年第1期

卢明辉:《试论清初满族统治者对蒙、汉的政策》,《民族研究》,1985年第3期。

赵琦:《试论后金时期蒙古八旗的形成》,《内蒙古大学学报》,1997年第3期。

云峰:《清代蒙古族汉文创作及其儒学影响》,《中央民族大学学

报》,2004 年第 4 期。

佟佳江:《八旗蒙古在清朝的历史地位》,《黑龙江民族丛刊》,1999
　　年第 3 期。

傅克东、陈佳华:《八旗制度中的满蒙汉关系》,《民族研究》,1980
　　年第 6 期。

姚念慈:《略论八旗蒙古和八旗汉军的建立》,《中央民族大学学
　　报》,1995 年第 6 期。

聂晓灵:《试论蒙古族政治文化的形成》,《内蒙古民族大学学报》,
　　2003 年第 4 期。

张永江:《论清代八旗蒙古子弟的普通学校教育》,《烟台师范学院
　　学报》,1995 年第 3 期。

张永江:《清代八旗蒙古官学》,《民族研究》,1990 年第 6 期。

张永江:《八旗蒙古科举初探》,《内蒙古社会科学》,1989 年第
　　4 期。

张永江:《八旗蒙古与清代的武科及翻译科考试》,《内蒙古社会科
　　学》,1990 年第 1 期。

陈力:《试论清代八旗蒙古科举》,中国人民大学硕士研究生学位论
　　文,2007 年。

张丽梅:《试论皇太极对满汉文化的态度》,《满族研究》,2001 年第
　　4 期。

张杰:《清代八旗满蒙科举世家述论》,《满族研究》,2002 年第
　　1 期。

张佳生:《论八旗意识及产生条件》,《黑龙江民族丛刊》,2004 年第
　　6 期。

白·特木尔巴根:《论古代蒙古族作家汉文创作的社会历史背景》,
　　《内蒙古师范大学学报》,1999 年第 6 期。

李润强:《清代进士的时空分布研究》,《西北师范大学学报》,2005年第 1 期。

范丽君:《蒙古历史编纂学中的汉文化因素》,《内蒙古社会科学》,2006 年第 1 期。

王景译:《清初八旗内部的民族融合》,《北方文物》,2001 年第4 期。

蒙林:《绥远城八旗蒙古初探》,《内蒙古社会科学》,2000 年第6 期。

郑玉英:《试论清初八旗蒙古问题》,《辽宁大学学报》,1983 年第1 期。

成崇德:《清朝边疆统一论》,《清史研究》,1989 年第 2 期。

[日]村上信明:《清朝前期理藩院的人员构成》,《满族史研究》,2005 年 4 期。

[日]村上信明:《清朝中期蒙古旗人的自我认识》,《内陆亚洲史研究》,2005 年第 20 期。

[日]中村笃志:《清代蒙古旗人社会中太子的血统分支与属民所有》,山形大学《历史地理·人类学论集》,2005 年第 6 期。

梁国东:《清代重臣壁昌守边思想及其当代启示〈守边辑要〉》,《剑南文学(经典教苑)》,2012 年第 3 期。

吕玉良:《壁昌略论》,《新疆地方志》,1991 年第 4 期。

中见立夫:《关于〈百二老人语录〉的各种抄本》,《内陆亚细亚史研究》,2005 年 3 月第 20 号。

德彬:《松筠治藏研究》,中国人民大学博士研究生学位论文,1984 年。

纪大椿:《论松筠》,《民族研究》,1988 年第 3 期。

牛小燕:《论治边名臣松筠》,中央民族大学硕士研究生学位论文,

2006 年。

赵之恒:《理学家倭仁与咸同政局》,《清史研究》,1999 年第 1 期。

陈力:《八旗文状元——崇绮》,《北方文物》,2011 年第 1 期。

明月:《近代蒙古族状元崇绮》,《内蒙古社会科学(文史哲版)》,
　　1997 年第 04 期。

张永江:《关于瑞洵的几个问题》,《西北史地》,1990 年第 2 期。

康欣平:《有泰与清末西藏政局的演变》,《青海民族大学学报(社会
　　科学版)》,2010 年第 3 期。

馨庵:《〈有泰驻藏日记〉摘抄》,《中国藏学》,1988 年第 3 期。

王光磊:《晚清重臣锡良述评》,吉林大学博士研究生学位论文,
　　2009 年。

李绍先:《锡良与近代四川教育》,《文史杂志》,2004 年第 3 期。

徐建平:《总督锡良与东北边疆的开发》,《北方论丛》,2001 年第
　　6 期。

鄂嫩:《三多与清末库伦新政小议》,《中国边疆史地研究导报》,
　　1990 年第 5 期。

翟培佳:《三多与清末蒙古地区新政研究》,中国人民大学硕士研究
　　生学位论文,2009 年。

张力均:《清代八旗蒙古汉化初探》,内蒙古大学学报(人文社会科
　　学版),2006 年第 5 期。

张力均:《八旗蒙古人物的治边理念》,《内蒙古大学学报(哲学社会
　　科学版)》,2009 年第 2 期。

张力均:《清代八旗蒙古汉文著作家吏治思想初探》,《内蒙古社会
　　科学(汉文版)》,2007 年第 1 期。

张力均:《浅析清代八旗蒙古汉文著作家的民本思想及其实践》,
　　《内蒙古大学学报(人文社会科学版)》,2008 年第 1 期。

孙玉溎、陈胜利、高毅江《清代蒙古族作家汉文著作目录》,《内蒙古大学学报(哲学社会科学版)》,1985 年第 3 期。

王钟翰:《书〈道咸以来朝野杂记〉后》,《史学集刊》,1986 年第 1 期。

祁龙威:《读〈清秘述闻三种〉札记》,《扬州师院学报(社会科学版)》,1994 年第 4 期。

冯建民:《清代乡、会试考官的地域分布状况研究——基于〈清秘述闻〉》的统计》,《教育学术月刊》,2011 年第 11 期。

高近、靳焱:《〈三州辑略〉版本研究》,《伊犁师范学院学报(社会科学版)》,2010 年第 3 期。

张雁翔:《〈三州辑略〉之哈密史料研究》,新疆师范大学硕士研究生学位论文,2012 年。

白·特木尔巴根:《松筠和他的〈厄鲁特旧俗纪闻〉》,《内蒙古师大学报(哲学社会科学版)》,1983 年第 4 期。

贾建飞:《论松筠与晚清西北史地学的兴起》,《中国边疆史地研究》,2004 年第 1 期。

刁美林:《徐松为〈钦定新疆识略〉作者补证——兼谈清人的著作权意识》,《北方文物》,2013 年第 1 期。

白凤岐:《略谈博明的〈凤城琐录〉》,《满族研究》,1988 年第 3 期。

纳古单夫:《〈蒙古博尔济吉忒氏族谱〉作者及版本》,《内蒙古社会科学》,1988 年第 4 期。

纳古单夫:《〈蒙古博尔济吉特氏族谱〉版本述略》,《内蒙古社会科学》,1996 年第 1 期。

蓝勇:《近代三峡航道图编纂始末》,《近代史研究》,1994 年第 5 期。

蓝勇:《三峡最早的航道图——峡江图考》,《文献》,1995 年第

1期。

姜丽蓉：《三幅重庆府治全图的比较》，《中国古代地图集（清代）》，北京：文物出版社，1997年。

蓝勇：《古代重庆城市地图与重庆经济文化发展研究》，《面向新世纪的历史地理学：2000年国际中国历史地理学术讨论会论文集》，济南：齐鲁书社，2007年。

全莹、王阳阳：《清代后期柏葰在朝鲜活动述论——以〈奉使朝鲜驿程日记〉为中心》，《延边大学学报（社会科学版）》，2011年第5期。

王阳阳：《〈奉使朝鲜驿程日记〉初探》，延边大学硕士学位论文，2012年。

李鼎霞：《〈京师地名对〉及其作者巴哩克杏芬女史》，《文史知识》，2007年第8期。

森田宪司：《〈杏芬京师地名对〉索引》，《奈良大学纪要》，1980年。

戴鑫英（巴图）：《早期古文字学者——鲍氏父子》，《满族研究》，2003年第4期。

金启孮：《丰富多彩的清代蒙古文化》，中国蒙古史学会编：《中国蒙古史学会论文选集》，呼和浩特：内蒙古人民出版社，1980年。

佟佳江：《八旗蒙古在清朝的历史地位》，《黑龙江民族丛刊》，1999年第3期。

宝玉柱：《清代蒙古族社会转型中的羁縻政策：行政分割和政治分化》，《社会科学辑刊》，2003年第5期。

宝玉柱：《清代蒙古社会转型研究——后金及清初蒙古族地位及其语言文字》，《内蒙古民族大学学报（社会科学版）》，2003年第3期。

宝玉柱：《清代蒙古族学堂教育及其语言教育》，《中央民族大学学报》，2002年第5期。

杜家骥:《〈蒙古家谱〉增修者博清额之家世及该族〈蒙古博尔济吉特氏族谱〉、〈恩荣奕叶〉》,《蒙古史研究》,第七辑,呼和浩特:内蒙古大学出版社,2003 年。

傅克东、陈佳华:《八旗制度中的满蒙汉关系》,《民族研究》,1980 年第 6 期。

乌兰:《〈八旗满洲氏族通谱〉蒙古姓氏考》,《民族研究》,2011 年第 1 期。

调和儒家文化与西方文化的尝试

——浅论满族人德沛之哲学思想

德沛（1688—1752），字济斋，是庄亲王舒尔哈齐的四世孙，清代著名的理学家和经世官僚。生于康熙二十七年（1688），年少时不受爵位入西山读书，后被果亲王允礼推荐入朝。[①] 初授兵部侍郎。乾隆年间位至吏部尚书。乾隆十三年（1748）九月袭和硕简亲王爵。以疾退，乾隆十七年（1752）薨，年六十五，谥曰仪 [②]。德沛精通理学，在乾隆朝被称为"满洲理学第一人"。其所遗理学著作颇丰，有《周易解》八卷、《易图解》一卷、《实践录》二卷、《周易补注》十一卷、《鳌峰书院讲学录》一卷。他在担任闽浙总督期间还创办鳌峰书院，并亲自讲学，被时人称为"济斋夫子"[③]。令人不解的是，封疆大吏理学家德沛竟可能是秘密天主教教徒。陈垣先生通过考证德沛《实践录》的一些思想与天主教教义有暗合之

① 赵尔巽：《清史稿》卷二百十五《列传》二《诸王》一《德沛传》，中华书局，1976 年，第 8952 页。

② 北京图书馆编：《北京图书馆藏家谱丛刊·民族卷》第三十四册《玄烨谱录》，北京图书馆出版社，2003 年，第 592 页。

③ 王钟翰点校：《清史列传》卷二《宗室王公传》二《和硕简仪亲王传》，中华书局，1987 年，第 68—70 页。

处,证明其是耶稣会秘密信徒。① 方豪、钟鸣旦等天主教史研究者②以及台湾甲凯的《清初满洲宗室与天主教的关系》延续了陈垣先生的观点,仅知德沛对西学和天主教义有了解,从考察其思想与天主教契合的角度来证明德沛是教徒③,研究并没有太大的突破。恒慕义在《清代名人传略》中根据陈垣的研究认为德沛为基督教徒。另外还补充:"德沛约在1718年皈依了基督教,并在神父戴进贤(Ignaz Kögler)的主持下受洗入教。"④但没有说明受洗资料的来源,笔者推测恒慕义可能查阅了某些教会档案资料。由于前辈没有用确切的汉籍史料和西文教会史料证明德沛信教,因此有些学者并不肯定德沛信天主教。如王聿均在《评〈清初满洲宗室与天主教的关系〉》中就认为,没有确凿的受洗记录或其他资料可以证明德沛奉教。⑤ 另外,高兴璠、宋德宣、郑吉雄几位学

---

①《陈垣史学论著选》,上海人民出版社,1981年,第306—341页。原载于《辅仁学志》,第三卷第二期,1932年7月。

②方豪:《中国天主教史·人物传》,宗教文化出版社,第524—528页。钟鸣旦:《在中国基督教手册》(Nicolas Standaert: *Handbook of Christianity in China*,(volume 1:635-1800), Brill Academic Pub,2000 pages:446-447,475.)加州大学伯克利分校的梅欧金教授(Eugenio Menegon)在其博士论文《祖先、贞女与神父:帝国晚期闽东基督教的本土化》中提到了德沛(若瑟亲王,prince Jose),参见梅欧金(Eugenio Menegon):《祖先、贞女与神父:帝国晚期闽东基督教的本土化》,哈佛大学出版社,2009年,第129页。

③《南怀仁逝世三百周年国际学术讨论会论文集》,第55—60页。

④[美]恒慕义编,清史所清代名人传略组译:《清代名人传略》,青海人民出版社,1995年,第39、40页。

⑤《南怀仁逝世三百周年国际学术讨论会论文集》,第16—18页。

者对德沛的生平、著作和部分思想做了一些简要的介绍。[①]

　　总之，前人对德沛的研究并不系统深入，在德沛是否信教、信教的原因、他的宗教行为，以及他的理学思想和天主教思想的结合方面没有太大的突破。由于资料所限，德沛的信教原因不能确定，他的宗教行为资料也并不充足。因此本文主要考证德沛是否是天主教徒，进而讨论德沛的天主教信仰和传统儒家思想的互相调和与影响。

一、德沛信教考

　　关于德沛是否是天主教徒，笔者认同陈垣先生的观点："《圣教史略》所谓奉教之某宗室，圣名若瑟，其为德沛，似无疑议。"[②] 下面笔者就德沛的天主教教徒身份进行考证。

　　首先，从传教士的音译来看，和 Te-p'ei、Tepey 发音吻合的宗室只有德沛一人。1742 年，耶稣会天文学家宋君荣（Antoine Gaubil，1689—1759）把约瑟夫德沛（Joseph Tepey）称作具有皇家血统的天主教贵族（Prince）。[③] 查《爱新觉罗宗谱》，和苏努同辈的

① 高兴璠：《福存、德普及德沛》，张玉兴主编：《爱新觉罗家族全书》第七卷《文集述要》，吉林人民出版社，1997 年，第 131—134 页。宋德宣：《满族哲学思想研究》，辽宁大学出版社，1994 年，第 275—289 页。郑吉雄：《从经典诠释的角度论儒道〈易〉图的类型与变异》，《人文学报》第 24 期。

② 《陈垣史学论著选》，上海人民出版社，1981 年，第 340 页。

③ Antoine Gaubil, *Correspondance de Pekin, 1722-1759*,（Rensimon, ed.），Geneva：Droz, 1970, p553.

胤字辈宗室 ① 音为 tepey 的仅有德沛一人 ②。

　　其次,从个人经历和职官上来说,传教士笔下的"若瑟亲王"、"宗室 Tepei"(Prince Joseph Te-p'ei)与德沛的身份事迹基本一致。

　　在乾隆元年(1736)10 月 22 日,耶稣会传教士巴多明神父给本会杜赫德神父的信中提到了一位秘密信教的若瑟亲王。据他所言,这位若瑟亲王时任兵部尚书,在阴历三月左右批准了在雍正时受苏努一案牵累的苏努十六女(天主教徒教名罗莎莉)和其女婿复婚。当时乾隆禁止国人信基督教,但这位亲王还是批准了两人复合。"还好,兵部的一位尚书是基督徒(叫若瑟亲王,不是被流放的若瑟亲王 ③,是另一支系的,上边对他的信仰并不担忧)。这位主管和他的同僚们商量了这件事情,大家都认为没有必要奏报皇上,他们知道他的意愿,他们给他一份文书,敲上兵部的图章,凭此文书,他妻子就可以还给他。"④

　　据钱实甫的《清代职官年表》,当时任兵部尚书的是通智(雍正十三年八月乙酉[1735 年 10 月 4 日]至乾隆元年八月丁亥[1736年 9 月 30 日]任兵部尚书)。但是通智满洲是马佳氏,并非宗室,

① 巴多明神父说约瑟夫亲王和苏努同辈。参见《耶稣会士中国书简集》,第 3 集,第 16 页。巴多明神父致本会某神父的信,1724 年 8 月 20 日于北京。
② 《爱新觉罗宗谱》,学苑出版社,1998 年。
③ 指苏努的第十二子乌尔陈,笔者据《耶稣会士中国书简集》(第 3 集,第 31 页)和陈垣先生的苏努诸子表(《陈垣史学论著选》第 325 页)可知。
④ [法]杜赫德编,郑德弟、朱静等译:《耶稣会士中国书简集:中国回忆录》,大象出版社,2001 年,第 176 页。

亦非国戚①，不可能被传教士们称为亲王（prince）②，而德沛在雍正十三年（1735）五月，封镇国将军；八月授兵部左侍郎。乾隆元年（1736）七月从兵部左侍郎调为古北口提督③。宗室的身份、镇国将军的爵位可被传教士称为"Prince"，其在兵部侍郎任上时间也恰好与乾隆元年三月发生的苏努信教十六女复婚一事相符。因此若瑟亲王应为时任兵部侍郎的德沛，巴多明将官职错记为"兵部尚书"。

　　陈垣先生亦用职官证明："《圣教史略》卷四十叙苏努第三子苏尔金之奉教，谓苏努之从弟，苏尔金之堂叔，亦宗室贵胄，首先领洗，圣名若瑟。并注云，此人性好隐居，当时不甚知名，故圣教窘难时未被害，乾隆朝为浙江巡抚，又迁湖广总督，其妻子均领洗入教，此又一说也。其后叙乾隆时各省教案，又谓湖广有某宗室奉教，为苏努之从弟，勒什亨之堂叔，圣名若瑟，乾隆初年为该省总督，从容坐镇，不容属下地方官仇教，故较他省平安，此又一说也。……盖乾隆初年，以宗室为湖广总督者，只德沛一人，论其辈行，又正苏努

① 钱实甫：《清代职官年表》，中华书局，1980 年。
② 传教士一般把清朝宗室都称为 Prince。如苏努在雍正即位后由镇国公升为贝勒，其子也有封镇国公者，巴多明亦称其为亲王（Prince）。巴多明说："我所要谈的（中国）皇家血统的亲王们几乎都是直系皇亲。由于人数太多，与皇帝关系疏远的就被贬低，甚至一无所有了，没有和他们出身相适应的头衔，也没有职位，所以有同一血统的亲王们的地位是大不相同的。……所有血统亲王无论有无爵位都佩戴这跟黄色腰带，如果他们无钱置办符合他们血统出身的排场的话，他们往往这根黄色腰带藏起来。"（《耶稣会士中国书简集》，第 3 集，第 3 页）从神父的话中可看出，欧洲传教士们所称的亲王（Prince）一般指黄带子，也就是宗室。无论有无头衔，爱新觉罗家族显祖塔克世以下的男性成员均被传教士称为 Prince。笔者认为，Prince 译为宗室或皇室男性成员比较合适。
③《清国史》第五册《宗室王公》卷四，嘉业堂钞本，第 55 页。

之从弟也。惟德沛以乾隆二年任湖广总督,六年始以闽浙总督兼理浙江巡抚,与《圣教史略》先为浙江巡抚之说,微有不符,然此可认为《圣教史略》之误译也。"①

　　1738 年来华,1752 年任南京主教的传教士小南怀仁(Gottfried von Laimbeckhoven,1707—1787)也提到了保护湖广地区的某位信教宗室:"在乾隆初年宗教迫害时期(约 1736—1741),湖广的教民享有特殊的地位。事实上,这里是帝国中唯一的教民可以安详生活的地区。"小南怀仁认为:"……原因之二就是当地总督宗室(Prince)约瑟夫－德(Joseph Te),虽然拥有皇室血统,但是位秘密天主教徒。"②1741 年,多明我会福建主教白多禄还提到了"若瑟亲王(Prince Jose)已经到达了福建省这里,在这位若瑟亲王的庇护下我们传播福音才有些许的自由"③。德沛在乾隆二年(1737)至乾隆四年(1739)任湖广总督④,与小南怀仁和白多禄所说基本相符。在另外一封信(1749)中,他说:"还记得宗室约瑟夫德沛(Prince Joseph Te-p'ei)吗,是他们(福建教民)的前任总督,现在担任吏部副部长的重要职务。福建的教民们不幸地要为一位中国牧师担负他去北京的旅费。这位叫保罗(Paul Su)的中国牧师认识那位亲王(Prince)⑤,为了保护教民们的安全他去了北京与亲王交涉。

① 陈垣著:《陈垣史学论著选》,上海人民出版社,1981 年,第 329、330 页。
② LAIMBECKHOVEN :"Dritter Brief…" loc cit.
③ 多禄写给天主教新塞哥维亚总教区主教 Juan de Arrechedera 的信 1741年 1 月 12 日 ASPR China volume. 14 f8ov{ASPR :Archivo de la provincia del santo roario〔Archives of the Dominican province of the holy Rosary, manila and avila〕}
④《清国史》第五册《宗室王公》卷四,嘉业堂钞本,第 56 页。
⑤ 德沛于乾隆十三年九月袭和硕简亲王爵,故此处 Prince 译为亲王较为合适。

像以往那样谨慎,亲王拒绝接待神父,因为他怕这会暴露了他是秘密天主教徒的事实。"①德沛在乾隆四年(1739)至七年(1742)期间任闽浙总督,七年(1742)调任两江总督,八年(1743)二月调京任吏部右侍郎。十一年(1746)任吏部左侍郎,十二年(1747)十二月擢升为吏部尚书,十三年(1748)七月因病解任。②传教士叙述的大概是一两年前发生的事情,所以小南怀仁所说吏部副部长(侍郎)的职位和当时德沛吏部尚书的职位略有出入,不过传教士们勾勒出的若瑟亲王的升迁履历和德沛的经历基本相符。

　　另外,巴多明在谈及苏努与宗室约瑟夫(若瑟)见面一事时提到了此人的受洗时间:"老亲王的大儿子尽了他一切力量,但是成效甚微,进展很慢,他打算要另一位亲王协助他。那位亲王在北京秘密受了洗,那时保禄亲王外出打仗去了;③那位亲王叫约瑟夫,他的福晋叫玛丽亚,他的女儿叫波拉。约瑟夫亲王深居简出,为人师表,他对基督教很了解,很郑重其事地讲授基督教理,老亲王的儿子们称他为叔叔,因为从清朝奠基皇帝算起,他和他们的父亲是同辈的,他的年龄和身份在老亲王的眼中有着子侄们不可与之相

---

① MIRALTA, Memorie Occorrenze del1749. Macao, Dec.23,1749ACP
SOCP 1748-50 I.f.687.转引自约瑟夫・卡尔:《中国传教遭遇危机:小南怀仁主教及其时代1738—1787》,宗座额我略大学出版社,1964年,第52页。
(Joseph Krahl :*China missions in crisis : Bishop Laimbeckhoven and his times,1738—1787*, Gregorian University press, Page 52.)
②《清国史》第五册《宗室王公》卷四,嘉业堂钞本,第57页。
③ 即康熙五十七年至康熙六十一年皇十四子出兵青海驱准保藏(书注)。皇十四子胤禵出征在康熙五十七年(1718)十二月。苏努十子书尔陈(苏尔臣)随军出征。《清圣祖实录》:"康熙五十七年十二月乙卯,抚远大将军允禵率兵起程。上命内阁大臣颁给大将军敕印于太和殿,其出征之王贝子公等以下俱戎服……大将军允禵望阙叩首行礼,肃队而行。"《清圣祖实录》第三册,中华书局,1985年,第756页。

比的说服力。"①

　　本页注释中说约瑟夫亲王是索额图,但是根据前文传教士的记述,苏努之子苏尔金在康熙四十六年(1707)才了解天主教,② 而索额图在康熙四十二年(1703)死亡。③ 因此和苏努谈论天主教教义的不可能是索额图。故此处可能翻译有误,约瑟夫亲王应该是"宗室约瑟夫"。此外,从文中可知,约瑟夫信教的时间应在1718年(康熙五十七年),即保禄亲王(苏努十子书尔陈)随十四阿哥胤禵出征时。这也与恒慕义根据教会档案资料所确定的德沛受洗时间一致④。约瑟夫"深居简出,为人师表"的个性,也与德沛为人谦逊低调、学识渊博、清廉正直的特点相同。"王讳德沛,郑庄亲王之裔也。少应袭公爵,王让其弟,己入西山读书。……后屡任封疆,不名一钱,每到处,务立书院,聚徒讲学。"⑤

　　再次,从约瑟夫亲王的著作数量内容上来看也与宗室德沛的著作的数量、内容相近。小南怀仁及其同僚对德沛褒贬皆有 :"使德沛(Te-p'ei)皈依天主教的耶稣会士们称这位宗室(Prince)是一位好天主教徒。尽管除了他的妻子和仆人外,没有人知道他皈依了(因为某种显而易见的原因,他不愿意泄露教徒身份)。这位宗室(Prince)宣称,他从来没有忽略每天早晨的冥想,也从未违背十戒中的任何一戒。一位叫苏保罗(Paul Su)的中国牧师偶尔会前来拜访,为其举行圣餐仪式。此宗室(Prince)以他的学问和渊

①《耶稣会士中国书简集》,第 3 集,第 16、17 页。
②《耶稣会士中国书简集》,第 3 集,第 187 页。
③ 中国第一历史档案馆:《康熙起居注》,中华书局,1993 年,第 1994 页。
④ [美]恒慕义编,清史所清代名人传略组译:《清代名人传略》,第 39 页。
⑤ 昭梿撰,何英芳点校:《啸亭杂录》,中华书局,1980 年,第 37 页。

博的学识写了两部书。① 在书中,他向他国家的士大夫证明了上
帝的存在和灵魂的永恒。耶稣会士们包括小南怀仁都赞赏这两本
书。其他传教士在书中看到了错误,并认为它们不值得被称为基
督教徒的著作,应当被烧掉。这位皇亲(Prince)以沉稳和公正处
理国政,因而甚至连异教徒们也称之为"圣人"。然而,他利用很大
的职权谨慎地支持着天主教及传教活动。在其管辖的教区中有这
样一位"教民",小南怀仁预见,一旦北京的天空放晴一些(朝廷对
传教活动有些许宽容的话),其使徒工作将会有巨大的成功。② 如
前述德沛的著作包括《周易解》《易图解》《周易补注》《实践录》、
《鳌峰书院讲学录》这几种,其中主要论述他的宇宙观和伦理观的
两部著作是《实践录》和《鳌峰书院讲学录》。这两部著作中多次
提及造物及人之灵性不灭,和天主教独有的辟妄说(即反对佛教),
将天主教的一些哲学和传统理学的观念杂糅起来,把传统的格致
之学和西方近代科学结合,却只字未提自己信仰天主教(笔者后面
会详细论述)。这种把西方哲学信仰中国化的书难怪有些传教士
不能接受。小南怀仁提到的两本书很可能就是《实践录》和《鳌峰
书院讲学录》。德沛的《实践录》被传教士献给法王,书上盖有法国
皇家图书馆的徽章,现藏巴黎国家图书馆。③ 无独有偶,《实践录》
竟然也传播到了俄罗斯。著名的俄国汉学家列昂季耶夫作为俄
国东正教第三届驻北京传教士团学员,1743 年来华学习满文和汉

---

① 应该是《实践录》和《鳌峰书院讲学录》。笔者注。

② 约瑟夫·卡尔:《中国传教遭遇危机:小南怀仁主教及其时代 1738—1787》,
　宗座额我略大学出版社,1964 年,第 16 页。

③ 德沛:《实践录》,载于钟鸣旦等人编《法国国家图书馆明清天主教文献》
　第十二册,台北利氏学社,2009 年。书据法国国家图书馆馆藏《实践录》
　影印。

文,曾在宫廷中作为满语通译和俄罗斯文馆教员。据阎国栋先生考证,他曾把德沛的《实践录》翻译成俄文,书名为《德沛是汉人》。在书的序言中,他这样介绍德沛:"德沛是信仰灵魂不灭论的伟大理学家。"[1] 德沛很可能因为天主教信仰与身为东正教教徒的列昂季耶夫熟识。传教士们对约瑟夫亲王信仰的描述与德沛的思想非常契合,加上前面已证明德沛秘密教徒的身份,足以证明德沛信仰天主教。

二、德沛之天主教信仰对其理学思想之影响

(一)上帝造物说、灵肉二元论与气理心性学说相结合

在天主教观念中,"上帝"为万事万物的创造者和准则,而德沛将此观念与传统理学中解释万物产生的气理学说相结合,将上帝比作"太极"、"天理"为万事万物之本源,而其质料即传统的阴阳二气。"天地万物皆有之阴阳者,质也。有形有体者,模也。其所司者,为也。造之者,乃造物。其成局腹蒿,在造物之中也,造之者为本,太极也。"[2] 德沛认为造物(上帝)先于阴阳二气,造物以阴阳为质料而生成万物的观点,类似于朱熹的理先气后、理气生万物的客观唯心主义理论,[3] 但德沛此言其实与天主教的上帝

---

① 阎国栋:《俄罗斯汉学三百年》,学院出版社,2007年,第30页。

② 德沛:《实践录》,第124、125页。

③ "天地之间,有理有气。理也者,形而上之道也,生物之本也;气也者,形而下之器也,生物之具也。未有天地之先,毕竟也只是理。有此理,便有此天地;若无此理,便亦无天地,无人无物,都无该载了。"朱熹:《晦庵先生朱文公文集》第28册,上海书店,1989年,第5页。朱熹著,黎靖德编,王星贤点校:《朱子语类》卷一,中华书局,1986年,第2页。

造物说并不完全一致。因为天主教讲上帝造物只论其造出了有形的无形事物,不论具有阴阳二属性的质料。可以说德沛的宇宙生成说的基础还是朱熹的气理学说,只是将天理的概念换成了上帝而已。

德沛对于人之起源及人性的认识则是结合了上帝造人灵肉二元论和理学之性理气质学说,形成了其大体小体学说。

首先,关于人之起源,德沛认为人的身体是阴阳二气所成的,而其之所以为人,是因为神赋予了人心神赋性灵之魂(神性),魂灵居于心中是为大体、天命之性,是至纯至善的灵性。而阴阳二气形成的是为小体,影响人的愚钝聪敏之禀赋,与大体之灵性无关。"受阴阳之精气者为物,合灵明神性之魂于躯壳者为人。以余所见,魂乃性之灵,一身之主宰,自当居中宫之心也,具阴阳气质以有体,体受神赋性灵之魂而为人也。若夫人之愚钝聪敏者,则躯壳小体之随气质水土之厚薄,五脏经络之清浊,不关灵性大体也。"①

其次,关于人性论,德沛认为人包含大体与小体两种属性。大体是为天命之性,受之于天,居于心,至善纯洁,无私无邪。小体为阴阳精血所成,是为躯壳,包含人欲私心。

> 天命之性者,非如万物、阴阳寒热、燥湿、上下之性。乃推名格物至善之灵性也。②

> 灵性者何? 天命与吾人之大体也。……夫大体之灵性,禀天之命,大公而无私,纯善而无恶者也。小体者,感阴阳之精血所成,五官躯壳也。生育虽传继之正道,然必发自欲情,故所欲

---

① 德沛:《实践录》,第113页。
② 德沛:《实践录》,第98页。

者欲,所殉者私。纵欲与私,又何善者有哉? 学者务先立天命与我人之灵性大体,勿为阴阳精血所成躯壳之小体一毫所夺。①

大体与小体的差别在于:其一,天命之大体可以明辨万物,明道德忠信向善,是为人的社会属性,而小体只有、耳目、口腹、色淫之欲,是为人的自然属性。

《经》孔子云:天地之性人为贵,贵其异于万物也。性乃出乎阴阳之上,不睹不闻,灵明辨物。出乎阴阳之上者,以阴阳不能知灵性,灵性能知阴阳也。小体所欲者为私,所向者为恶。②

其二,大体不随阴阳消长,随着年龄增长日益增强,吉凶能自主(变好变坏个人可以把握),志立不可夺,具有超时空的永恒性;而小体躯壳随阴阳消长,易生病损伤,吉凶不能自主(个人不能主导身体的好坏,只能影响)。"小体阴阳可损,吉凶不能自主。大体则不然,阴阳不能损,阴阳不能足,当否不随阴阳,而由吾自适,吉凶能自主,志立则不可夺。所嗜者,仁义忠信乐善不倦。"③"而大体之灵性之贵又不似小体随阴阳之消长。大体之学随年而俱进。"④

如果大体不思考善恶,明辨是非,抑恶扬善,终将被小体所夺。因而要发挥上天赋予的至善灵性大体,节制小体所带人欲。大体和小体亦为判断人德行之标准,立大体者为大人,大体为小体所夺者为小人。

---

① 德沛:《实践录》,第 99 页。
② 德沛:《实践录》,第 106 页。
③ 德沛:《实践录》,第 108 页。
④ 德沛:《实践录》,第 110 页。

　　大体若不思,不免为小体所夺。此乃夺之小者。更有大于是焉,既不先立其天命与吾人灵性之大体,已为躯壳之小体所夺者,无所不为也,唯有人欲不知天良。以佳言善行,反为非礼而不仁。①

　　总之,诸恶皆因躯壳小体而起建,故为小人也。养灵性天命之大体,不为躯壳小体所夺,而为大人者,唯有天良,不参人欲,则知道德。②

既先立其大者,则其小者如何能夺,自然而为大人也。③

　　具体而言,人要保持天命之性就必须要慎独,因为上天无所不察。

　　人之灵性,虽不睹不闻,其隐微非阴阳所能辖,然造物无声无臭之上天,监临洞察,莫现莫隐,而无遁情。虽在迩室屋漏之独,可不慎乎?④

　　从德沛的人之起源论和大体小体论中可看出,德沛所说阴阳二气和神赋性灵之魂构成人的看法,其中暗含着上帝以泥土造人,通过给予亚当气息把魂灵(神性)赋之于人的教义。他认为的神赋之灵性大体实际上暗含着上帝赋予人之神性,而躯壳之小体则暗指肉欲。存大体而抑小体,大体终不为小体所夺,实际上也与天主教的崇人之灵性、神性而贬肉欲的禁欲主义暗合。

---

① 德沛:《实践录》,第101页。
② 德沛:《实践录》,第102页。
③ 德沛:《实践录》,第103页。
④ 德沛:《实践录》,第105页。

　　然而德沛关于人的二元属性依然是建立在程朱理学天命之性与气质之性学说的基础之上的。下面就将程朱理学的性理气质学说与德沛之大体小体学说作比较,以理清德沛思想之源头。朱熹认为性即理,是天理赋予人的精神道德属性,也是天理在人身上的投射。

　　　　性者,人之所得于天之理也;生者,人之所得于天之气也。
性,形而上者也;气,形而下者也。①
　　　　性者人之所受乎天者,其体则不过仁、义、礼、智之理而已。②

　　天命之性是受之于天的向善性,是人的社会属性,即德沛所言"天命之性、大体"。而除天命之性外,人亦有气质之性。气质之性由张载提出,由朱熹继承。气质之性是阴阳二气所形成的人之形体所带有的属性,主要为"气"所构成,其中也夹杂着"理"。气质之性本来夹杂着人欲,但由于其中也包含着"理",故受天命之性的影响。气质之性有清浊之分,清为接近天理之至善特性,浊即为存有人欲私心之阴暗面。③ 人要提高自身的道德修养,符合天道,必

①　朱熹:《四书章句集注》卷十一《告子章句上》,中华书局,1983 年,第 325 页。
②《近世汉籍丛刊·思想三编》,中文出版社,1977 年,第 31 页。
③　张载言:"形而后有气质之性,善反之则天地之性存焉。故气质之性,君子有弗性者焉。"(张载著,章锡琛点校:《张载集》,中华书局,1985 年,第 23 页)二程曰:"论性不论气,不备;论气不论性,不明。二之则不是。"(《二程遗书》卷六,第 139 页)朱熹云:"论天地之性,则专指理言;论气质之性,则以理与气杂而言之。未有此气,已有此性。气有不存,而性却常在。"(《朱子语类》卷四,第 70 页)"天命之性,非气质则无所寓。然人之气禀有清浊偏正之殊,故天命之正,亦有浅深厚薄之异,要亦不可不谓之性也。"(《朱子语类》卷四,第 72 页)"禀气之清者,为圣为贤,如宝珠在清水中;禀气之浊者,为愚为不肖,如珠在浊水中。"(《朱子语类》卷四,第 73 页)

须"存天理,去人欲",发扬自身的天命之性,同时养浩然之气,提升自身的气质之性。

德沛所言禀阴阳精血所成之小体,影响人的智力、体质等非道德性禀赋,即可视作气质性性。不同之处在于,德沛之小体虽然可受大体的影响,但是包含着私心和人欲是不向善的,而张载之气质之性则包含清浊(善恶)两种成分,亦可受天命之性的改变。

理学的"天命之性、气质之性"与德沛"大体、小体"学说在概念上关联与区别如下表所示:

表1　"天命之性、气质之性"与"大体、小体"之关联

	天命授予之性	阴阳二气所成之性	实践主张
张载	天命之性: 上天之理在人心之映射、至善无恶	气质之性: 阴阳二气所成,亦夹杂"理",受天命之性影响有清、浊之分	孟子之"养浩然之气"
二程	天命之性	气质之性	发浩然之气,灭私欲则天理明矣
朱熹	天命之性: 上天之理在人心之映射、至善无恶、主要指"仁、义、礼、智"之伦理道德	气质之性: 阴阳二气所成,亦夹杂"理"受天命之性影响 有清、浊之分禀气之清者,为圣贤;禀气之浊者,为愚不肖	养浩然之气、存天理去人欲
德沛	天命之大体: 受之于天出乎阴阳之上,不睹不闻,灵明辨物,纯善无邪,吉凶能自主	阴阳精血之小体: 阴阳精血所成,不包含"理"。包含私心人欲,吉凶不能自主	养其大体,不为小体所夺

另外,德沛之大体、小体也类似于程朱理学家解释的道心、人心。《尚书·大禹谟》言:"人心惟危,道心为微,惟精惟一,允执厥

中。"① 本意为人的道德之心(社会属性)是幽微难测的,而人心(自然属性)是危险的,只有一心一意,秉持中正之道,将道心和人心统一起来,才能治理好国家。而此言被二程、朱熹重新解释。程颐认为:"道心即良心,放其良心则危矣。"② 他以天理人欲对应道心人心,并完全否定人的私欲,认为"人心,私欲故危殆。道心,天理故精微",并由此提出"灭私欲则天理明矣"的主张。③ 而朱熹则认为道心是听命于天理,保持中正的人心。朱子曰:"道心"、"人心"不是两个"心","只是一个心,知觉从耳目之欲上去,便是人心;知觉从义理(即仁义礼智)上去,便是道心",④ 而"惟精惟一,允执厥中"即"守其本心之正",避免流于人欲,使人心听命于道心。"道心是天理,为"天命之性";人心则为天理与人欲相杂的"气质之性",有善有恶,故需"革尽人欲,复尽天理"⑤。德沛所言"灵性,天命之大体,纯善无恶"似程子之言"存天理之道心即良心",朱子之"义理之心即道心";德沛所言"阴阳之精血所成躯壳之小体,所欲者为私"似程子所言"人心,私欲故危殆",朱子之"知觉从耳目之欲上去,为人心";德沛之"立天命之大体不为小体所夺"即程朱之"存天理,去人欲"。德沛在《实践录》的结语中将"人心惟危,道心为微,惟精惟一,允执厥中"视为"先圣之道",称其为"存大体之本"⑥。可见德沛之"得之天命之大体是为道心,而含人欲之小体是为人心"的思想也源自程朱理学。

---

① 孔安国注,孔颖达疏:《尚书正义》卷第四《大禹谟》,北京大学出版社,第112页。

②《二程遗书》卷二一,第330页。

③《二程遗书》卷二四,第371页。

④《朱子语类》卷七八,第1989页。

⑤《朱子语类》卷十三,第225页。

⑥ 德沛:《实践录》,第134页。

　　"大体、小体"在内涵上延续了"道心、人心"的概念如表2所示：

表2　　"道心、人心"与"大体、小体"之关联

	社会属性	自然属性	实践主张
《尚书·大禹谟》	道心：道德之心	人心：私欲	惟精惟一，允执厥中
二程	道心即良心 道心，天理故精微	人心，私欲故危殆	灭私欲则天理明矣
朱熹	知觉从义理上去，便是道心 天命之性	知觉从耳目之欲上去，便是人心 气质之性	革尽人欲，复尽天理
德沛	得天命之大体	含人欲之小体	养其大体，不为小体所夺

　　除了大体、小体学说继承了程朱之性理学说之外，德沛关于心性的说法基本延续了程朱理学的心性之说，只不过将程朱所言的天理所赋之天命之性替换成神赋灵性之魂。在心之外加入了"脑"这一概念。

　　朱熹认为，心统性情。心是接受天理之媒介，天理在人心中化为人性。心也是神明之舍，身之主宰，人性通过心来控制身体，发出"仁义礼智"四端，便是感情。性为心之本，即为体，情乃心所发，即为用。[①]而德沛则认为心是灵性所居之处，为身之主宰，灵性（大体）通过心作用来主宰人的行为感情："夫心乃一身主宰，为性之宫，非血肉之心。能主宰一身，实居心宫之灵性为之主宰也。

————————
[①]"理在人心，是之谓性。性如心之田地，充此中虚，莫非是理而已。心是神明之舍，为一身之主宰。性便是许多道理，得之于天而具于心者。""性是心之道理，心是主宰于身者。四端便是情，是心之发见处。""性、情字皆从心，所以说心统性情。心兼体用而言。性是心之理，情是心之用。"（《朱子语类》卷九八，第2514页；卷五，第92、93页）

灵性者何？天命与吾人之大体也。以心为性者，如人称君曰朝廷，非朝廷能主宰天下，居朝廷之君主之也。"① 他认为除心性之外，脑掌控了人之记忆。"人之记含在脑，如思遗忘之事，或仰顶或搔头，不期而然，只在脑之左右。"② "体之受性也，心为性之宫，脑为性之库，五官性之四门也。"③ 这实际上还是未摆脱程朱的心性之说，只是受了传教士影响添加了西方解剖学发现的脑与人的记忆功能相关联而已。

最后，从概念借鉴上看，德沛之大体小体之学说亦脱胎于孟子的大人、小人之辨。孟子大人、小人论成为后来理学家提出天理、人欲概念之基础。孟子认为人的天性（大体）是善的，只是因为耳目之类的人类躯体（小体）为外物所诱惑，产生人欲，最终蒙蔽存有天性的人心，使人沦为道德沦丧小人。"耳目之官不思，而蔽于物。物交物，则引之而已矣。心之官则思，思则得之，不思则不得也。此天之所与我者。先立乎其大者，则其小者不能夺也。此为大人而已矣。"④ 所以，孟子才说："从其大体为大人，从其小体为小人。"这句话后来也为德沛所引用。从前文的分析中亦可见，德沛所说之天授大体与阴阳精血之小体和孟子之大体小体概念基本一致，只不过天授大体中融入了天主教神性之内涵。

总之，德沛的人之起源论虽暗含着上帝造人赋之神性的教义，但却未脱离程朱理学之阴阳二气合为人，天理化为人性的观点。德沛的大体可视为天命之性、道心，小体可视为"气质之性"、"人心"，而其"养其大体，终不能为小体所夺"，实际上也就是程朱理学

① 德沛:《实践录》，第99页。
② 德沛:《实践录》，第114页。
③ 德沛:《实践录》，第114页。
④《四书章句集注》卷十一《告子章句上》，第335页。

之"存天理去人欲"。大体小体观脱胎于孟子的大人小人论与程朱理学的性理气质学说,其心性之学在程朱理学的基础上略作修改。从中我们也可以看出,源之于孟子大人小人论和程朱之性理学说的德沛大体小体学说是从性善论角度出发的,与天主教从原罪性恶论角度出发的灵肉二元论有着根本的差别。

(二)传统的格物致知理论与西方近代科学思想相结合

程朱提出的"格物致知"强调,通过对天地万物的观察来掌握天理和万物之寓意,因而其观察对象都是大自然中的各种现象。"格物致知,穷尽天理"与促进西方近代科学发展的天主教"通过认识万物来认识上帝"的精神和方法是相通的。故传教士才能够顺利地将西方近代自然科学知识传入中国,理学家们也因此得以借鉴西方近代科学拓展自己之格物之学。信仰天主教的德沛也正是如此,他秉持对天理和上帝的探究精神把格致之学和近代科学统一起来,将西方传教士带来的近代科学经验知识引入到其格致之学当中。他认为格致诚正为本,是达到修齐治平的方法和途径;修齐治平为末,是格致诚正的最终目标,最终要达到人之五伦符合神道设教之天伦,止于至善的境界。"格致诚正为太极,为中、为本,为先、为始。修齐治平为和,为末,为后,为终也。天有四时,人有五伦。天之神道,四时不忒。故天地位而万物育。圣人神道设教,五伦中节,则天下服。修齐治平,备于五伦矣。"[①]

德沛的格致之学主要用西方的自然科学知识来重新解释一些被先儒误解的神秘现象,或重新阐发对经典章句之理解。下文通过德沛著作中的一些具体的事例来分析德沛的格致之学。

第一,德沛运用近代科学地圆学说解释《伏羲六十四卦方圆

---

① 德沛:《实践录》,第 131 页。

图》(也就是邵雍的《先天八卦图》)。他反对朱熹将《先天八卦图》中的方图放在圆图之外的学说,认为"方图自在大圆图之内,何得分方圆为二图"①。德沛先以古人的浑天说来解释其新见解:"浑天说曰:'天之状如鸡卵也,地似卵黄,故天包乎外,地居其中,则气充塞其间。包裹地于正中,使之寂然不动。'"接着又重新解释了邵雍提出的"天圆地方"学说:"盖圆主动,方主静,天动而地静也。地图方者乃言其德方,非言其形方也。故坤卦文言曰:'至静而德方。'方乃形容其静而不动之一。地形若果方是有方隅之物也。则须有前后左右,虽亿万里终有尽边之处。然未闻地有尽处者,可见其形体之浑圆也。今验月蚀,地影之圆亦可知矣。"②从中可看出德沛已经了解到月食的成因,并用月食是地球圆形阴影遮挡而成来验证地圆说,以此来反驳传统的"天圆地方"论。邵雍运用《先天八卦图》外部环形六十四卦和内部方阵六十四卦来表示"天覆地,地载天,天地相函"③,以解释其"天圆地方"学说。而德沛却用西方的地圆说和地心说来解释《先天八卦图》,提出"地图方者乃言其德方,非言其形方也"的新观点,不可不谓中西思想结合的创新之举。他的理论雏形源于在华传教士南怀仁所著的《坤舆全图》和《坤舆图说》。④《坤舆图说》言:"夫地与海本是圆形,而合为一球,居天球之中。诚如鸡子黄在青内。有谓地为方者,乃语其定而不

---

① 德沛:《易图解》,《续修四库全书》,上海古籍出版社,2002年,第685页。
② 德沛:《易图解》,《续修四库全书》,第685页。
③ 邵雍:《皇极经世》,《观外物篇》,中州古籍版社,1993年,第336页。
④《坤舆全图》是南怀仁于1746年利用最新的测绘知识完成的世界地图。其中亦介绍了当时较新的地圆学说、地震成因等理论以及各大洲的人文地理。《坤舆图说》一书是它的解说。《坤舆图说》的文字内容比《全图》的内容更丰富。笔者将早稻田大学藏《坤舆全图》(1860年咸丰庚申年重刊本)对照《坤舆图说》内容后,仅引用《图说》的文字资料。

移之性,非语其形体也。"① "世谓天圆而地方,此盖言其动静之义、方圆之理耳,非言其形也。"② 接着南怀仁又用月食影为原形证明了这一观点。"地水同为一圆球,以月食之形可推而明之。夫月食之故,由大地有日月之间,日不能施照于月,故地射影于月面,亦成圆形,则地为圜可知。"③ 南怀仁的第三个依据则是日月星辰在地球各个角落不同时出现的现象说明各地不在同一水平线上。"日月诸星,虽每日出入地平一遍,第天下国土,非同时出入。盖东方先见,西方后见,渐东渐早,渐西渐迟。"④ 德沛"地圆说"的类比描述和论证方式都与南怀仁的论述很相似。南怀仁之《坤舆图说》第一版于康熙十三年刊行⑤,对西学感兴趣的德沛生前很可能接触过此书。可见德沛的知识来源,但他用地圆说解释易学,推翻前人观点却是独树一帜。德沛不因循前人旧说,敢于接受新知识、质疑理学权威朱熹,这种客观公正、不迷信权威、敢于质疑的精神是难能可贵的。

第二,德沛也在《鳌峰书院讲学录》中详细解释了日食、月食生成的原因。他讲道:"日之食也,每在朔日,乃月在日前,月体遮住日光之故。月体不及日十分之一,故日食多不全亏。然亦有时食既者,譬如以尺许之物,持障目前,则数丈之物,皆为尺许之物遮蔽。月近日远,厥由此也。月之食也,每在望日,乃月与日正对之夕,为山河大地之影所隔,故月食而无光。至于日食,年有数次,

①［比］南怀仁:《坤舆图说　坤舆外纪》,商务印书馆,1937年,第5—6页。
②［比］南怀仁:《坤舆图说　坤舆外纪》,第14页。
③［比］南怀仁:《坤舆图说　坤舆外纪》,第18页。
④［比］南怀仁:《坤舆图说　坤舆外纪》,第14—15页。
⑤中国社会科学院近代史研究所、比利时鲁汶大学南怀仁研究中心编:《基督教与近代中国》,2009年,第508页。

月则每望必食,其不全见者,盖天形如鸡卵,地形如卵黄,人处地中,高下玄绝,固由此地甫经日出,而彼见落日者,日月之不同时见食,亦犹是耳。即如各省而论,京城见日食月食几分,而河南、山东等省,其分数即不同,及至四川、云、贵,其分数又大不同矣。"① 德沛对于月食成因的解释,与南怀仁的著述及雍乾之际钦天监监正戴进贤在《历象考成后篇》中月食成因的描述基本一致。可见其关于自然科学之知识,大部分来源于在宫中担任钦天监的西洋传教士。

第三,德沛对记忆规律之研究是其格致之学里最令人赞叹的一点。德沛之前的古人对此探究得并不深入。他对于记忆的认知有三点突破:其一,他打破了中国古代传统的"心文化",反对心是记忆、思考的主体。德沛以生动形象的解释,取代传统的"心主思"观念:"人之记含在脑,如思遗忘之事,或仰顶或搔头,不期而然,只在脑之左右。"其二,德沛认为心与脑为人的要害和中枢。"他肢虽伤,未必随时即死,若损心脑,即刻不生,以心为人之宫,脑为人万类之藏,宫颓藏败,其家必破,故不可损也。"其三,他对记忆规律的把握和比喻是准确的。他认为人以脑记事物有如蜡印图章,幼年时不大记事,随记随忘;青、中年时期记忆达到顶峰,像软硬干湿适度的蜡,易于打上印记;年老记忆衰退,似时间过长蜡已干硬,不便打上烙印。② 在清中期,德沛能指出人是以脑记忆事物的,记忆事物如同蜡上打印记,心与脑为人之中枢和致命要害,说明清人对认识主体把握的更加深化,这也是中国格致之学的一大进步。

虽然德沛的格物致知之学对一些现象的解释有打破传统的

① 德沛:《鳌峰书院讲学录》,第75—76页。
② 德沛:《实践录》,第114页。

科学的创新之举,然而其格物之学也有过分注重经验主义,仅凭感官模糊认知、遵循旧说之不科学的一面。这体现在他对用透镜取火和以铜镜取火之差别的解释上。他认为:"以晶镜取火,与日相隔,其光转烈。盖物之光,聚则敛,散则浮。日月之照临四方,岂必尽成水火,然其光有以聚之,则虽远亦可缩之使近。故用晶镜以取火者,火隔镜而得,以晶镜之质圆,圆则其光聚而下注,故火由隔层而生。用铜镜以取火者,火返照而得,以铜镜之制凹,凹则其光摄而内聚,故火由对照而生也。"[①] 这一解释既来自他的实际经验,又摆脱不了主观臆想。以凹铜镜反射聚光、晶镜形圆聚光都是从经验角度出发。他却未搞清两者相似之处在于都把日光聚在焦点之上,而晶镜聚光是因为折射,本身没有缩短距离、拉近光线的功能。

另外,他对早晚太阳大的解释极为不科学,基本上延续了古人近大远小的解释方法。他说:"大地乃积阴之物,譬如地有万丈之阔,则阴气上浮有百丈之高。日之初出,离地未远,积一夜之阴气,映照日光,故日之质不甚明亮,而日之体甚大,阴气引之而近也。譬如至远之物,以千里镜照之,则其形反近,此镜光接引,缩之使近也。今试置一钱于虚器中,远望之不见钱影,及注水满器,则远近毕见,此乃水浮其影而上耳。至日到正中,阴气渐消,其光甚烈,而其体反小,无以引之也。及日将西没,其体复大,阳气渐亏,阴气渐盛,引之使近耳。然卒不如清晨之大者,则以历一日之久,阴气散而始聚,不能如竟夜之浓厚。如以十数重之千里镜照物,则物形甚大,以一二重千里镜照物,则物形不甚大,所引之物渐薄,则影亦随

---

① 德沛:《问阳燧取火方取诸取水其义何居》,《鳌峰书院讲学录》,第 69 页。

之渐小也。"①其理解误区有三：其一，太阳早晚大，只是错觉。早中晚，实际上太阳体积没有变。日出日落时，在地平线之上的太阳只有部分天空做映衬，而其余的参照物则是树木、房屋等体积较小的物体。而正午时，太阳的背后是极为广阔的天空，所以看起来中午的太阳就比早晚的太阳显得小些。早晚太阳显得大还是由于"光渗作用"。早晚有蒙气差，天空较为昏暗，从视觉上太阳显得比中午光亮天空映衬之下的太阳要大。其二，德沛还是没有摆脱《列子·汤问》中辩日的两小儿从感官出发判断事物的思维，认为日之初升、西落近地，日中远地。其三，他说早晚的阴气像千里镜（光学望远镜）一样可以拉近太阳之形体，是荒谬的。阴气并非能放大物体，望远镜也只是改变了光的折射方向，放大而非拉近物体。德沛所说的气能够引近物体之形，大概是受了海市蜃楼形成原理启发而臆想出来的结论。

　　总之，德沛作为一个传统的理学家将西方近代科学知识引入格致之学，敢于质疑，不因循古人之见，形成了自身对事物独到的见解，在当时来说无疑是值得肯定的。德沛之不迷信权威、敢于质疑的科学精神也是值得称赞的。他学说中的某些知识来源于南怀仁的著述，显然受了康乾之际传教士西学东渐的影响。但是总而观之，德沛的格物穷理思想仍然继承了中国传统的直观经验主义，并未形成类似于西方的逻辑推断、假设、验证、归纳总结、形成系统知识之科学模式，其对事物的认知亦有凭主观臆断和固有经验进行不科学解释的一面。

---

① 德沛：《问日之出没其体何以较大及月弦朔晦望之意》，《鳌峰书院讲学录》，
　　第79—80页。

（三）信仰以天主为标准与实际遵循传统伦理观、实践论之矛盾

天主教徒认为上帝是万事万物的创造者和法则，因此要按照上帝订立的法则去认知实践。德沛也是这样认为的。当有人问"神道设教"之"神"作何解时。德沛说：《易》曰：'圣人以神道设教而万民服。'此神字非鬼神之神，乃阴阳不测之谓。神无声无臭，妙万物以为言者也。"① 人不这样理解神，就会陷入白鱼入舟、篝火狐鸣式的鬼神迷信。《周易》"观天之神道，而四时不忒，圣人以神道设教，而天下服矣"② 中"神"、"神道"的本意为四季循环交替等自然规律，"圣人以神道设教"则是指有德之人按照天的自然规律来设定人伦规范以教化百姓。德沛则认为，"神"并非鬼神，而是阴阳不能测、无声无臭、不睹不闻之超自然存在，显然就是他信仰之上帝。德沛在《实践录》和《鳌峰书院讲学录》中也说："卦象传曰：观天之神道，而四时不忒。圣人以神道设教而天下服矣。天之神道，四时不忒，生物中节，是以天地位而万物育。圣人以神道设教，修齐、治平中节，所以天下服也。"③ "神道在不睹不闻之中，设教是礼乐刑政之事，其以神道设教处即是守未发之中以达已发之和也。天体中用和而五伦克尽，尽伦而设教，而天下焉有不服者乎？"④ 显而易见，他认为上帝是人伦规范的设立者。正因为上帝没有形象在各个时空洞察人类，因而作为教徒的德沛也反对为"造物"或其他神灵立像。"或疑造物之尊，若有端冕垂拱于上，此荒谬不经之

① 德沛：《问神道设教"神"字当作何解》，《鳌峰书院讲学录》，第 22—23 页。
② 王弼注，孔颖达疏：《周易正义》卷第七《系辞》上，北京大学出版社，2000 年，第 308 页。
③ 德沛：《实践录》，第 127 页。
④ 德沛：《问神道设教"神"字当作何解》，《鳌峰书院讲学录》，第 22—23 页。

论也。夫人禀造物阴阳之气以成形,而性因以赋畀;吾性之灵明不测在于不睹不闻中;造物之神妙无方,超于无声无臭之表。人于一身之内,尚不能状性为何物,又安能测造物之端倪而状其相貌? 故六合之外,圣人存而勿论,诚以受造者必不能知造之者,理故然也。彼以造物幻为神灵之尊者不亦大可笑耶?"[1] 德沛为闽浙总督时毁地方五通神像[2],可见其受天主教信仰之影响。

照此逻辑推断,他应当遵从于上帝设立的伦理道德,即视上帝为独一无二的至上之神明,绝对服从于上帝要高于任何世俗的伦理,并且相信原罪论和性恶论,也进而坚持救赎观。即在现实生活中要行善忏悔消弭原罪,也要不断向上帝和耶稣祈祷等待最终的审判和来世的救赎。另外还要尊奉上帝面前人人平等之原则,消除等级观。对天主教徒而言,还要奉行一夫一妻的婚姻形式。然而,从德沛的伦理观中我们找不到丝毫天主教伦理观的痕迹。他所遵循的是传统儒家理学之三纲五常的道德等级观。

从德沛对"神道设教"之"教"的解释中亦可看出,"教是礼乐刑政之事",也是"克尽五伦",更是"修齐治平中节"。也就是说德沛将天主教信仰和儒家伦理进行了调和,把教徒应当遵守的上帝设立的规范标准看成是儒家之伦理规范。此外,德沛也在《实践录》和《鳌峰书院讲学录》中花了很大的篇幅去谈克尽"五伦",遵守"三纲五常",通过"礼乐刑政教化"达到"修齐治平中节"。"五伦"是传统儒家从性善论"仁"的角度出发形成的以血缘亲疏、权力高低、性别为等级的伦理道德规范。这种人际关系的规范是不平等的,与天主教之"人人在上帝面前平等"和性恶原罪论相背,

---

① 德沛:《问神道设教"神"字当作何解》,《鳌峰书院讲学录》,第 26 页。
② 袁枚:《简仪亲王德沛碑》,钱仪吉:《碑传集》卷二,第 9 页。

而三纲之"君臣、父子、夫妇"均要求以世俗的上一级为道德规范
准则。君之上虽有天,但是世俗中万民均要服从于君。因而三纲
也与天主教绝对服从上帝的准则相矛盾。除了在书中大谈传统的
纲常观念,德沛丝毫未涉及救赎和赎罪的观念。在实际生活中,德
沛也未遵循天主教的一夫一妻标准,娶三妻之外仍有两妾。① 因此
可以说,在伦理上虽然德沛认为必须要以上帝设立的规范为准则,
然而在观念上和实际中却依然遵循传统的三纲五常伦理观,并把
它们看作上帝设立的规范准则。他的信仰和伦理体系虽然能自圆
其说,但实质上与天主教伦理相背离。

在实践论和人生追求上德沛遵循了《大学》的观点,认为要达
到大体之学"明德、亲民、止于至善"的目标,必须先要遵循"格物
致知、修齐治平"的认识论与实践方法。他用大体、小体认知事物
的差异来解释《大学》中"诚意正心、格物致知、修齐治平、明德至
善"的含义。他说:"心意知物,小体知觉之为,格致诚正,大体灵
性之作也。"大体之格物致知不同于禽兽用心(小体),来认知事物
的关键在于格物可明辨是非:"凡物必有正邪是非,宜与不宜,大体
之格物致知可察之。"即明是非正邪必能"正意诚心",从而也就能
够在修齐治平的实践道路中保持中正之心,止于至善。关于格致
诚正、修齐治平的关系,他继承了《大学》的观点,认为格致诚正为
本,是修齐治平的出发点,为认识世界的根本手段;修齐治平为末,

① 陈垣先生说,德沛独娶一妻没有妾是其信天主教的一大明证。然而玉牒中
记载德沛三娶妻,纳两妾。"第八子和硕简仪亲王德沛,嫡福晋李佳氏,固山
额附李晋之女,继福晋戴佳氏,长绶之女,三娶福晋博尔济吉特氏,子爵孟克
之女,妾董氏,董奇盛之女,妾崔氏,崔应保之女。"(《爱新觉罗宗谱》丁册
直格宗谱,第8772页)德沛纳妾一事既说明了其在生活中未遵循天主教一
夫一妻的教义,又能看出当时耶稣会士为了传播天主教对中国纳妾风俗的
宽容。

止于至善是其最高境界。德沛在后文中又解释了何谓五伦,指出
君臣重于父子、昆弟、夫妇、朋友。认为五伦之所以重要,是因为处
理好五伦关系是实践修齐治平的最基本方法。①

三、结论

综上所述,可以看出,德沛虽然以理学家自居,但实际上是位
秘密天主教教徒。他虽以天主教的"上帝"等同于传统理学中的
万事万物之本体本源——"天理",将天理所化之人性替换成神所
赋予之灵性概念。他也将西方近代科学知识及科学精神纳入传统
的格致,反对迷妄之学当中,但其大体小体的心性论(人性论)、格
物致知的认识论、修齐治平明德至善的实践论与现世追求及三纲
五常的伦理道德思想,还是延续了程朱理学的思想理论体系和价
值观,并没有过多加入天主教的思想元素和天主教的理论体系,因
而从整体来说,德沛的思想理论体系主要还是程朱理学的,天主教
只是其信仰而已。由于当时禁教的环境,德沛在书中只能隐晦地
表达自己的宗教思想。

德沛信天主教一事亦说明,在明末清初传教士来华的多元文
化环境下,满洲人在汉化的同时也有西化的双重可能。应该可以
看到,满洲在入主中原之后面对的文化是多元的,并非只有中原文
化,也有天主教这一西方文化。像德沛这样的满人,到底在多大程
度上接受了以天主教为核心的西方文化,并把它内化成中华文化,
是一个值得认真研究的问题。

从德沛将传统儒学与西方的天主教思想和近代科学主义思想

---

① 德沛:《实践录》,第127—131页。

结合的实践中也可得知,德沛只是在与天主教思想相似的某些理学观念中,加入一些天主教的思想元素而已,进行一些小修小补,并未完全改变整个传统儒学思想体系。他对天主教及其他西学思想的认知也并不是非常深刻,但相对于常人及不了解西学的官僚士大夫而言,无疑要深入得多。因此可以说,作为满人的德沛早已受过系统的儒学教育,透彻掌握了理学思想体系,深受汉文化浸染。在此之后才接触到了西方文化,接受了天主教信仰。从汉化的时间和程度上来说,都比受西方文化影响要早和深得多。

对于满洲上层信教贵族来说,他们受西方文化和天主教思想影响的状况应大致如此。而最初的萨满教信仰对于信教旗人来说,已蜕变成一种官方规定的例行仪式,不具备类似于天主教之每日祷告,精神上与神沟通之宗教属性。这方面,苏努的儿子们在家举行萨满教祭祀仪式但却信仰天主教便是明证。①

应该说,尽管有德沛这样的满人知识分子接受了部分西方文化并将之内化,但满人(旗人)在整体上还是最终完全汉化。这一结果是由于政府控制的原因(康熙到嘉庆的禁教令、限制西方知识的传播),还是汉人占大多数的环境的缘故,抑或是(除乾隆皇帝外的)满洲精英、平民们自己的选择,需要进一步深入地发掘史料进行探究,而本人是倾向于主动选择这一解释的。

(原载《故宫学刊》2013 年总第 10 辑)

---

① [法]杜赫德编,朱静、耿升译:《耶稣会士中国书简集》中卷,大象出版社,2001 年,第 12 页。

没写入书中的历史——毓旗口述

时　间:1999 年 11 月 14 日
地　点:北京市定慧寺某居民楼毓旗家
访谈者:定宜庄
在场者:Mark Elliott[1]

[访谈者按]咸丰十一年(1861)八月,咸丰帝病死于热河行宫,怡亲王载垣、郑亲王端华和协办大学士户部尚书肃顺等八人受遗命总摄朝政,辅佐年仅六岁的皇太子载淳为帝。载淳的生母叶赫那拉氏伙同恭亲王奕䜣发动宫廷政变,将载垣、肃顺、端华三人革职拿问,并于几日后将肃顺诛杀,将载垣和端华赐死,[2]其他五人或革职或遣戍。遂改元同治,两太后垂帘听政,由叶赫那拉氏掌握实权,开始了她对清王朝长达四十年的统治。这场政变,就是中国近代史上著名的"北京政变",因发生在辛酉年,亦称"辛酉政变"。这也是爱新觉罗家族的历史中,为争权夺利而酿成的又一起,也是

---

[1] Mark Elliott 为美国哈佛大学东亚系教授,研究领域也是清史与满族史。
[2]《清史稿·肃顺传》:"肃顺方护文宗梓宫在途,命睿亲王仁寿、醇郡王奕譞往逮,遇诸密云,夜就行馆捕之,咆哮不服,械系。下宗人府狱。……谳上,罪皆凌迟。……赐载垣、端华自尽,斩肃顺于市。"按载垣为第一代怡亲王胤祥四世孙,康熙帝之裔,属近支宗室,排在载字辈。端华属远房宗室,故不排字,但郑亲王爵为"世袭罔替"八大铁帽之一。

最后一起骨肉相残的大案。

　　端华是清太祖努尔哈赤之侄济尔哈朗的七世孙,道光六年(1826)封三等辅国将军,道光二十六年(1846)袭爵郑亲王,授总理行营事务大臣及御前大臣。咸丰十年(1860),皇帝逃往热河时,随从前往,授领侍卫内大臣。咸丰死后,再受顾命,与怡亲王载垣、其弟肃顺等受命为"赞襄政务王大臣",总摄朝政。肃顺是他的异母兄弟①。对于这场宫廷政变,无论历史最终作出的评价如何,对于这个家族都是一场莫大的悲剧,是一个永久的伤痕。而这个家族此后的兴衰,也不再为那些只关心在政治与权力斗争中胜出的"正统"史家所关注。但是,正如我们从毓旗的口述中看到的,这个家族日后的经历不仅丰富生动,而且与时代的大变革息息相关,正因为有诸多这类退出"正史"的故事,与官方文献结合在一起,才构成那个时代的"整体",所以,它具有毫不逊色于正史的学术价值。

　　这篇口述访谈,主要围绕毓旗的祖父——载儒的人生经历展开。他从一个在朝廷权力斗争中失败的家族中走出,参加"平教运动"直至投身革命的过程复杂坎坷,颇具传奇色彩。这是一个在以往文字记录中罕见的满洲贵族出身的革命干部兼知识分子的典型,既真实又生动,为我们留下一个相当广阔的想象空间。

①《清史稿》对肃顺的评价:"肃顺以宗潢疏属,特见倚用,治事严刻。其尤负谤者,杀耆英、柏葰及户部诸狱,以执法论,诸人罪固应得,第持之者不免有私嫌于其间耳。其赞画军事,所见实出在廷诸臣上,削平寇乱,于此肇基,功不可没也。自庚申议和后,恭亲王为中外所系望,肃顺等不图和衷共济,而数阻返跸。文宗既崩,冀怙权位于一时,以此罹罪。赫赫爱书,其能逭乎?"

毓旗是化名,所以没有必要再在前面加上"爱新觉罗"四字。①
他 20 世纪 60 年代初生于北京。"文革"期间接受小学、中学教育。
十五岁步入社会。1979 年考入大学,获哲学学士、历史学硕士学
位。20 世纪 80 年代中期开始从事中国文化史、宗教学和国际问题
研究。多次赴美国、日本讲学,参加国际会议,数次访问台湾并在
大学从事客座研究。出版多部中华文化、历史及当代哲学、宗教问
题的专著。现任某研究机构研究员,是北京数所大学的特聘教授。
本篇口述的最后一段,是他对满族历史的一些思考,他坦言这些想
法受其祖父影响很深。然毓旗虽是学者,恐怕也很难将这些内容
形诸文字,由此亦可知,口述自有文字难以企及之处。

1.端华的事出来以后……

毓旗(以下简称"旗"):这些事都是我爷爷给我讲的,目的是
让我牢记家史。我现在也给我女儿讲这些事,我说你从小要知道
这些事,这些是口传历史,它没有写在书上。

定:端华出了这件事以后,官书中还有没有可以查到的任何
线索?

---

① 事实上,按照清人习惯,对于宗室,本来也并不在前面冠以"爱新觉罗",清
代皇族也并不自称为"爱新觉罗某某"。清代旗人有"称名不举姓"之说,
姓,满语称哈拉(hala),可作"氏族"解,人们互相打招呼时会问"您什么哈
拉",即属于哪个氏族之意,但如果竟直将氏族道出来,却不符合习惯。对
此,启功先生在《启功口述历史》中曾称:"我既然叫启功,当然就是姓启名
功。有的人说:您不是姓爱新觉罗名启功吗? ……现在很多爱新氏非常夸
耀自己的姓,也希望别人称他姓爱新觉罗;别人也愿意这样称他,觉得这是
对他的一种恭维。这实际上很无聊。……事实证明,爱新觉罗如果真的能
作为一个姓,它的辱也罢,荣也罢,完全要听政治的摆布,这还有什么好夸耀
的呢? 何必还抱着它津津乐道呢? 这是我从感情上不愿以爱新觉罗为姓的
原因。"(赵仁珪、章景怀整理,北京师范大学出版社 2004 年版)这又是从
另一个角度而言的了。

旗：任何都没有。说心里话，也就这几年，我因为学历史，本人对这个也比较感兴趣，然后慢慢地就愿意再深入了解，要不然……

端华是我的五世祖，我们是属于镶蓝旗的。端华官也挺大，总领过镶黄旗，所以我们也说在镶黄旗。他属于犯了罪的，朝廷赐死……当时那上吊的白绫带还留着呢。

我爷爷说听他们老一拨儿的讲，当时我们郑王府一开始还没有给抄家，一开始说叫革退，就是革去爵位嘛，按当时规定世子还可以降几级，当时是降为辅国将军、辅国公 ① 等，但是家产也封了一段时间。革退这个处分之后呢，家族很快在朝中就没有地位了，没人愿意理，宗人府 ② 的人也不会给你好脸色。主要是几个妇道人家撑着这家里，家里没脊梁骨，这期间很多人去家里勒索，被人勒索了一大堆。

定：东西就都转移了？

旗：转移了，几家都转移了。家早散伙了，人死了还不散？我们这一支赶紧就跑了，老娘们带着第四个儿子悫善，没等抄家就都走了嘛。

定：那你们家到底有没有被抄家？

旗：抄了，实际上还是抄了。那时候抄家很厉害，什么叫抄家？今天抄了，封条子全部贴上。然后宗人府负责给你们送饭，集中在几个屋子里住，兵丁看守不能出来，人都不能出来，然后就开始清点名册，查你家有多少财产，就这么查。

---

① 清宗室爵位，在清入关前的崇德元年（1636）确定为九等，入关后于顺治六年（1649）又厘定为十二等，依次为和硕亲王、多罗郡王、多罗贝勒、固山贝子、奉恩镇国公、奉恩辅国公、不入八分镇国公、不入八分辅国公、镇国将军、辅国将军、奉国将军、奉恩将军。亲王、郡王嫡福晋（即嫡妻）所生子，年满二十岁，由宗人府请旨考试，亲王子可封世子，郡王子可封长子，以待袭爵。
② 宗人府，清代管理皇室宗族事务的机构。

Mark Elliott（以下简称"Elliott"）：那你们家以前的诰命 ① 还有剩下来的吗？

旗：抄家最先抄的是朝廷颁给的各种文书，其次是房地，再次是浮财，就是金银细软。浮财你可以留藏、转移一些，藏文书就罪加一等，那些东西根本就不可能传下来。我们更不可能有，抄家籍没的，他怎么可能给你留这些东西？

定：我现在想听你说，端华那事出了以后，你们那些支的情况，我想知道那些支都在哪儿，越具体越好。

旗：那个我还真说不出来。我爷爷要在的话他肯定能说出来。我爷爷过去讲亲戚必须走（指来往），这是在一个大家族来讲。我爷爷那会儿讲，亲戚不走就凉了，如果再讲，就是往下传辈儿，最老的话就是：姑舅亲，辈辈亲，砸了骨头连着筋。

定：姨表亲，不是亲，娘一死，断了亲。

旗：我们不这样讲，我们讲姐儿俩嫁汉各顾各，其实是一个意思。我爷爷还跟我讲：如果家族里生俩女孩儿，一定得再生个男孩，因为生这俩骨肉就不亲了，一出嫁就全都完了。而且如果姑舅之间再生个一男一女，还是姑舅。

端华出了这事以后，等于封号就给别人了 ②，王府也给人家了，以后封的郑亲王还是属于济尔哈朗一支的，但是哪一支我就不知道了。我们都不感兴趣，因为跟我们没有太近的血缘关系，就是顺着辈分一查，可能是济尔哈朗几个儿子中的另外一个儿子，那跟我们隔着七八代、八九代，血缘越来越远，没法儿再跟人家续。跟我

---

① 诰命：指清代皇帝对五品以上官员及世爵承袭罔替者封赠的文书。

② 端华死后，封爵降为不入八分辅国公。同治三年（1864）七月，奉旨赏还郑亲王世爵，由承志承袭。

们家完全没有任何关系。

　　那个时候他记得什么呢，就记得后来商量迁走，有一支后来听说迁到兰州、陕西那一带，那上吊的白绫带就给这一支带走了，不知道后来他们传到谁家去了，我爷爷老说兰州那支带走了。还有一支留在北京，留在北京这一支跟后来又恢复了郑王的那家关系不错，跟他们伙着过，搭伙。我们这一支，就是端华的第四子憼善，因为年龄小，才七岁，就过继给了绵英。绵英和端华私人关系很好，否则不会过继给他的，落难之后他给帮个忙呀。

　　绵英不是皇室嫡系，也不是皇室正根，是旁支，好像是奉国将军，绵英的将军府就在现在北京评剧团，那个能人居涮羊肉再往南一点儿，顺承郡王府往北，就是我们家后来过继给的绵英的宅子，过继以后我们家就没走，就在那儿住。但有一支确实迁到保定去了。他们还经常有来往。

位于今西城区大木仓胡同的原郑亲王府神殿

　　到庚子年，我们从来不讲义和团运动，就用庚子年，叫庚子拳乱。① 我爷爷一吃面条就跟我们说这个："吃面吃面不搁醋，炮打

————————

① 庚子年，即光绪二十六年（1900）。"庚子拳乱"系指义和团运动，为扑灭这场运动，英、法等八国联军攻破北京城，慈禧太后与光绪帝仓皇西逃，北京城经历了一场大劫难。

西什库。吃面吃面不搁卤，火烧英国府。"就是那时候流行的俗语，开玩笑，满人特爱说一些俏皮话。那时候就乱。

Elliott：你说乱是什么意思？

旗：八国联军打到北京来了，（对Elliott）你们到处烧杀抢掠呀，整个北京城都已经乱了套了。绵英的住宅那地方也遭了事了，实际上惢善在拳变之前就已经把大车都准备好了，他知书达礼，又经过变故，家里边已经被抄过一次了，再说原来寄居于人家家里边，算是过继的一个儿子，实际上也有些家族矛盾，这我爷爷他也讲不清楚，他就说等于是过继给人家了，家里边又没根了，在人家是寄居篱下，低三下四。所以1900年庚子拳变一乱，惢善就带家眷走了，保定不是有一支已经迁过去的吗，我们就迁到保定，世道一乱就投亲靠友。把这些东西弄了好几个大车就给拉走了，就顺着涿州、高碑店、徐水这条路就往保定那边走了，往保定就落下了。彻底回保定，以后就没再回来。

2. 旗地庄园和买汉姓

旗：惢善是到保定之前两年生的我爷爷，生我爷爷的时候他已经四十二岁了，（夫人）可能也是侧的，不是嫡系。惢善到保定时大概是四十四五岁。我爷爷是老四。

惢善他们迁到保定以后，实际还有官饷，因为惢善过继就属于绵英这一系了，过继了嘛，内务府还按照宗室的待遇，还能关出银子来，还按绵英这一家，不是按郑王，给了以后到保定府基本上也没做生意，也没什么事情，吃租子，旗地庄园的租子，北京还有点房产。到辛亥革命以后，就有一个问题了，宗室待遇逐渐减少，也落实不了，旗地庄园的土地也出了归属问题。我们当时在直隶，北京对宗室的所谓优待条例①管不了那么多,鞭长莫及。北京这儿都乱了,直隶保定府还管你什么事。顶不住了以后就出去找工作。当时排满排得特别厉害,满姓的人找工作极难,后来就干脆买个汉姓算了。反正我们郑王府那边早完了,绵英这边宗人府的银子也无所谓了,就改了汉姓了。得找朋友入宗祠呀,正式地到人家拜祖宗去呀,入人家的谱牒,都是有这么一套规矩的。我也不是特别清楚。我爷爷就给我讲当时就买了汉姓,入了汉家宗祠,就在保定的定州,在庄园那一带。实际上是给我们种粮食的汉人的姓,买了一个姓氏,我估计也就是给个面子,这都是老庄户的人,老庄丁了,等于给老主人帮个忙。我爷爷经常讲置房子置地置产业一点用都没有,读书才是真正的。另外一句话就是有金有银有玉有这些财产,你要是压不住它,它就把你压死了,读书才能压住家里的阵。后来我才慢慢明白,你读了书这些东西才能传下来,永远留在家里头,你就压住它了;你不读书你穷了你就得卖这些东西,它就把你给压死了。它就这个道理呀。所以讲诗书传家,特别重视读书。

定:你们家那边都是老郑家的王庄对吧? 你们家后来不是和郑王府没关系了吗,可是那老王庄还是他们家的?

旗:我爷爷说是犯天犯地犯不了祖地。你犯了再大的罪,祭祀祖宗的香火田不能动,不能没收你的,以维持这种礼数,就是孝道。祖地就叫香火田,那香火田的租子呢,卖的钱只能是祭祖宗用,烧香啊,杀猪啊,祭祖啊,春祭然后秋祭,用于这些方面,所以王庄不

---

① 辛亥革命后,清帝同意退位,并与南京临时政府商定优待条件,内容有三:一款为《关于大清皇帝辞位之后优待之条件》;二款为《关于清皇族待遇之条件》;三款为《关于满蒙回藏各族待遇之条件》。这里提到的,当系第二款中的第三条,即皇族私产一体保护。所谓皇族私产,应该亦包括皇室在京畿以及关外的旗地庄园。但这些条款最终未能落实。

在没收之列。后来我爷爷跟我说这个,我以后看《红楼梦》的时候就联系起来了。《红楼梦》里的王熙凤临死之前托梦给薛宝钗,说了这么一句话,就说你们要多置点田,别在京城里头多买房子,要在京城外多置田产,以后祖宗死了也有几分香火,实际上也指的是这个。①

我们村就在定州。王庄的土地在文献里找不到的。王府自己没有典,王府自己不敢造典。王府的东西最不容易保存下来,因为它这个爵位吧,尤其像清朝,爵位不是世袭,就是那八个铁帽子王,有的一下子就不是王了,继承不了了,给你的世子的号是别的号,这东西你也就没有了。你可以到河北的大王庄、小王庄去看看嘛,现在还叫大王庄、小王庄,定县,庄户还在,但是你要再问,知道的恐怕不多了,实际上说不清楚了。

定:那你爷爷周围已经没有旗人了,他完全是生活在一个汉人的环境里啦?

旗:那边旗地庄园有一些旗人,但是地位比较低。

定:旗地庄园就是那些庄头壮丁、庄户。坟户不多是吧?

旗:坟户不多。那儿没有坟。

定:除了你们这一支,你们不是好多支,其他那些支呢?

旗:其他那些支,我们就跟保定那支还有一点儿来往,但是也隔得很远。保定那一支也挺惨的,他们有庄园,跟我们一样,分了几大

---

① 毓旗在这里有口误,实际上讲的是《红楼梦》第十三回《秦可卿死封龙禁尉王熙凤协理宁国府》中,秦可卿托梦王熙凤一事。原文如下:"趁今日富贵,将祖茔附近多置田庄、房舍、地亩,以备祭祀供给之费皆出自此处,将家塾亦设于此。合同族中长幼,大家定了则例,日后按房掌管这一年的地亩、钱粮、祭祀、供给之事。如此周流,又无争竞,亦不有典卖诸弊。便是有了罪,凡物可入官,这祭祀产业,连官也不入的。便败落下来,子孙回家读书务农,也有个退步,祭祀又可永继。若目今以为荣华不绝,不思后日,终非长策。"

家,他们在大王庄、小王庄那儿有地,然后解放以前他们把地都卖了,卖给长工了,挺惨的。主要是他们后来有人抽大烟,抽穷了,还有的是做生意,不会做生意,我爷爷说他们根本不会做生意,赔本。现在来往不多。另外还有一些家族分财产哪,有些过节儿,越来越淡。

3. 我爷爷真是不一般

旗:我的感觉,我爷爷的长相跟康熙特别特别像,就是那种瘦脸儿。就跟我这样,脸特别瘦。那个老头儿真是不一般,真是不一般。我感觉那个老人很难摸透,脾气很怪,脾气特别坏,但是对人极好,对人特别好。我爷爷那人特认命。他从小就给我讲"命"。他讲人有"三命":"随命"、"遭命"、"定命"。

定:你怎么解释这"三命"?

旗:"随"是你这一生只要在社会上遇到大事,你原来定的这个命就都给改了,你只能随波逐流,这叫"随命"。"遭命"呢,就是你个人遇到一些突然的灾难,这叫"遭命"。还一个"定命",一生早给你定好了,你该怎么着就怎么着。所以特别信命。我觉得这玩意儿不算是迷信,是对人生中个人、家庭与社会各种关系的理论叙述。

我爷爷的满名叫载儒,是按照绵英那一支来的。他是1898年生的,在河北那边受的教育。因为他生下来,长大的时候已经迁到那边去了。十一二岁的时候,当然主要还是在家里受的教育。后来就是上的公学。原来是私塾,后来改成公学。他先当私塾先生,后来就当了中学老师,人家不知道他是满人,就知道他是汉人,知道他的汉名。

保定这地方很有意思,到了二三十年代那时候,美国一个传教士和美国一所大学的教授和晏阳初,在保定和定州那一带搞了一个

"平教运动"，就是平民教育运动，[1] 那是 1933 年，是我父亲出生的第三年，我父亲 1930 年出生的，我爷爷就参加了平民教育运动。搞平民教育运动以后，当时比较"左倾"，就受到党的影响，我姥爷是保定二师的老师，当时就是共产党。在我姥爷的介绍之下，我爷爷以后在高蠡暴动[2] 中就入了党。高阳和蠡县，两个县的农民因为抗捐，搞暴动，规模不是很大。这就是 1932 年、1933 年了，我爷爷那时候三十六七岁。

　　然后很快日本人就来了。初期是国民党搞民军，在河北这一带，组织地方武装抗日，到 1937 年、1938 年以后党的势力就彻底

---

[1] 晏阳初（1890—1990），四川巴中人。著名教育家、社会学家。曾在美国耶鲁大学等处留学，回国后即致力于平民教育和社会改造工作。提倡"识字、生计、文艺、卫生"公民四大教育以治旧中国的"贫、愚、弱、私"四大痼疾。首创中华平民教育促进会，在湖南长沙、河北定县、重庆北碚以及菲律宾、泰国、危地马拉等国推进平民教育。其中的定县试验十年（1926—1936），是晏氏"平民教育"理论和方法的全方位系统实践。到 1935 年，"平教会"工作人员已达五百余人，绝大多数是知识分子。与此同时并进行了大量的社会学调查与统计工作，是中国历史上首次以县为单位的实地社会调查，内容务实且较为完备，在学术界产生很大影响。"平教运动"因抗日战争爆发而不得不中止，此后晏阳初南下，在重庆等地仍继续推行他的实验。直至1950 年移居美国。参见张高：《著名平民教育家——晏阳初》，载《人民日报（海外版）》1985 年 10 月 14 日。 按，当时从事这样的平民教育运动和实地调查的代表人物及组织除晏阳初之外，还有梁漱溟（实验区在山东省邹平）、陶行知（南京晓庄）、中华平民教育促进会（江苏昆山徐公桥），以及燕京大学（北平清河）等。

[2] 高蠡暴动：1932 年 8 月由中国共产党在河北省的高阳、蠡县地区策划的一场农民暴动。暴动在蠡县宋家庄发起，收缴反动武装枪支，张贴保属革命委员会布告和游击队十大纲领，斗地主，砸盐店，并在高阳县北辛庄成立了高蠡地方苏维埃政府和河北省红军游击队第一支队，拥有 300 余人，120 多支枪。后被安国驻军白凤翔部包围，队伍被打散，17 人牺牲，9 人被捕。坚持5 天的高蠡暴动失败。

来了,北方共产党转入武装。怎么配合武装? 当时我们家有点钱,等于捐了好多钱,八路军抗日改编以后这边就并入冀中分区,这边是七分区,我爷爷一直在定南县做民众、财务,就是筹集钱粮、军粮这些工作,具体任职在冀中分区总务处。我姥爷当时也在这儿,我姥爷的弟弟当时是五台山五台县的县长,就是因为这个事儿,我母亲嫁给了我父亲,她们是汉族,所以我姥姥是小脚。1968 年她老人家来北京住,每天晚上洗脚时,我都好奇地看她尖笋一样只见三个脚趾的小脚。我姥爷 50 年代做副部长,后来因为周小舟事件 ① 牵连,说他右倾,给了他处分连降三级,调出京外工作。"文革"期间挨批斗,被红卫兵把牙全打没了,肋骨也打断了,到了 1987 年去世的。我姥爷进城以后又找了一个(妻子),所以我姨特别多,我有 13 个姨,我母亲这边有 5 个,那边有 7 个。我姥姥是他原配的,他进城以后休妻,这种事那时候很普遍。这是我另外一个家里的事儿。

　　我爷爷参加革命以后一直在冀中。他当时打交道最多的有几人,后来都是中央组织部、财政部的高官,他们当时都在我们那儿住,实际当时接待人都是在乡下,在定县,根本没有在直隶保

---

① 这里提到的是 1959 年的"彭黄张周反党集团"冤案。彭指彭德怀,当时任中共中央政治局委员、国务院副总理兼国防部长;黄指黄克诚,当时任中共中央书记处书记、中国人民解放军总参谋长;张指张闻天,当时任中共中央政治局候补委员、外交部副部长;周指周小舟,当时任中共中央候补委员、中共湖南省委第一书记。1958 年的"大跃进"引发了一连串的灾难,也引起党内外人士的怀疑与忧虑。1959 年 7—8 月,中共在庐山召开会议,当时的国防部长彭德怀经过实地考察后,向毛泽东呈递"意见书",批评 1958 年以来的"左"倾冒进错误,毛却认为他是向党进攻,对他展开批判,由于黄、张、周等人在会上发言表示了对彭德怀信中内容的赞同,被打成"彭黄张周反党集团"。毓旗的姥爷应当就是在此次反右倾运动中被牵连的。

定。保定我们家那个宅院很大，平时很少在那儿接待人，很少在那儿住，就等于是一个很隐秘的地方。我们家一些老东西之所以能够完整地留到现在，主要就是因为一直在保定。

当时我们定县那地方是犬牙交错，白天是日伪控制，晚上是咱们党，咱们共产党和八路军。那地方打得很厉害，后来那一段就成为解放区。到了解放战争时期，1947年，您知道那里打了一场仗，清风店战役，国民党新六军，全军就在那儿被围住了，就在西南河村，当时国共双方死了两万多人，挖一个大坑，埋一层人就垫一层白灰，埋一层人就垫一层白灰，就这样。① 我爷爷他主要是组织伤员呀，太残酷了，我爷爷受刺激特大。他知书达礼，算是知识分子，那时候组织南下工作队，要他南下，就因为受那次刺激他就没去，他就留下来了。就给他背了处分，级别等都受了影响，对他打击挺大，但是好在他也无所谓。到了解放初期他是相当于地区行署专员的干部，实际上有级别无实位，是个闲差了。

到了50年代，1956年、1957年挖水库，搞水利，他就是逞能，就跟着年轻人一块干，上大坝，挑东西，特别逞能。下大雨一下给激着了，激着以后就弄成肺病，肺气肿、哮喘啊，非常厉害，就没办法干活了，在1957年"反右"之前，他就退了，病休，级别很高，养起来了。

---

① 清风店战役是解放战争时期发生于河北保定以北清风店地区的一场战役。1947年秋，中共晋察冀野战军在平汉铁路（今北京—汉口）保定以北地区向当地国民党军发起攻势，坐镇北平的蒋介石急令驻石家庄的第3军军长罗历戎率所部第7师及第16军第22师1个团北上保定，被包围在清风店，经过激战，国民党第3军军部、第7师主力及第22师1个团被全歼，罗历戎被俘。毓嶦此处对国民党军队的记忆恐怕有误，应为第3军而非第6军。

定：就是说那个年代，60年代他已经到保定乡下了？他的经济条件还是很好？

旗：当然，他是专员，每月有工资呀，他的级别是十三级干部，而且是老十三级。高干，就是每月180多块钱。还有人给送东西，家里根本不愁吃不愁穿。而且我爷爷那时候老接济别人。有一句土话，我们满人的话，只要一说什么事，比如说你给办这什么事吧，是你帮我接济着点儿。后来我就弄不清是什么字，就问我爷爷，接是接受的接，济是救济的济，就是给人帮点忙。

我跟我爷爷接触最多的时候，是6岁到10岁这个期间，后来到十二三岁又一段时间。我记忆力很好，我现在唐诗宋词基本一半可以背下来，都是他教的，他尤其喜欢宋词，随便你挑一首宋词他都能背下来。我的文化修养完全是从他那儿得来的。我父亲的文化修养不如我，主要原因是他没有跟我爷爷的这一段。

定：因为他和他爷爷就不可能有这种关系了。

旗：对。而且我父亲出去早，他14岁就走了。他那个14岁之前，受教育恐怕还不是那么系统。还有就是我父亲小时候身体弱，曾有一段被我爷爷送到一位中医郎中家去住，并拜人家为干爹。那时候毕竟还是没那么优越，不像现在。到我那代，反正吃喝都不愁，没事就聊天呗，就在一起聊天。我的感觉就是我爷爷这个家族对文化特别重视，所谓诗书传家。我爷爷比较重视文化，他参加革命实际上当时……

定：什么动因呢？

旗：因为他是文化人，是中学教员，他又参加"平教运动"，他不满那个社会的腐败现象，因为他"左"倾哪，那个时代有知识的人一般都"左"倾，就是因为他有文化。他有传统的中国的文化，他从小受这种传统教育，他不认为这是封建的东西，全套全有，包括烧纸呀,春节的时候磕头啊,压岁钱,凑份子,而且他家里头哪怕是这月工资没有了,也得去接济别人。他在那地方人缘特别好。我就记得我爷爷过去跟我讲过,什么事亏着自己没事,别亏着别人,从小就教育这个。后来上升到理论就叫忠恕,所谓忠呢,很简单,尽己叫忠,做事呀尽最大力量,恕是推己及人,人家怎么想的,先想想你自己怎么想的,如果你是他。尽己为忠,推人为恕。

定:满族的老人好像特别典型的就是这种为人的方法。

旗:不能亏着别人。

定:对外人好。

旗:对自己家的人脾气大,您不知道,我爷爷、我父亲都脾气特大,你别招他,但人是非常好,你一招他那一发起火来不得了。虽然不砸东西,但咆哮如雷,火气冲天,只是情绪调节特别快。就是发完火之后有时特怪,不到几分钟他哼着又唱开京剧了。拿着俩核桃玩呀,然后又开始去看古董,就干这个。就像我是后来磨的,实际上我脾气也特别不好。也有这个。特别明显。但是对别人、对外人好,礼儿多,礼特别多。讲面子就不得了,家里来客人了得换衣服,一来客人了要换新衣服穿。送客人走也得换衣服。

Elliott:咦?

旗:指的是到你家来住几天的客人。要送人家走,换衣服,特别讲究。平常的这些都跟汉人就一样了。过年过节这些压岁钱了,很长时间的那种礼尚往来呀。我们在家里跷二郎腿都不允许,现在我女儿靠着坐我爸爸都说她,腰得直起来坐。小孩要求坐座位的三分之一,大人才可以坐实。说不完,太多。你像我们出去排队,从来不能加塞儿,即使有人加塞儿,人家加是人家加,自己不能加。爱面子。

　　我读研究生的时候静下心来,就回忆起我爷爷给我讲的那些,原来都不懂,就是听,稀里哗啦都能背下来了。包括说"天晴了,下雨了,蛤蟆骨朵儿长腿了。风停了,雨住了,蛤蟆骨朵儿不行了"。刚死人的时候,叫叫丧,叫丧我也听过,就是满人的叫丧,喊,家里有人死了以后,站在房子上又哭又喊,就是喊的第一句,当时都不明白,后来慢慢才明白。它叫风来了,雨来了,蛤蟆骨朵儿长腿了,什么意思? 蛤蟆骨朵儿长大,长腿了,变成青蛙了,慢慢长。然后风停了,雨住了,蛤蟆骨朵儿不行了,死了。它用自然界的变化,就跟人的一生一样,用这话来代替哭丧调,然后一边哭一边讲他的好。

　　我爷爷是 1976 年去世的。我爷爷肺气肿,最后喘得厉害,一夜一夜耗人哪,躺不下去,枕头摞得那么高,每天就那么靠在枕头上,最后他也是喝药,喝安眠药,他把安眠药一片一片留着,他不吃,攒成一包一块儿就吃了。他就觉得拖累别人,拖累我奶奶,他老讲我奶奶一辈子跟着他没享上福。我奶奶从来不说任何话,这么多年每天就是端水呀,照顾他,甚至连什么"啊,你看你都病成什么样了"这样的话都从来不说。

　　我爷爷去世时我没回去,因为我已经去工作了,到河北这边工作,是我姐姐回去的。但是那时候必须有人摔盆,您知道,打幡儿,结果就没人摔了,按说应该是我摔,结果是我父亲摔了。我们那儿的规矩是有孙子的话儿子就不能再摔了,儿子去摔就挡了孙子的路,但我没办法。我没回去,办丧事都是他们。我爷爷埋在定州,保定不让埋嘛。

　　定:我可以打断一下吗? 你爷爷他有几个太太? 都是什么家庭的?

旗：悫善的太太也是满人，罗特氏，姓罗。到我爷爷的老婆，就是我奶奶，也是满人，是正白旗，家里背景不知道，没姓没名，他们都管她叫二姐，过门之后叫某某氏，但她是典型的蒙古血统，大平脸，脸特宽。满姓我不知道她姓什么。

定：你小的时候，你爷爷教你的时候，你奶奶还在吗？

旗：在呀。我奶奶也不错。到我爷爷那时候，她们家境还算不错，那时候我爷爷等于是破落了，但是我奶奶的家族挺富裕，在保定也有庄园，就在我们那儿，叫胡坊，胡坊村，地名，那一带的庄园都是她们的，正白旗的。为什么嫁给我爷爷呢，这都是家族的隐私，我奶奶舌头有点短，说话有点大舌头，说话呜噜呜噜不是很清楚，长得非常漂亮，就是因为有缺陷才嫁给我爷爷，否则她根本不会，她家族大，没破落。她父亲当时在朝廷做官，在吏部。

定：在京中做官？

旗：但是她家在直隶，根本没搬到北京来，根本就没在北京住。在直隶安家，在北京做官，是这么一种情况。我奶奶也有些文化，但她的文化不是那种，因为那时候受系统的教育不是特别多。她给我的熏陶主要是各种各样的儿歌。儿歌、方言、土语，什么"锔锅锔碗锔大缸，缸里有个大姑娘，十几了，十八了，再过一年聘人了。开门呀开不开，三把钥匙就开开……"，不明白，现在都不明白怎么回事。就这个"拉大锯扯大锯，就是不让小妞去"，就是这些东西，一大堆，什么"榆钱红榆钱亮"，整天都是这个，"懒老婆不做活儿，一天到晚着世界磨，东家转，西家磨，一直磨到日晌午，狼抱柴，狗烧火，兔子碾米烙饽饽"，就是这个。他们管太阳不叫太阳，叫老鸹儿，乌鸦。因为中国古代管太阳曾经叫乌鸦。然后还有好多。

　　我奶奶是我上大学二年级的时候去世的。我爷爷去世后她就觉得活着没意思,要接她到北京来住,她不肯,守着老宅院,等着呗。上厕所蹲着站起来一下就完了,脑出血。

　　我奶奶皮肤特别白,出奇地白,70多岁我记得那时候皮肤还特别细嫩,给人感觉就是有修养,衣服也穿得特别好,特别利落,我记得她好多衣服都是用金丝绣的,蓝色的绸子,上头用金丝绣的那个花。70年代我叔叔生小孩儿,把那个东西改成了斗篷,叫大氅,不带袖的。弄一个帽子披在身上,一系,冬天的时候实际上是个披风。棉的,过去那一套都有。我们叫铺陈,朝里那些布啊,看这些铺陈以后,我后来才明白,这东西是朝廷命妇的服装。诰命夫人的礼服。

　　定:后来你们家跟你奶奶家族的联系密切不密切?

　　旗:不密切的原因是我奶奶家族啊,孩子少。到我奶奶那儿只有我一舅爷,就是我奶奶只有一个哥哥,哥哥还有些孩子,到哥哥去世以后,然后我奶奶去世以后,我们跟那边,原来西单那边有,在头发胡同①,我们有个姑姑,就是我舅爷的女儿,也去世了。过去他们家也不错,在北京也有房产,大官。但是他们家后来不行了,以后没有受太高的教育。但是我爷爷每次到北京来,都要到那儿去看看,我从小就对那儿特别熟悉,我甚至都能知道哪年哪个房子什么时候拆的。

　　我发现满族很有意思,受教育才能把家维系下来,如果不受教育,顶多就是"口述历史"。那一支就越来越破败。

---

① 头发胡同,位于西城宣武门内,东口直达宣内大街,西口是南沟沿(今佟麟阁路)。

４.北京的老宅与坟户

旗：直到后来,郑王府的老家人还有住在北京这儿的,一直跟着悫善、侍候悫善的,都在这儿。到了我父亲参加革命以后进了北京,还又回到评剧团这个院子住过,但是那时候评剧团把整个正房都占了,我父亲就住在后院月亮门内侧室的耳房里,就住在我们原来家里的老仆人的家里。这个老仆人的后代跑到台湾去了,留下一个太太,我们管她叫张奶奶,也是老满人,个儿特别矮,才不到一米五一个老太太,性格特别开朗、好,真是典型的满族王府里的仆人那种,说话特别有分寸,特别特别有分寸。张奶奶知道得特别多,可惜就是那时我太小,那时候她到我们家来就老跟我讲,就说老府里的人,就是绵英的将军府,说对你们家人都挺不错。张奶奶对我们家还特别忠心,忠心到什么程度呢,每星期到我们家送菜,冬天送雪里蕻,夏天送豆瓣酱。那时候也没有太多好吃的。我就记得她一见到我就叫小少爷,从小就管我叫小少爷。我到 14 岁的时候她还活着呢。

定：到了 60 年代还管你叫小少爷?

旗：小少爷。在街道上还经常劳动,挖防空洞、打扫卫生、执勤,一见我面儿那简直亲的哟,就跟我讲"男长女相必有贵样",她说我小时候长得像女孩,见了我面就说,瞅瞅,长得多体面呀,就这种话:"小少爷过来,让奶奶瞅瞅,多体面,多利落!"说话就这个调儿,"唉,你老祖宗可怎么样怎么样",就这种话,"将来得娶个好媳妇"。都是"文化大革命"当中了,就在我爷爷来照顾我之前,她还把我带到评剧团的房子里住过一段儿,她说你父亲当时就在这儿住的。拿出我父亲当时住在那儿的照片,在树荫下,坐着小板凳儿,在院里边,穿着汗衫戴着眼镜,那时很年轻,她就等于一直照顾我们。

　　那个老太太,京剧也唱得好。我就记得有一次五七艺校,1970年我曾经考过五七艺校,经小学推荐,因为我京剧那时候唱得特好,那时候八个样板戏嘛,我是学校宣传队的,也算是家庭熏陶吧,但是我的嗓子是唱小生的,考官我忘了是谁了,反正也是特有名的人,京剧名角儿,一看说你这个嗓子是唱小生的,小生是资产阶级嗓子,现在不行了,你录取不了,我就出来了。当时的考场在丰盛小学,出来以后外边在丰盛胡同,往这边一走,正好看到挖防空洞,我就见到这个张奶奶了,这个老太太正好他们工余时间休息,唱京剧呢,小老太太唱京剧,我印象特别特别深。这个张奶奶的丈夫跑到台湾去了,给她留了一个儿子,她儿子是个非常有名的京剧名角儿,在上海青年京剧院,曾经演过武松,盖叫天以后演过武松,小生也都可以,"文革"中在《龙江颂》中演过角色。张奶奶死了以后我们两家再没来往,因为她儿子在上海,后来她儿子的太太,也是京剧很有名的演员,在上海演过《穆桂英挂帅》。后来他们全家都移到香港,就跟我们没关系了。我爷爷跟这个老仆人一家一直有联系。然后我父亲进北京,在白塔寺这边还住过。

　　我们这一支走了(到保定)之后在北京还有房产,就是原来郑王府的房产,那个房子是我们的老宅,在西四羊肉胡同,羊肉胡同在砖塔胡同隔壁,地质部的对面,那院里的人实际也是郑王府里的人,后来就都姓郑了,我们南屋的人姓郑,爹也是跑台湾了。留下一个寡妇,相当于寡妇,实际上不是寡妇,带着个儿子,是个中学自然课的老师。西屋也姓郑,整个那个屋里全姓郑,他们那边开煤厂,但他们知道房产是我们的老根。我们后来就从评剧团那边的房子搬到羊肉胡同这个院里,住三间北房,直到"文革"当中我们父母受冲击呀,我们才搬走,以后住进了单位分的楼房。

　　端华就埋在五路居这地方。郑王的老坟就在这儿,八里庄这儿。① 端华埋在这儿以后，后来封郑亲王的那支，他们也埋在那儿。我们家人就认为他们那支人跟爱新觉罗直系走得太近，爷爷不太跟他们来往，每年向西北方烧香，磕头就完了。后来我父亲1949年到北京，我爷爷也托他到那儿去过，到五路居看看去。我小时候爷爷跟我讲，大概50年代左右那坟就平了，然后把骨殖就放罐里，叫移厝。我都不知道那个字，记得特清楚那个厝。以后我才明白，我到台湾讲学访问的时候，台湾好多村儿都叫厝，张厝、何厝、李厝，厝就是人死了以后，尸体不入土，暂时停放叫"厝"，台湾历朝历代大陆不都是移民么，所以他不愿意葬在那儿，他总有一天要回大陆。后来我就问他们，我也做了一些访谈，你们怎么"厝"的？他们说叫"移骨"，拿个大罐子，人先埋一年、两年，再挖出来，然后捡骨，捡完放罐子里，然后放在专门一个堂屋里，一个祖屋，就准备将来移到大陆去。我爷爷老说"厝"，捡骨移厝。我小时候怎么也不明白。我现在才明白，实际上50年代的时候是把骨头都挖出来了，装罐里烧成灰。

您知道吗，还有一事特有意思。我上小学时候的一个老师，就是郑王府坟户家的女儿，姓安，名字叫安旗，跟我这"旗"一模一样，我印象特深。我上学报到那天安老师就觉得我这个名字特怪，她说你看咱俩的名字一样，老师叫安旗，你叫毓旗。开家长会的时

---

① 冯其利先生在《清代王爷坟》中对郑王坟所做的实地考察，与毓旗这里所叙大致不差，但更详细些。据冯先生说，郑王坟的范围是东到五路居，南至两家店，西为高庄，北边营慧寺，占地2顷24亩3分。坟地以郑献亲王济尔哈朗第四子巴尔堪立祖。在虎皮大墙之内，由一座大山子隔开，分成东西"衙门"，葬有9位王爷。郑亲王端华之墓位于西衙门。又，冯先生还谈到，郑王坟的坟户有24家，护卫章京原由马家、安家担任，还有高、孟、宫等姓，亦与毓旗的叙述基本相符。详见《清代王爷坟》，紫禁城出版社，1996年，第26—29页。

候,她跟我父亲聊天,我父亲听她是老北京口音,就问她说你住哪儿,她说住西八里庄。我爸说,郑王的老坟就在那儿,那时候谁都不知道那里是郑王坟,1953年、1954年就平了,在那边儿组建煤炭公司,开煤厂,建他们的家属区,就把那块儿地彻底平了。然后我父亲就提,说你住的那儿可是老郑王坟的。她说我们就是郑王坟的坟户。特别巧。这个老师呀,我们一直很投缘,她很喜欢我,只是我小学时因搬家转了3次学,后来联系不上了,我参加工作以后就再也没有联系。当时我上的那个学校,南线阁小学,后来“文革”那时候改名叫井冈山小学。这就是我一年级的老师,安旗。

定:你知不知道你们家的坟户有多少支?

旗:就知道有姓安的,有姓马的,有姓刘的,都是在这儿的坟户。爷爷跟我说嘛,在五路居这儿有坟户,前年我还到这边去看过。

定:能找着吗?

旗:有几棵松树、柏树,大概地方都找不到了。我没敢去找(坟户),我能到那儿去找这个?这不自己给自己找麻烦嘛。您也可以去那边看看,五路居那儿,可以打听一下,那儿不是有个十字路口吗,再往前一个十字路口这边儿。所以我父亲后来分房,人说在西八里庄,他老人家倒吸一口凉气,说怎么越来越靠近祖坟了。父亲后来搬家分房子到了离五路居很近的地方。

定:是不是现在要挖的话,地下还有什么。

旗:我看是挖不出什么了,移走了。我爷爷说50年代移坟的时候,家里人还请他去呢。我爷爷说不去。

5. 和爱新觉罗家族的关系

定:我为什么对你们这个家族特别感兴趣,因为端华这件事出来以后这个家族的兴衰呀,就永远不可能再在正史里见到了,这样的情况应该有很多,因为清代上层的政治斗争那么残酷。

旗：残酷是很残酷，但其他各王基本上是削爵以后没有杀掉，就是怡亲王和郑亲王这两支被杀了。一杀，这个家族在正史就彻底不会再有了。宗人府、内务府那帮人就不会再管你了。

我就觉得从历史上冥冥注定来讲，为什么非要置铁帽子王郑亲王于死地呀，因为当时我爷爷跟我讲，世袭罔替的8个铁帽子王，① 都有免死牌的，传子传孙还有一条，免死，没有死罪。当时就是端华，我的祖上，我的五世祖，他还做过宗人府的头儿呢，他知道没有死罪。但是等到杀他的时候就谁都说没有这个东西（指免死牌）了。

后来我看了一些史料，实际上肃顺和端华在咸丰底下的时候，他们搞了一些改革，免除了一些满人大臣的权力，并将这些权力给了汉人。因为觉得这朝廷再往下就不行了。然后用的谁呀，包括曾国藩他们，曾国藩实际上属于肃顺、端华的人，但是他后来明哲保身，他在宫廷政变当中保持中立，他等待尘埃落定。

定：这也是这个家族的一件永久的伤痕是不是？

旗：肯定是。肯定是这样……

我爷爷1976年就去世了，那时候我才15岁，对于家族历史上出现的种种变故，因为我小，我很难去理解，现在我只能回过头来，想当时他老人家跟我谈话时的表情，一些语气呀，我能够感觉到他对爱新觉罗是非常恨的。

---

① 世袭罔替，清代爵位世袭多有代数限制，大多每过一代便降一等。但有八家可以不限代永准承袭，称为"世袭罔替"的"八家铁帽子王"，分别是：礼亲王代善、睿亲王多尔衮、郑亲王济尔哈朗、豫亲王多铎、肃亲王豪格、庄亲王硕塞、克勤郡王岳托、顺承郡王勒克德浑。到清中后期，乾隆帝将康熙十三子怡贤亲王允祥，同治帝将恭亲王奕䜣，光绪帝将醇亲王奕譞和庆亲王奕劻，也封为"世袭罔替"，所以清朝便有了十二家铁帽子王。

　　我爷爷过去跟我们讲过，我们本来就不是想入关的，他说我们这一支那时一直就忠于皇上。我以为是指清朝的皇上，他说不是，是大明的皇帝。我原来一直就不明白是什么意思，因为那时候小。到了我上初二、初三的时候，到1975年、1976年，我那时候酷爱中国历史，范文澜的《中国通史》我看了好几遍。我就看到里边有些注释，包括史料，我就去查过，因为我爷爷跟我说过，舒尔哈齐是被他哥哥杀掉，被努尔哈赤杀掉，我一看，杀掉是什么原因？重要的原因是当时他是建州左卫，努尔哈赤是建州右卫，确实他跟明朝关系不一般。而且他利用明朝的势力，等于兄弟之间争权，争夺当时在东北亚的那块地盘。确实有这个原因。

　　后来的济尔哈朗，就是第一代的郑亲王，是舒尔哈齐的第六个儿子。舒尔哈齐被杀了以后，他等于过继给努尔哈赤了。因为他父亲被杀了，他只有死心塌地跟着大伯才行，但内心也是有……

辽阳东京陵的舒尔哈齐陵的宝顶，按该陵寝前的说明："（舒尔哈齐）明万历三十九年（1611）被囚杀，年四十八岁。初葬赫图阿拉，天命九年（1624）随祖茔迁葬辽阳东京陵。顺治十年（1653）追封亲王爵。"（定宜庄摄于2008年）

定：那就是说你们家对努尔哈赤的仇恨一代一代地传了好几百年。

旗：实际上一直有。后来肃顺和端华跟他们的矛盾这么厉害。奕䜣，就是鬼子六这帮人应该非常清楚，他肯定知道家族事。他就认为肃顺他们这些人要是成功了，很有可能就……当时已经恢复了舒尔哈齐的称号，追封为庄亲王。[①]他就怕你这支翻过来以后把老仇拿出来，我觉得还应该有这个原因。起码我爷爷过去跟我说过。

定：你爷爷还跟你提到？

旗：他当然提到了。我爷爷过去跟我说过，说你们到北京，你们长大之后，崇祯皇帝的陵你们是得去的。清明节的时候你们只要有时间你就得去看看，我还真的按我爷爷的说法，每年清明节左右我到崇祯坟去一趟。就因为我爷爷过去说过这话。今年我们还去烧纸了。这几年刚修好，现在不开放了。残破的时候我都去，我经常去，而且我知道在日本有崇祯的一支，老在那儿给看坟的人留钱，让他们每年到那时候烧香。

您知道我们家有个特点，就是喜欢去故宫，包括我女儿，几乎我们一个月带她去一次，特别愿意去那儿。

定：为什么喜欢看那些东西？

旗：不知道，从小就特别喜欢，特别愿意去那儿。

我爷爷给我从小灌输的就是"富不过三代，君子之泽五世而斩"，长大以后我才知道这些话，全是《国语》《春秋》里的东西。

---

① 毓旗这里所述，均有史料可证。舒尔哈齐（1564—1611），努尔哈赤同母弟，曾在明总兵李成梁手下当差，政治态度上一直倾向于明。1611年被囚禁死去。顺治十年（1653）被追封为和硕庄亲王，已是他死后42年了。舒尔哈齐有子9人。

比如这架屏风,我爷爷都给我讲过。他讲这个屏风呢,就是乾隆年代郑亲王复号时,原来是简亲王嘛,复号时庆祝,宫里边送给他的,他讲为什么复号,说我们郑亲王哪,是济尔哈朗战功卓著给的号,济尔哈朗死后袭爵时没袭这个号,改成简亲王了。为什么改?因为郑这个号很硬气,你的子孙没那么大功,你顶不住这号,所以就没给这个号。济尔哈朗下边这支,也就是我们这支没有得到袭王爵的机会,就依惯例降爵,先给了一个镇国将军,一个辅国公。我爷爷讲济尔哈朗的这两个儿子非常能打仗,一个是死在广东了。济尔哈朗这个儿子的儿子,好像是巴赛,或是巴尔堪,是雍正年间死在新疆了。就是准噶尔叛乱的时候,他跟着平叛去的,死在那儿。我们两代都死外边了,全都死在军中了。这两人虽然战功卓著,可是一直没有大的封号。以后呢,到了他孙子这辈,后来一直袭简亲王的一支,我爷爷说是喝酒误事。我们家族都很能喝酒,都能喝,血统里就能容酒。我爷爷就说我们老祖宗有一支喝酒把王爵都丢了。最后是因为袭王爵的那一支犯了错误了,就把简亲王这号又给我们这支了。到了乾隆年复号,恢复郑亲王王号。巴赛和巴尔堪实际上都没有封过王,都是追封。封王以后把他们祖上又追封。①

定:为什么又恢复了?

旗:我爷爷没说,大概跟乾隆关系特好。他们私交特别好。家

---

① 巴尔堪和巴赛是父子,其中巴尔堪是济尔哈朗第四子,初授辅国将军,康熙十九年(1680)征耿精忠军时因创发卒于军。其子巴赛袭父爵,曾署黑龙江将军、宁古塔将军,征噶尔丹时阵亡。据载,噶尔丹策零的部众曾举着巴赛的黄带子(清宗室均佩带黄带以为标志)以示清军:"汝宗室为我所杀矣。"巴尔堪、巴赛的简亲王爵的确都是后来追封的,但清代官书从未提及这样两位卓有战功的宗室的王爵何以如此之低,毓旗的解释是家族传说,也是很有意思的。参见《清史稿》卷二一五,第8954—8955页。

里传下来的东西中许多是乾隆的，上面刻着他的诗和"御制"一类的字、款，还有嘉庆皇帝的象牙"盉杯"和题诗盒。

定：那时候没有仇恨了？

旗：他有仇恨但一直为朝廷做事哪。那时我们是世袭罔替的铁帽子王，一直对朝廷很尽力的。我感觉我爷爷说的尽力不是给他一个家族尽力，那是整个满人的天下，那种感觉，我是给公家干。

Elliott：你祖父有没有提到过溥仪的事？

旗：从来不提，他讲的就是跟他们家没有关系，我们两清，他老说两清。他说辛酉之后，就是1861年"辛酉政变"以后，我们两家就两清了，没有任何关系。

Elliott：连他的坏话都不说？

旗：从来不提他。包括我们进北京我父亲从来不提他。

定：我觉得特奇怪，有些仇恨能延续那么多年。

旗：我为什么跟他们家族人也没什么来往。我爷爷一直从来不提他。

定：也不觉得跟他们是亲戚？

旗：从来没有。

……

定：我到你这儿来觉得特别有意思，你家很多王府的东西在别处是很难看到的。

旗：对。这都是王府的，它跟皇家不同，区别就是带有皇家气息又不敢僭越，一旦规格、形制、花纹和图样超越了，就是僭越，杀头之罪。我爷爷就给我讲过，包括我父亲小时候就给我讲过，凡事讲个"理"儿，凡物讲个"意"儿。喜欢一件物件重在玩"意"儿。比如这个屏风，是"百宝嵌"做工，加个大漆描金绘画，上边都有讲究的，这上边86块玉。所有的玉都是乾隆时期的，代表中国玉器制造的最高工艺水平，而且上面包括中国能使用的玉石，各个品种这上面都有，如和田玉、南阳玉、岫岩玉、翡翠、砗磲、象牙、玛瑙、红宝石、碧玺、松耳石等等，而且图案多是宋代徽宗《宣和博古图》上的器皿，都有讲究，都能说出名堂来，比如说中间这个叫富贵花开，这个叫吉祥平安，一只鸡拖着一个瓶子，都是谐音。这边有两只羊，这叫吉祥平安。这底下还有一个，这叫福禄平安，中间有一个蝙蝠，这是福，这边有一只小鹿，是禄，这边有一个瓶，是平，底下是一个案，是安，这是福禄平安。还有这个叫一甲登科，然后上面是辈辈封侯，诗书传家。这不是有书嘛，这个叫麒麟送子，上面的叫福在眼前，也叫福庆有余。这都是我爷爷教给我的，我都记得。还有上边的叫连生贵子，这叫马到成功。您再看那两个柿子，事事如意。聚宝盆。全是吉祥的东西，底下的是萝卜。他有的没给我讲。后边全都是用金粉画的画，山水画。这就是郑亲王复号的时候乾隆送给他做吉庆礼品的，非常好。

6. 我们满族不是突然出现的

旗：我在河北也待过，我总觉得河北这地方的民风和满族有天然的联系，而且我读过春秋战国一些书，包括研究白狄（古称为鲜虞人、猃狁人）的一些著作，在春秋战国的时候，我们是白狄，这白狄在什么地方，在中山国，当时就在保定这一带（都城是中山，现在的定州）。中山国的文化非常发达，这几年出土挖掘的一些文物证明它的文化在某些方面甚至高于中原，齐桓公成就霸业，曾打着中原"内华夏外夷狄"的旗号嘛，把咱们看得跟兽类差不多，文化不发达，实际上它文化非常发达。我祖上曾收藏了一柄春秋青铜剑，剑琫、剑格、剑首上都用了错金工艺，花纹与风格同古中山国文物属同类型，剑身近格处有五字错金铭文，与70年代出土的中山靖王鼎、壶上的文字相同，我释读为"方原百厝剑"。古中山国是被赵国灭掉的，可我总觉得这个民族被灭掉以后，它的贵族不可能一夜之间全死掉，但是我找不到这种资料,再也找不到。到底白狄到哪儿去了? 它的贵族肯定是跑了,这些贵族往哪儿跑呢? 他不会往南跑,只能是往北跑,往北跑跑哪儿了? 辽宁,肯定是往辽宁,河北的北部,越过燕国的属地,跑到辽宁以后就跟当地的人混血了,他们有很高的文化,但是从血缘上来讲又被视为夷狄,所以后来才突然有女真族的金,在金的时候爆发出来,而他们那时候全汉化了。他们虽然有自己的文化,女真文字,但是他们普遍是双语言,汉族的科举、汉族的典籍很快在他们那儿普及开来了,我藏有一块金章宗时的土地交易合同铭文砖,全用汉字,而且表达方式、称谓、官职也都是汉文化。就是在金哪,金亡了之后也不是一下子没了。

定:也和白狄一样,也跑了。

旗:还是跑,往北跑。你算算从金和蒙古,到我们满族的再次兴起,实际上隔的时间并不长。中间就元朝一百多年,明朝刚建国的时候已经跟我们开始打交道了。

定:这个观点我特别感兴趣。我现在最感兴趣的是你这个观点是从哪儿来的,主要从哪里来的,主要是从你父老那里来的,还是主要从书里看来的?

旗:从我爷爷那儿来的。为什么这么说呢,因为满族有很多提到回老家的问题。我爷爷就跟我讲过圈地的事,他说为什么在河北这地方圈地,他说我们入关之前老根儿就在这儿,要圈地就圈这一块,各王府、上三旗都要在这儿圈一块。但他没讲过白狄,从他的话我只能上推到女真。我从来没有在史料里见过这种说法,就是听我爷爷说的。否则我不会那么系统地思索这一问题,导致我读书的时候一直有这根弦。

我很小的时候就有很强的历史感、时间感,一到傍晚就心里难受,怕美好的东西失去,就知道、体验过什么是死。我六七岁的时候,您知道那时候吧,在学校挖防空洞,一下挖出清朝的墓来,人穿的那个绸缎衣服,戴着朝珠的朝服,也没有烂,死人。我那时候就有恐惧感,然后就有提问:我是谁,我是哪儿的人? 然后就是我这个民族到底是怎么回事? 就有这个。我爷爷再给我讲完之后我老是这么考虑,我们这个民族这么精细,这么厉害,这么有修养,它不可能就从一个荒蛮的部落一下子爆发出来,两次跨入中国历史,成为正朔的王朝。再说我研究过历史呀,我是专攻魏晋南北朝思想史的,魏晋南北朝的时候五胡乱华,进了中原以后一塌糊涂、宫闱秽乱,除了北魏孝文帝受母亲影响推动鲜卑族汉化以外,其他贵族几乎一点文化没有。但是满族为什么一进入汉文化就井井有条,就好像是把自己家的东西重新拿回来一样。

Elliott:对。历来的解释都是有汉人在辅助。

旗:匈奴也是,契丹也是这样,所以这就是中国,我在日本进行学术交流时也讲过,在台湾做短期客座时在大学讲课也讲过。就叫中原舞台论。中原这地方不过是个舞台而已,哪个民族兴盛了都在这儿演一出戏,败了以后就退到边陲,就有一个核心和边陲之间的关系。退到边陲之后呢,蛰伏一段时间,然后又回来了,这叫光复,中国古代为什么那么重光复啊。日本人也有这个观念啊,日本当年侵略中国的一个所谓的重要理论根据,包括日本军阀,日本军部当时的教科书我都看过,一个重要因素,在他们的历史学上讲,说他们过去就是在中国。日本是秦汉以后各代流亡的中原、沿海移民们迁过来形成的,所以他们回来寻根来了。说出一个什么理论? 一个日本学者当面跟我讲,当年的军国主义汉学家们认为,蒙古人可以在中国统治,满人可以在中国统治,为什么大和民族就不可以在中国统治? 这是多么荒谬的理论!

Elliott:这个理论在当时日本的很多书里都可以看到。

旗：后来我跟他说了，我说什么原因呀？就是因为世界进入到民族国家和现代国家了。

Elliott：对。

旗：这是最最重要的原因。如果没有这个原因，像是中国古代，没有现代国际法意义的国界以前，你来了以后你叫逐鹿中原，如果有了这个原因，你来了以后你叫侵略。就这么简单。因为过去人的传统边境以及传统国际法则和 1900 年以后现代国际法规完全不一样。但是如果我们推出去再远的话，日本文化确实与中国文化很有关系。

Elliott：为什么当时日本学者对蒙古史、满洲史这么感兴趣，这句话太对了。因为作为异民族统治，非同类，他们写书的时候还写异民族统治下的中国，或者异民族统治中国史。都是因为这个原因。

旗：您说得对。我研究近代思想史，特别是明清思想史，明亡了之后，清这个期间，我发现了很多重要的线索，证明日本侵略中国较早的理论基础。明亡了以后，明朝有个亲王的后裔叫朱舜水，①他是著名的理学家，对陆象山、王阳明的心学也颇有

---

① 朱舜水，名之瑜，字鲁屿，浙江余姚人。生于明万历二十八年（1600），卒于清康熙二十一年（1682）。早年绝意仕进，清顺治元年（1644），南明福王朱由崧两次诏征授职，亦不受。顺治四年至十五年（1647—1658），4 次东渡日本借兵，以图恢复明室，均未成。途中辗转安南、交趾（均今越南）等地，历尽艰险。其间，南明唐王朱聿键、鲁王朱以海多次诏征授职，俱力辞不受。顺治十六年（1659），受郑成功、张煌言邀，返国抗清，败后复流亡日本。常面向故乡泣血，背朝北方切齿。1665 年，被日本水户藩主德川光国聘为宾师，迎至水户讲学。光国亲受业为其弟子。其余藩侯藩士，请业的很多。他为学重实际效用和事功，与黄宗羲、顾炎武相似。学术思想对当时日本和后来明治维新有很大影响。1682 年卒于日本，享年 83 岁。

造诣。他有两千弟子，这里边当然也有南明小朝廷的残官余吏、散兵游勇，但大部分是学者，跑到日本去了，大部分在幕府里，给德川家康当私人老师，德川拿出天皇给他一年俸禄当中的一半，给他养他的两千弟子。很有意思的是什么呢，朱舜水给德川讲了一个道理。说我们三万万的汉族，被一个区区 40 多万的小民族就是我们满族啊给打败了，你们大和民族要吸取我们汉人的教训。另外你们也要励精图治，将来你们也可以打到中原去，就给他说这个。而且把理学的"理"、"气"的观念和"心学"的"心"、"诚"的观念给了德川，德川以后就以朱舜水为精神领袖培养出一个水户学派，其中重要的一个因素就是"诚"，忠诚的"诚"，和"勇"放在一起，加上中国唐以后传入日本的禅宗中"禅"、"静"等观念，变成为武士道精神。武士道精神主要就是尊王攘夷，就把幕府的地位压下来，抬高天皇的地位。这是为了什么？统一日本，统一日本的目的是为了什么？准备力量，经朝鲜半岛过对马海峡进入朝鲜，再入东北，再到中原。所以以后的德川家族给天皇写的信都是，我们的战略就是先过对马海峡拿下朝鲜，通过朝鲜到达东北，从东北逐鹿中原，天皇的首都应该在北京。史料都有。前年我到日本访问，我参观靖国神社旁边的游就馆，游泳的游，就义的就，这个馆举办了一个"明治维新 130周年纪念展"，从中可见日本国家意识形成的过程和右翼军国主义思想的渊源。展览中我刚才说过的那些史料都有。但是日本人始终没有能完整地提出这个观点。我在日本有一次讲学，我提出这个观点，人家非常赞同，说你的观点戳到军国主义理论的根子上了，这是非常有见地的理论。但是我说我是很理性的学者，我理性地去分析为什么会出现这种情况，而且你看游就馆，包括靖国神社的建社，每一个馆的名字都有出处，"游就馆"是荀子《劝学篇》里头的一句话，叫"君子游必就义"。日本文化继承了很多我们中国的那些很纯正的东西。

边疆民族史，特别东北亚民族史没人敢碰，因为涉及朝鲜、日本，蒙古、满族几个大势力之间错综复杂的关系，我后来想得特别系统。比如我爷爷给我讲，过去我们家里有个甲胄，我记得特清楚，我们是镶黄旗，都是镶边的黄色盔甲。它外边是布的，绫罗绸缎，然后里边是一层甲片，很小的，黑铁，用金属编在一起的，最里边是一层鹿皮。老头就跟我讲，说为什么用鹿皮，铁东西跟身体一磨身上就出血，有鹿皮作为内衬，就跟我们穿西装要穿衬衣一样。鹿皮是哪儿来的？台湾地区，还有日本。当时我就不明白，他跟我讲这个，我就觉得好玩儿。后来到台湾地区访问讲学，我也出去采访，我突然发现了，台湾地区有个鹿港，日本有个鹿儿岛，我就看了一下当时整个东亚地区海外贸易史，发现很有意思，明朝和清朝打仗，大量的鹿皮来自这两个地区，两宗大的贸易当中重大的货物。日本的鹿皮也很好，日本鹿皮的贸易是通过东北，通过朝鲜。台湾地区的鹿皮贸易是通过郑氏家族的海盗集团过来的。一下子就把当时我爷爷讲的那些小片段都串起来了。非常非常有意思。

Elliott：东北的鹿皮也不少，为什么……

旗：也许是鹿种不一样。那时候鹿皮是大宗。我小时候见过那个东西，里头是带铁片的，然后一层是鹿皮内衬。后来我不知道我爷爷把它给谁了，现在家里还有一套日本幕府时代的将军阅兵大甲胄，里衬也是用的鹿皮。类似这种，好多民俗有些片段实际是保留了历史整段的信息。

定：这句话有道理。有时候很容易就会把一些片段给放过了。

旗：因为我们历史大量是靠信史，所谓信史一个是流传典籍，当然都是正史了，大部分都是那些个胜利者写的，后朝修史往往是否定前朝的多，刻意回避的多。其二是靠挖掘，但是挖掘出来的只是很小一部分，所以历史研究往往都是靠那些基础的很小的一部分材料和胜利者的正史传下来的，往往有大量没有进入历史主流的东西，曾经是过去的历史主流被埋没了。所以大姐，我们满族不是突然出现的，我们被打败过，跑到边疆以后，蛰伏，然后回来一趟，不行了，又回去了，到了清朝又回来了。我潜意识当中就感到我们这个满族不是突然一下子爆发的，肯定有相当多年的历史和文化的积淀。

附：巴尔堪、巴赛二事小考

1. 弥勒州所在地

我父亲说太爷爷告诉他巴尔堪征讨吴三桂，一会儿说是死在了广西弥勒县，一会儿又说是在云南弥勒县，弄得我一头雾水。查当代县志，了解到弥勒县清朝为弥勒州，属云南广西府，今为云南省弥勒县 [①]。《大清一统志》记载："弥勒县在州城西九十里，明属广西府，本朝因之，乾隆三十五年改为县。" [②] 这样弄清楚了原来阵亡地点是云南广西府的弥勒州。

2. 巴尔堪阵亡的地点和时间

《清史稿》仅记巴尔堪在康熙十六年（1677）九月广东韶州莲花山中流矢，十九年（1680）八月创发，之后于行军途中死于广西：

[①] 云南省弥勒县县志编纂委员会：《弥勒县志》，云南人民出版社，1987年，第 11 页。

[②] 穆彰阿等：《嘉庆大清一统志》卷四九一，续修四库全书编纂委员会：《续修四库全书》623 册，上海古籍出版社，2002 年，第 649 页。

（康熙）十九年八月，喇布（济度第二子，简亲王）师次广
西，上命以巴尔堪从。病作，语固山额真额赫纳等曰："吾不能
临阵而死，今创发，勿令家人以阵亡冒功也。"遂卒于军。①

《钦定宗室王公功绩表传·喇布传》载：八月，移驻南宁。十
月，诏选所部付大将军赉塔进攻云南。②《清史稿》中《喇布传》亦
有相同记载③。进军云南的时间是从八月到十月，因此巴尔堪应该
是在十九年九月至十月左右死在了由南宁到云南昆明的半路上，
位于广西和云南交界的弥勒州。

又，《功绩表传·巴尔堪传》中记载：

十六年（1677）九月，剿贼韶州莲花山陷阵，中创，裹创力
战，大破贼。十九年八月，简亲王统师广西，上诏王进征，时宜
以巴尔堪总统营务，俾立功自效。十月创发，自度不能瘥，语
都统阿赫纳、副都统干都海曰："吾为宗室，不能临阵而死，今
创发，勿令家人以阵亡冒功。"卒年四十有四，丧还，上命大臣
宗室辉塞往奠。④

但是《宗室王公功绩表传》的横格宗谱上记载的巴尔堪阵亡
时间却与传记略有出入：

① 赵尔巽：《清史稿》卷二一五《巴尔堪传》，中华书局，1977 年，第 8954 页。
②《喇布传》，《宗室王公功绩表传》，《文渊阁影印四库全书》第 454 册，商务
印书馆，2008 年，第 111 页。
③ 赵尔巽：《清史稿》卷二一五《喇布传》，第 8951 页。
④《巴尔堪传》，《宗室王公功绩表传》，第 203—204 页。

　　巴尔堪,显祖宣皇帝曾孙,和硕郑献亲王济尔哈朗第四子……十九年八月卒于军,复原封。①

　　那么《巴尔堪传》与同一书《横格宗谱》记录的死亡时间哪一个更准确呢? 翻检《爱新觉罗宗谱》丁册:"(济尔哈朗)第四子巴尔堪崇德二年(1637)丁丑闰四月二十五日丑时生……康熙十九年庚申十月十一日寅时卒于军,年四十四岁。"② 原来巴尔堪死于康熙十九年十月十一日。总之,太爷说的时间、地点应该是确实无误的。

　　康熙十七年(1678),吴三桂就已经死了,此时喇布和巴尔堪军队应该与吴三桂孙吴世璠的军队作战。③ 巴尔堪的儿子巴赛也是战死的,父亲说他在雍正年间打噶尔丹死在新疆腾格里海。《宗室王公功绩表传·巴赛传》记为与噶尔丹策零在和通淖尔(和通呼尔哈

---

① 《横格宗谱》《宗室王公功绩表传》,第 42 页。

② 《爱新觉罗宗谱》丁册,学苑出版社,1998 年,第 8332—8333 页。

③ "十九年春,将军赵良栋自略阳破阳平关,克成都。王进宝自凤县破武关,取汉中。王屏藩走保宁,师从之,战于锦屏山、薄城,屏藩自杀。保宁下,进克顺庆。将军吴丹、提督徐治都自巫山克夔州、重庆,杨来嘉、谭弘先后降。察尼攻辰龙关,出间道袭破之,克辰州。杨宝荫、崔世禄皆降。彰泰师克沅州,吴应麒、胡国柱走贵阳。上召勒尔锦、察尼还京师,趣彰泰与穆占、蔡毓荣等自沅州,喇布自南宁,吴丹、赵良栋自遵义,三道并进。世璠令应麒与王会、高启隆、夏国相合兵入四川,掠泸州、叙州,进陷永宁。谭弘复叛,陷夔州。上复趣彰泰速下贵阳,命赉塔为平南大将军,尽护广西诸军。吴丹坐不援永宁,罢,命赵良栋尽护四川诸军,仍三道入云南。世璠召会、启隆、国相自四川还援贵阳,令马宝、胡国柱等掠四川……二十年,十月克昆明城。"见赵尔巽:《清史稿》卷二六一《吴三桂传》,第 12849—12850 页。

诺尔、和通泊)交战时死在哈尔哈纳河附近[①](《查弼纳传》作哈尔噶纳河[②])。对此我有些疑惑。《蒙古族通史》中考证出确切地点在和通淖尔。[③]据谭其骧《中国历史地图集》[④]，和通淖尔在今新疆阿勒泰北与蒙古边界地区。和通淖尔其实是一个小湖，和通是蒙语中的链之意，淖尔就是蒙语中的湖，合起来就是链状的湖；而腾格里海即蒙语天湖之意，应该是指大湖的。太爷可能将淖尔与海弄错了。总之，可以确定的是巴赛战死的地点在和通淖尔附近。

巴尔堪和巴赛本未被封为亲王，只是后代辈出了亲王后被追封的。[⑤]

（原载《府门儿·宅门儿》，北京出版社，2017年）

[①] "九年，偕傅尔丹驻科布多。六月，噶尔丹策零纠贼三万来犯，傅尔丹偕巴赛至扎克赛河，获贼二十余人，讯之言贼不满千，在察罕哈达游牧尚隔三日程，傅尔丹令移营和通呼尔哈诺尔。贼兵两万伏山谷，伺我军甫移突出，蒙古兵俱溃，收满洲兵四千作方营，护辎重，退渡哈尔哈纳河，登山列阵。贼复踵至，傅尔丹居右，仍回科布多。巴赛与副将军查弼纳居左，越岭至河滨力战，没于阵，年六十有九。"见《巴赛传》，《宗室王公功绩表传》，第205页。

[②] 赵尔巽：《清史稿》卷二九八，《查弼纳传》，第10412页。

[③] 蒙古族通史编写组：《蒙古族通史》中卷，民族出版社，2001年，第311页。

[④] 谭其骧：《中国历史地图集》，中国地图出版社，1987年，第55页。

[⑤] 因为孙奇通阿于乾隆十七年（1752）十月被封为和硕简亲王，巴尔堪于乾隆十七年八月追封和硕简亲王，巴赛于乾隆十七年十二月追封和硕简亲王（《爱新觉罗宗谱》丁册，第8333、8336页）。

清朝皇帝大婚与文化交流融合

　　皇帝即位后迎娶皇后的典礼仪式称为"大婚礼"，满文旧作"amba sadulambi"，意为"大结亲仪式"，或称"hūwangheo gaimbi"，意为"迎娶皇后"。

　　在清朝入关后到清亡的十位皇帝中，除了即位后将原配嫡福晋册立为皇后的雍正、乾隆、嘉庆、道光、咸丰五位皇帝外，其他的五位年幼继位的皇帝顺治、康熙、同治、光绪、宣统都在紫禁城内举行过大婚册立皇后典礼。其中顺治皇帝比较特殊，举行过两次大婚。第一次大婚册立的皇后博尔济吉特氏因与他"志意不协"，被

英国画家笔下的同治皇帝大婚——迎亲队伍

降为静妃,不久他又迎娶册立了废后的侄女即后来的孝惠章皇后。末代皇帝溥仪在清亡十年后才成人迎娶皇后,那次仪式严格意义上不能算是真正的皇帝大婚。总之,有清一代一共有四位皇帝举行过五次大婚仪式,即顺治皇帝的两次大婚加上康熙皇帝与孝诚仁皇后、同治皇帝与孝哲毅皇后、光绪皇帝与孝定景皇后的大婚仪式。作为最高统治者的婚礼,清代大婚的花销巨大。光绪大婚共花费银550万两,按当时的粮价折算,这些银两可购买近400万石粮食,足够190万人吃一年。逊帝溥仪的婚礼按照同治帝大婚的规模来办,花费银圆40多万。

清代的大婚仪式脱胎于周代以来婚礼中的"六礼",即纳采、问名、纳吉、纳征、请期、迎亲六个步骤。清代因其独特的选秀女制度,皇后从秀女中指立,故未有"问名"与"纳吉"之礼。"纳采"和"纳征"即民间的订婚礼和聘礼。为体现皇家典礼的气势恢宏,"纳征"改为"大征"。宋代开始,为了突出皇家至高无上的地位,告知婚礼时间称"告期",而不是"请期";皇帝大婚不"迎亲",而派使节"奉迎"。皇家大婚与民间婚礼最重要的区别在于,"奉迎"前要举行"册立"仪式确立皇后身份。成婚"朝见"后要颁诏,昭告天下皇后已为后宫之主,天下之母。

清代的大婚可分为三个礼仪阶段,婚前礼、婚成礼、婚后礼,一般持续20天左右。婚前礼主要包括"纳采礼"、"大征礼"。婚成礼主要包括"册立礼"、"奉迎礼"、"合卺礼"。婚后礼主要包括"朝见礼"、"颁诏礼"、"庆贺礼"、"赐宴礼"。在这三个阶段九个礼仪过程中,每一个具体的礼仪都能体现清代满蒙汉民族文化的差异与融合。

婚前礼 从复选的秀女中确立皇后及妃嫔后,皇帝的大婚便进入准备阶段。准皇后与准妃嫔都入住皇后娘家,不能与家人接触，只能由宫中的太监来服侍。

光绪大婚典礼图——赐宴图

　　具有订婚意义的纳采礼是向皇后家赠送赏赐的第一批物品。礼物一般包括马匹、甲胄、妆缎、布帛，早期还有金茶桶和银盆。汉人的纳采礼中需有大雁，寓意女子守节，而满洲纳采礼中有甲胄、鞍马，展现了少数民族不忘骑射的尚武精神。举行纳采礼的当日上午，正副使在太和殿前跪听大学士传旨："皇帝钦奉皇太后懿旨，纳某氏女为后，命卿等持节行礼纳采。"正使从大学士手中领节，带副使率领仪仗队出太和门、东华门到皇后府邸。正副使到来时皇后的父亲早已穿好朝服率家人在大门外跪迎。内务府官员将纳采礼摆在左右两边案上后，正副使将象征皇帝的节安放于客厅中央大案，分立于两侧。此时皇后之父率家族子弟跪于客厅中门之外听正副使传制，众人再朝皇宫方向行三跪九叩大礼谢恩。为庆贺纳采礼成功，皇后家会被赏赐一场宴会，按照满族的饮食习惯布置筵席。来宾先喝奶茶之后，吃饽饽和羊肉等酒菜。

　　之后相隔两三天左右，正式迎娶皇后入宫之前，还要进行大征礼,再向皇后家送一次大婚礼物。礼物除了马匹、妆缎、金银茶具和银盆之外,还有黄金二百两、白银一万两。这次仪式均与纳采礼相同。

婚成礼　皇家大婚中最重要也是最隆重的仪式便是册立、奉迎、合卺礼,约在大征礼举行后十几天内举行。行册立礼前一天皇帝要派遣官员告祭天、地和太庙。举行册立礼当日清晨,皇帝先从养心殿到慈宁宫,向太后行礼禀告即将迎娶皇后,再亲临太和殿任命使臣(一般是两位和硕亲王),交予使臣皇后册、宝,之后便前往乾清宫等待迎娶皇后。正副使率仪仗队出太和门,紧随其后的是盛放金册、宝的龙亭。之前在此等待的凤舆跟在龙亭之后一同随队伍出午门、大清门,前往皇后府邸。

按照满洲风俗,婚礼是在夜间举行,子夜时分,迎亲队伍才到达皇后府邸。正副使依然是先向跪拜的皇后之父宣读迎娶皇后制文,然后将金册、宝置于中门案上。皇后在案前面北而立,听女官宣读册文宝文后,皇后接受金册、宝,行六肃三跪三拜后册立礼成。

子时三刻(册立礼当日23点45分)左右,女官提醒皇后上轿,被命妇打扮一新的皇后身着龙凤合袍,盖着缎绣龙凤纹盖头,手中拿着两个象征平安的苹果,母亲将其送至凤舆前,父亲在大门口跪送。浩浩荡荡的送亲队伍中,先行的是正副使,后为皇后仪驾、册亭、宝亭,正中为凤舆,凤舆前后有命妇骑马扈从,左右有内监扶舆步行,对位是护送的内大臣和侍卫。民国时期,逊帝溥仪的大婚增添了新的元素。伴随仪仗队的还有民国来的骑兵、步兵卫队,禁卫军警察中队,以及两支中外乐队。

热闹喜庆的队伍护卫着16人抬的凤舆穿过大清门,于寅初(次日凌晨3时)左右到达乾清门。此时的紫禁城各处张灯结彩,装饰一新。各处宫殿都搭起彩架,贴满双喜和吉祥话语。皇后在乾清宫下凤舆,亲王福晋接过皇后手中的苹果,交给她装有金银、珍珠、米谷、小如意的宝瓶。

　　新娘抱着宝瓶从殿内火盆上跨过,象征富贵平安如意。满族民间亦有此习俗。接着,经过交泰殿,再跨过坤宁宫门槛上的马鞍,下面放着皇后拿过的苹果,寓意平平安安。跨马鞍这一婚俗并非满洲原生习俗,而是源于唐代时期汉人对北方游牧民族骑马婚嫁的模仿。

　　举行合卺礼的大婚洞房在坤宁宫的东暖阁。在明代,坤宁宫是皇后居住的地方,满洲入关以后,结合本民族的习惯,西边的大部分空间被改造为萨满教祭坛,而东暖阁成为皇帝大婚临时居住的洞房。在这里的龙凤喜床上,皇帝揭去新娘的盖头。之后双方端坐于床上,男左女右。这时,内务府女官让两人吃子孙饽饽(煮熟的饺子),吃的时候会问双方"生不生",标准的回答是"生"。这一双关语包含着对夫妻双方子孙满堂的祝福与期盼。而末代皇帝溥仪在新婚之夜的回答令新娘花容失色,他十分诚实地说:"是熟的。"吃完子孙饽饽后,皇后要重新梳妆打扮,把少女头梳成贵妇头,戴上凤钿,换明黄龙凤八团龙褂,表明身份从少女到少妇、从平民到皇后的转变。之后,帝后模仿古人席地而坐的习俗举行合卺礼,在龙凤喜床的床沿下相向而坐,相对而食,共饮交杯酒。此时,需有结发侍卫夫妇在房外屋檐下用满语唱交祝萨满神歌,祈求神明保佑婚姻幸福美满。之后帝后面向南方同坐龙凤喜床,举行坐帐礼。在吃完长寿面之后迎接两人的洞房花烛夜。

　　婚后礼　根据传统汉人的礼俗,新娘在婚后要拜见包括祖先、公婆在内的夫家的家族成员,以取得家族的接纳。这被称为"庙见礼"和"拜舅姑礼"。清帝大婚中相应的礼仪则为"庙见礼"、"朝见

礼"。婚后次日,皇帝皇后在供奉祖先御容的寿皇殿和宫内各殿拈
香跪拜。大婚之后第三天举行"朝见礼"。民间传统的"拜舅姑"
即拜见公婆,而皇帝即位之始父亲已崩逝,故皇家的"朝见礼"只
向太后行礼。朝见太后时皇后和妃嫔要向太后献如意,而不是像
传统汉人朝见礼中那样要献"枣"、"栗"、"腶脩",当然她们也会遵
从汉俗向太后进汤和酒。

举行后一两天,皇太后、皇帝分别于慈宁宫、太和殿接受皇后、
嫔妃、文武百官的进表拜贺,是为朝见礼。颁诏礼和庆贺礼也在同
一天举行,官员在天安门城楼上用满汉两种语言宣读皇帝大婚诏
书,之后放入金凤衔彩云匣中,从悬挂在城楼上缓缓而降的金凤
衔云彩匣中取出的诏书会被颁行到全国各地,正式昭告天下这一
喜事。

颁诏之后是庆贺礼,皇帝大婚属于国礼,由王公大臣进献贺
表,三跪九叩,群呼万岁。虽然与平常的国礼基本一致,但还是略
有差别,庆贺的来宾中还包括外国的使臣。他们当中既有传统朝
贡贸易体系中如朝鲜、安南、缅甸、暹罗等国的使臣,也有不属于朝
贡贸易体系的欧美国家的外交使节。同治十一年九月,同治皇帝
大婚时,当时的朝鲜国王李㷗便遣使臣奉表庆贺,并进贡了贺礼。
清廷给予了赏赐并让使臣参加婚后赐宴。光绪十五年光绪帝大婚
时,朝鲜国王也派了使臣前来奉表庆贺送礼,清廷也同样安排了赐
宴,并向朝鲜国王、王妃赏赐了缎匹。

同治皇帝大婚的庆贺礼使节的范围仅限于朝贡贸易体系,而
光绪帝的庆贺礼和使节则更为国际化,欧美各国君主纷纷发来国
书贺文并赠送贺礼。欧美国家这样做是为了在第二次鸦片战争
结束并和清廷签订一系列不平等条约后,笼络并缓和与清廷的关
系,以便利用清政府镇压义和团反帝爱国运动,瓦解人民的反抗

情绪,从而达到进一步瓜分中国的目的。光绪十五年正月皇帝大婚,德国君主威廉二世发来贺电,并寄瓷瓶两尊。英国女王维多利亚派使节前来庆贺并送了刻着中国对联的西洋钟表作为贺礼。关于这件贺礼还闹出了点小误会,当时皇太后慈禧对使节送钟表犯了中国传统的"送终"谐音忌讳就略有不悦,当她看到钟上对联竟然有"日月同明"四个字更是火冒三丈,突然变了脸色,命人将钟抬出了房间。原来"日月同明"本来是日月同辉的含义,可是到了清朝统治者慈禧的眼里便有了反清复明的意味。英女王和使节因为文化的差异并不知道其中犯了"送终"和文字狱的忌讳。可见中外文化交流中不仅存在着互相模仿吸收,也存在着差异和误解。

婚后第五天,为庆祝皇帝完婚,皇帝在太和殿、皇太后在慈宁宫会分别赐宴,邀请皇后的亲族及各少数民族首领以及朝鲜、安南、欧美等地的外国来使赴宴。宴会上会表演满族传统的庆隆舞及蒙古乐器、高丽筋斗、回子乐、粗缅甸乐等各项节目。宴罢,全部大婚礼成。

我们可以发现,清代的大婚礼俗中既包含着单一的满俗或单一的汉俗、蒙俗,也包含着在汉俗基础上加上满洲文化精神的满汉杂糅礼俗;还有像过火堆、下马鞍、坐帐这样的原北方民族旧俗,它们在被中原汉人借鉴并赋予新的文化寓意之后,以相似的礼仪形式被重新纳入同一礼仪体系之下;甚至还有高丽筋斗、粗缅甸乐这种隶属朝贡贸易体系下的外国文化,也被纳入典礼仪式之中。通过庆贺礼,外邦使节纷纷呈送贺表和贺礼,中外文化之间又频繁交流融合,虽然其中也存在着一些文化差异和误会,但是瑕不掩瑜,不妨碍中外文化主要方面的交流。由此可见,民族之间的文化交流不是单一的一方传播影响另一方的模式,而是双方彼此交融,互相借鉴、影响,再创造出新文化的过程。值得注意的是,不论清代大婚中包含的满汉礼俗的形式与内涵有何种差异,它们都表达着同一个主题,那就是期盼夫妻生活幸福平安,子孙繁衍。正是人类心理思维上的这种趋同性促成了丰富灿烂、多元一体的中华文明的产生和发展。

(原载《中华读书报》2021 年 6 月 21 日)

清代帝后谥号与宫廷政治格局变迁

谥号是对死者一生功绩和道德的最终评价。《逸周书·谥法》中曰：“谥者，行之迹也；号者，功之表也。”[①] 简而言之，“谥”是对一个人人生轨迹的总结，“号”是对一个人一生功绩的评价。谥法制度最早起源于夏商到西周早期，在西周中期确立以后，在后世逐渐流通实行。但在秦代时期因为秦始皇认为“死而以行为谥，如此则子议父，臣议君，甚无谓，朕弗取焉”，谥法一度被废除[②]。西汉开始恢复谥法，以后“历代因之，各有增损”[③]。清代的谥法制度基本延续了明代的谥法制度。笔者就帝后的谥号有什么规律、帝后的谥号与政治格局变迁之间的关联略作讨论。

一、清代帝后谥号的格式和谥号的相关礼仪

（一）谥号的格式

1. 皇帝的谥号。皇帝谥号的格式为，在尾端加上庙谥合成尊谥。如清世宗的谥号“敬天昌运建中表正文武英明宽仁信毅睿圣大孝志诚宪皇帝”，最末的“宪”字是皇帝的庙谥，“宪”之前的文

① 黄怀信等：《逸周书汇校集注》，上海：上海古籍出版社，1995 年，第 668 页。
②［汉］司马迁：《史记》，北京：中华书局，1985 年，第 236 页。
③《清朝通志》卷四八，杭州：浙江古籍出版社，2000 年，第 7031 页。

字是世宗皇帝的正式谥号。据笔者统计,清代皇帝谥号除太祖24字、德宗20字外,均为22字。另外,皇帝的谥号均以"×天×运"为开头。如圣祖康熙帝的谥号是"合天弘运文武睿哲恭俭宽裕孝敬诚信中和功德大成仁皇帝"。清朝皇帝中只有太宗皇太极的谥号比较特殊,他的第四字未选"运"字,而是"国"字。

2. 皇后的谥号。清代皇后的谥号格式为谥号尾加上丈夫的庙谥。如乾隆的生母孝圣宪皇后"孝圣慈宣康惠敦和诚徽仁穆敬天光圣宪皇后",其丈夫庙谥"宪"之前的文字为皇后的正式谥号。据统计,清朝皇后的谥号除了慈禧是22个字,慈安和孝哲毅是14个以外,其他均为16字。皇后的谥号则以孝开头,最后四字以"×天×圣"结尾。"孝"字开头指皇后要遵循传统的孝道。"天"指的是皇后的丈夫先帝,"圣"指的是嗣皇帝。孝庄皇太后谥号最后四字是"翊天启圣"。"翊"字有辅佐、帮助的含义。"翊天"表明了孝庄皇太后在皇太极在世时,就"佐太宗文皇帝肇造丕基"[1],"赞助内政,越既有年"[2]。"启"字有"启迪、开导"之意,点明了太宗去世后孝庄太后辅佐引导顺治、康熙两代幼主成为明君。孝钦显皇后慈禧的最后四字是"配天兴圣","兴"有使兴盛之意。"兴圣"点明了慈禧太后在内外交困的局面下辅佐同治、光绪两代幼主,实行垂帘听政,实现了同治中兴的局面。

3. 清代帝后谥号的特点。除了谥号有固定的格式之外,清代帝后谥号的另外一个特点是满汉合璧。众所周知,清代是满族建立的封建王朝,满语是其本民族的语言。在入关前,吸收汉文化的清代皇室的帝后谥号(如努尔哈赤和皇太极夫妇)就是满汉合

---

①《康熙起居注》,北京:中华书局,1984年,第1693页。
②《清圣祖实录》卷一三二,北京:中华书局,1985年,第8页。

璧的。入主中原之后,他们在接受汉文化的同时,为了维持本民族特色坚持"国语骑射"、"首崇满洲",清代帝后的谥号依然延续祖制,保持满汉合璧的特色。在神牌中满文居左,汉文居右。满洲尚左,从左向右书写。汉人尚右,从右往左书写。因此,这样安排无论满文、汉文的地位都是一样重要,无尊卑之分。

　　清代帝后的满汉合璧谥号是每两个词相对照的意译。以高宗的谥号为例:

g'aodzung, abka be alhūdaha, forgon be wesihun obuha, den iunenggi, nenden

　　高宗天把效法了天运把兴盛使极为诚首先

sarasu, ikengge be dursulehe, ten be ilibuha, šu selgiyehe, horon badarambuha, ginggun

　　知第一(元)把效仿了极创立、树立文传播威武推广开来恭敬

genggiyen, hiyoošunga jilangga šengge enduringge yongkiyangga hūwangdi①

　　英明孝顺的、孝慈善的神妙的神圣的完备的皇帝

　　意译为:高宗效法了天,使时运兴盛,极为真诚、先知先觉、效仿乾元,创立了最高的准则秉持国政,传播了文教,使威武推广开来,恭敬英明、孝顺慈善、神妙神圣、完备的皇帝。

　　汉文谥号为:高宗法天隆运至诚先觉体元立极敷文奋武钦明孝慈神圣纯皇帝。

　　汉文的谥号和满文的意译对照看,是比较符合原文的含义的。

───────────────

①《清高宗纯皇帝神牌》,故 184259,藏于故宫博物院宫廷部宗教组库房。

（二）定谥号的相关礼仪

1.选定谥号的程序。一般而言,帝后去世后,嗣皇帝下令九卿和王公大臣议谥号,九卿王公大臣根据其一生的功绩品德草拟好大行皇帝或大行皇后的谥号后(一般会在几天到几十天之内),上报给皇帝请求钦定,最终交由皇帝圈定亡者的谥号,再颁诏公布,举行上谥礼。

比如嘉庆二十五年(1820)七月二十五日嘉庆帝崩逝,新君道光于八月初四日下谕旨令大臣议定庙号、谥号。八月二十一日,以大学士托津为首的众臣上奏草拟好的谥号。在奏案中,为嘉庆帝草拟了6个庙号,为"孝宗、仁宗、德宗、宣宗、康宗、肃宗"。庙谥也拟了6个字睿(宣聪则作曰睿)、成(功德隆备曰成)、元(仁长体民曰元)、神(安仁立政曰神)、定(乂安中外曰定)、熙(敬德光辉曰熙)。草拟的谥号为"受天兴运敷化绥猷崇文经武恭宽勤俭端敏英哲"[①]。后经道光帝钦点,庙号为"仁宗",庙谥为"睿",谥号中的"恭宽"改为"孝恭"。接着皇帝将此案发给众臣们令其复议,无异议后,皇帝便于八月二十一日正式发布上谕,公布嘉庆帝的庙号、庙谥和谥号。

皇太后谥号的拟定较为特殊,是从她们生前的徽号中保留了几个字,再添加几个字删改而成。孝庄皇太后的谥号是从徽号中取了5个字,再加了7个谥字,最后加上丈夫的庙谥"文"组成的。留下的五字有"恭"、"懿"、"庄"、"仁"、"宣"。其中,徽号中的"圣"字因为在添加字组合成谥号时是 × 天 × 圣的惯例格式中的定

---

① 托津等:《奏为奉旨恭拟大行皇帝尊谥徽称庙号事》,嘉庆二十五年,档案号03-1616-047,缩微号111-1391,藏于第一历史档案馆。无名《呈拟尊谥六字单》,嘉庆二十五年,档案号03-1616056,缩微号111-1652,藏于第一历史档案馆。

字,故不算在保留的字数内,算在添加的字数内。添加的七个字是
"孝"、"诚"、"宪"、"翊"、"天"、"启"、"圣"。再加上皇太极的庙谥
"文",共同组成孝庄文皇后的初谥号——"孝庄仁宣诚宪恭懿翊天
启圣文皇后",共 13 个谥字①。孝康章皇后保留了徽号中的"慈"、
"和"两字。康熙五十六年(1717)十二月二十日,大臣们在草拟孝
惠章皇后的谥号时,未用徽号中的一字,重新拟定了新的谥号,遭
到了康熙帝的极力反对,最后谥号从徽号中留 5 字,又添了 7 字才
令康熙满意②。孝和睿皇后的徽号是 12 字,内留 6 字,添 6 字,成为
12 字谥号。

相比于一般大臣草拟大行帝后谥号,再由皇帝圈定谥号的定
谥号程序而言,乾隆帝庙号和孝贤皇后谥号的由来比较特殊,是他
们自己选定的。

乾隆生前同军机大臣讨论自己的庙号,认为论功业则兼开创,
十全武功,其中征缅甸、平定准噶尔收复新疆也算是开疆拓土了,
庙号可以"自宜崇称祖号,以副宏名"。只是他比较谦虚,觉得自己
还得让太祖努尔哈赤几分,于是向军机大臣等面谕:"万年之后,当
以称宗为是。"庙号还是定为"某宗"比较合适。

乾隆去世后,嘉庆四年(1799)元月初四日,嘉庆会同礼部、大
学士及九卿大臣商议,遵照乾隆的遗训,并考虑其开创的功业和建
立的法度都无人能及,故庙号定为高宗。"不敢上违遗训,惟至德
难名,究非臣下所能拟议,谨按,谥法肇纪立极曰'高',我皇考圣神
文武,式廓鸿基,敬上庙号曰'高宗'。"③

---

①《清圣祖实录》卷二七六,第 708 页。
②《清圣祖实录》卷二七六,第 707 页。
③《光绪朝钦定大清会典事例》卷三七二,台北:台北新文丰出版公司,1976 年,
　第 10016 页。

　　孝贤皇后的谥号"孝贤"二字是富察皇后自己向乾隆帝请求而来的。乾隆十年（1745），高贵妃去世，赐谥为"慧贤"。定谥时富察皇后也十分伤感地想到了自己身后之事，便含泪表示，如果自己身故，祈请乾隆皇帝赐其谥号"孝贤"。富察皇后泣曰："我朝后谥上一字皆用'孝'字，倘许他日谥为'贤'，敬当终身自励以副此二字。"① 不幸的是，在乾隆十三年（1748）三月十一日，于东巡山东的归途中，富察皇后病逝在德州的皇后御舟中。乾隆没有忘记和富察氏约定之事，于两个月之后的乾隆十三年（1748）五月发布了一道赐谥大行皇后的谕旨，对皇后的一生做了极高的评价与总结，并道明了赐谥"孝贤"的原因："从来知臣者莫如君，知子者莫如父，则知妻者莫如夫。朕昨赋皇后挽诗，有'圣慈深忆孝，宫壸尽称贤'之句。思惟孝贤二字之嘉名，实该皇后一生之淑德，应谥为孝贤皇后。"② 乾隆越过了礼臣和内阁拟定谥号而直接赐给皇后谥号，说明乾隆和孝贤皇后夫妻之间的感情很深。

　　乾隆的生母孝圣宪皇后的谥号也是皇帝绕过了内阁亲自拟定的。乾隆四十二年（1777）正月二十六日，崇庆皇太后于圆明园长春仙馆溘然长逝，享年86岁。全国致哀，丧事隆重。乾隆命大学士、九卿议大行皇太后尊谥时口谕群臣道："大行皇太后，坤元协德，懋著徽音。四十二年母仪天下，尊养兼隆，福德备至，实古今史册所未有。今忽遭仙驭升遐，朕心哀痛，不能稍释，敬稽典礼，宜隆谥号，以表尊崇。第至德难名，实非臣下拟议所能切当，朕欲亲尊为'孝圣宪皇后'其令大学士、九卿公议可否？"③ 乾隆绕过内阁确

---

① ［清］英和：《恩福堂笔记》，上海：上海古籍出版社，1985年，第14—15页。
② 《清高宗实录》卷三一一，第89页。
③ 《清高宗实录》卷一〇二五，第738页。

定好了谥号中"孝圣宪"几个字之后,命朝臣从皇太后徽号中选取删减几个字做剩余的谥号。皇帝亲自为母亲定谥号,也说明乾隆和孝圣宪皇后母子间的感情很深。

2. 上谥号礼。正式定好庙号和谥号、皇帝发上谕向朝臣公布谥号后便要举行上谥礼。清康熙前,早期的上谥礼都是在太庙中完成,是嗣皇帝捧着大行皇帝(皇后)的牌位在列祖列宗的神牌前行礼,礼官于案前跪读祝词。礼成将谥号昭告颁布天下①。康熙朝起,上谥礼有了定制。上谥号前先斋戒三日,前一日遣官告祭天、地、太庙、奉先殿、社稷等处。举行上谥礼当天,将大驾卤簿、几筵前供香烛、供果品 12 盘摆放于大行皇帝梓宫的宫殿外。嗣皇帝到太和门阅香册、香宝,完成阅册宝礼。接着安放册宝的采亭和嗣皇帝到达大行皇帝梓宫前,向大行皇帝先后进献绢册绢宝、香册和香宝,向在天之灵宣读册宝上的文字(每次进献宣读时皇帝率众臣行三跪九拜礼和三献爵礼)。读罢,把香册、香宝安放于梓宫前,绢册、绢宝连同祝文奠帛一起送至焚帛炉焚烧②。礼毕,上谥仪完成。清中期时皇帝的梓宫一般安放在景山的观德殿,上谥仪一般在那里举行。

3. 加谥号礼。加谥礼的仪式程序与上谥号礼大致相似,只是行礼地点是在太庙和奉先殿的神位前。第一步是改题神位,皇帝圈定要加的尊谥之后,神牌从太庙中殿移至太庙洁室,重新漆饰,由内阁翰林官书写新加尊谥,工部填青后再安放回中殿。第二步则是正式加谥,加谥礼当天,皇帝从太和门至太庙,至殿中向神位前的祖先告祭加上尊谥。接着礼拜敬香、恭诵祝文、行三献爵礼完

①《雍正朝大清会典》卷八五,《大清五朝会典》,北京:线装书局,2006 年,第 1428 页。
②《乾隆朝大清会典》卷五一,《大清五朝会典》,第 434—436 页。

毕后,皇帝回宫,加谥礼成。

4. 系庙谥及升祔礼。帝王的神牌入太庙和奉先殿必有皇后的神位配享。在清代,皇后能否入太庙配享皇帝,礼制上关键在于皇后谥号的末尾上加没加上丈夫的庙谥:"配祔太庙者,皇后字上一字与庙谥同,奉祀别庙者,则但有谥号而不加庙谥。"[1] 如,清世祖的谥号是"体天隆运定统建极英睿钦文显武大德弘功圣仁纯孝章皇帝","章"即是其庙谥。只有同他共同配享太庙的皇后才能称为"章皇后"。雍正皇帝曰:"世祖章皇帝三后,孝惠皇后、孝康皇后俱称章皇后,先后升祔太庙。孝献皇后则但于飨殿奉祀,此我朝之典制也。"[2] 也就是说,世祖章皇帝的三位皇后中孝惠皇后、孝康皇后因为系"章"的庙谥而升祔进入了太庙,而孝献皇后董鄂妃因为没有加丈夫庙谥而只在孝陵的享殿祭祀。

帝后去世后,将帝后的神牌安放在奉先殿或太庙内先祖的神位旁边,使其灵魂有所寄托的礼仪称为升祔礼。皇帝一般先升祔奉先殿,后升祔太庙。皇后升祔太庙则比较复杂。若比皇帝去世晚,则同时一次完成升祔太庙、奉先殿。若先于皇帝去世,则先升祔奉先殿,等皇帝去世之后,皇后的神主再和皇帝一起入祔太庙。清代比皇帝去世早的皇后的神主是"安放在奉先殿夹室中,俟大行皇帝崩后,始一同入庙"[3]。先于皇帝去世的皇后能否升祔进入太庙的关键在于升祔之前嗣皇帝是否给她们的谥号系了丈夫的庙号。因此,先于皇帝去世的皇后在升祔太庙之前,嗣皇帝必下一道谕旨给她们的谥号末尾加上丈夫的庙号。之后才能正式举行升祔太庙

① [清]纪昀等:《钦定大清会典则例》卷七九,影印文渊阁四库全书第622册,台北:台湾商务印书馆,1986年,第503页。

② 《雍正朝大清会典》卷八六,《大清五朝会典》,第1455页。

③ [清]昭梿:《啸亭杂录》,北京:中华书局,1980年,第389页。

的礼仪。如嘉庆四年（1799）四月，在乾隆帝大丧期间，嘉庆皇帝先给先于乾隆帝崩逝的孝贤皇后、孝仪皇后系"纯"的庙号，她们正式成为"孝贤纯皇后"、"孝仪纯皇后"之后，才能在九月二十一日举行入太庙的升祔仪①。先于皇帝去世的皇后们的系庙谥、加谥情况参见表一。

先于康熙帝去世的四位皇后一同在雍正年间系庙谥和升祔，对清代的系庙谥的体系和升祔礼仪造成了很大的影响。康熙帝刚去世时，四位皇后的谥号是：康熙帝的原配孝诚皇后、继后孝昭、孝懿皇后和雍正帝的生母孝恭皇后乌雅氏。因未定配飨之仪，内阁九卿等在议定圣祖皇后的谥号时，只在雍正生母孝恭皇后的谥号尾加了"仁"字。而一位原配和两位继后的谥号都没有加拟"仁"字，她们是否系庙谥并升祔太庙还需详定。雍正帝指出，元配孝诚皇后和孝恭皇后系庙谥祔庙是符合孝道天经地义之事，而继后孝昭、孝懿皇后是否升祔需要大臣们"详考古制，稽核正典，确议以定"②。雍正元年（1723）六月丁卯，总理事务王、大臣、九卿詹翰科道等官员会议，引用宋代太祖三后并祔，太宗、真宗朝四后配享祔庙，朱子等宋儒皆无异说为先例，"恭请四后同祔圣祖庙，尊谥并加'仁'字"。雍正对这一安排感到很满意和安心，内心也得到了宽慰："揽奏，既得展朕孝敬无穷之心，复合前代斟酌尽善之典，不觉悲慰交集……如此，庶于古礼符合，而朕心亦安。"③皇帝按照

---

① 《嘉庆朝钦定大清会典事例》卷三四二，台北：台北新文丰出版公司，1796年，第10824页。

② 《雍正朝大清会典》卷八六，影印文渊阁四库全书，台北：台湾商务印书馆，1986年，第504—505页。

③ 《雍正朝大清会典》卷八六，第504—505页。

表一　先于皇帝去世的皇后们的系庙谥、加谥情况

皇后姓氏	庙号、谥号	去世时间	初上谥号	系庙谥谥时间	加谥
赫舍里氏	孝诚仁皇后	康熙十三年（1674）五月初三日	康熙十三年（1674）六月二十七，赐谥"仁孝皇后"；康熙六十一年（1722）十二月，追尊"仁孝恭肃正惠安和俪天襄圣皇后"；雍正元年（1723）四月，改谥"孝诚恭肃正惠安和俪天襄圣皇后"	雍正元年（1723）九月庚辰，系庙谥为"孝诚恭肃正惠安和俪天襄圣仁皇后"	乾隆元年（1736）三月乙巳，加"淑懿"；嘉庆四年（1799）五月戊辰，加"格敏"
钮祜禄氏	孝昭仁皇后	康熙十七年（1678）二月二十六日	康熙十七年（1678）闰三月辛酉赐谥"孝昭皇后"；康熙六十一年（1722）十二月，追尊"孝昭静淑明惠正和钦天顺圣皇后"	雍正元年（1723）九月庚辰，系庙谥"仁"，改谥为"孝昭静淑明惠正和钦天顺圣仁皇后"	雍正元年（1723）三月乙巳，加"安恪"；嘉庆四年（1799）五月戊辰，加"端穆"
佟佳氏	孝懿仁皇后	康熙二十八年（1689）七月初十	康熙二十八年（1689）九月乙卯，赐谥"孝懿皇后"；康熙六十一年（1722）十二月，追尊"孝懿温诚端仁宪穆奉天佐圣皇后"	雍正元年（1723）九月庚辰，系庙谥"仁"，改谥为"孝懿温诚端仁宪穆奉天佐圣仁皇后"	乾隆元年（1736）三月乙巳，加"和恪"；嘉庆四年五月戊辰，加"慈惠"
乌喇那拉氏	孝敬宪皇后	雍正九年（1731）九月二十九日	雍正九年（1731）十二月己亥，赐谥"孝敬皇后"	雍正十三年（1735）十一月丙辰，系庙谥"宪"，追尊"孝敬恭和懿顺昭惠天佐圣宪皇后"	嘉庆四年（1799）五月戊辰，加"庄肃"；嘉庆二十五年（1820）十二月癸巳，加"安康"

续表

皇后姓氏	庙号、谥号	去世时间	初上谥号	系庙谥时间	加谥
富察氏	孝贤纯皇后	乾隆十三年(1748)三月十一日	乾隆十三年(1748)四月乙卯，赐谥"孝贤皇后"	嘉庆四年(1799)四月，追尊"孝贤诚正敦穆仁惠辅天昌圣纯皇后"	嘉庆二十五年(1820)乙未，系庙谥"纯"，系庙谥十二月癸巳，加"徽恭"；道光三十年五月壬辰，加"康顺"
魏佳氏	孝仪纯皇后	乾隆四十年(1775)正月二十四日	乾隆四十年(1775)，赐谥"令懿皇贵妃"	嘉庆四年(1799)四月乙未，上谥"孝仪恭顺康裕慈仁翼天祐圣纯皇后"	嘉庆二十五年(1820)十二月癸巳加"端格"；道光三十年五月壬辰加"敏哲"
喜塔腊氏	孝淑睿皇后	嘉庆二年(1797)二月初七	嘉庆二年(1797)五月乙未，赐谥"孝淑皇后"	道光元年(1821)三月丙寅，系庙谥"睿"，改谥为"孝淑端和仁正慈懿光天佑圣睿皇后"	道光三十年(1850)五月壬辰，加"敦裕"；同治元年(1875)五月加"昭肃"
钮祜禄氏	孝穆成皇后	嘉庆十三年(1808)正月二十一日	道光元年(1821)六月十二日，赐谥"孝穆皇后"	道光三十年(1850)系庙谥"成"，改谥为"孝穆温厚庄肃端诚厚泽天裕圣成皇后"	同治元年(1862)，加"格惠"；光绪元年(1875)五月加"宽钦"
佟佳氏	孝慎成皇后	道光十三年(1833)四月二十九日	道光十三年(1833)七月壬辰，赐谥"孝慎皇后"	道光三十年(1850)二月丙寅，系庙谥"成"，改谥为"孝慎敏肃哲顺和熙天治圣成皇后"	同治元年(1862)加"诚惠"；光绪元年五月加"敦格"
钮祜禄氏	孝全成皇后	道光二十年(1840)正月十一日	道光二十年(1840)正月十七日，赐谥"孝全皇后"	道光三十年(1850)二月丙寅，系庙谥"成"，改谥为"孝全慈敬宽仁端悫符天笃圣成皇后"	同治元年(1862)，加"安惠"；光绪元年五月加"诚敏"

元后、继立、本生的次序安排皇后配享祔庙的位次："首奉孝诚仁皇后,次奉孝昭仁皇后,次奉孝懿仁皇后,次奉孝恭仁皇后。"[1] 四后同时祔庙以后,清代皇帝的原配皇后、继后、嗣皇帝的生母(本生皇后)都获得了系庙谥和祔庙资格。从四后牌位祔庙的位次安排中也可以看出,有清一代在皇后牌位进入太庙、奉先殿时,在位次安排上嫡后(元配)优先,最为尊贵,其次是继后,最后是嗣皇帝的生母。在同治元年(1862),咸丰皇帝的养母、恭亲王奕䜣的生母孝静皇后系上道光皇帝"成"的庙谥成为"孝静成皇后"并升祔太庙,则开创了皇帝的养母原为妃,死后破格升为皇后并系上庙谥升祔太庙的特例。在后文中也会提到此事。

二、乾嘉时期形成帝后谥号礼制限制

对于清代帝后的最终谥号字数,清代也有严格的规定。雍正十三年(1735),乾隆帝登基后,在为之前的皇帝加了尊谥之后,考虑到如果再给之前的列祖列宗加谥号,会导致谥法的冗长。因此,发下谕旨:"宗庙徽称有制,报本忱悃靡穷,藉抒至情,不为恒式。"[2] 改革了每代皇帝都给列祖列宗加谥号的烦冗制度。嘉庆四年(1799),嘉庆皇帝沿袭乾隆定下的祖制,规定皇帝谥号不超过24字,皇后谥号不超过16字。"仁宗守遗训,著制凡列圣尊谥已加至二十四字,列后尊谥已加至十六字,不复议加。"[3] 以后的帝后谥号都遵循着这一规制,基本维持着皇帝谥号22字、皇后谥号16字的

①《雍正朝大清会典》卷八六,影印文渊阁四库全书,第 504—505 页。

② 赵尔巽:《清史稿》卷八二,北京:中华书局,第 1977、2586 页。

③ 赵尔巽:《清史稿》卷八二,第 1977、2586 页。

模式。其中，较为特殊的是努尔哈赤和慈禧的谥号。努尔哈赤的谥号为"承天广运圣德神功肇纪立极仁孝睿武端毅钦安弘文定业高皇帝"，一共 24 字。谥号字数为清代帝后之最，其庙号还在康熙元年（1662）四月由"武"改为了"高"。这与太祖努尔哈赤是清朝的奠基人，功勋卓著，因此受到后世子孙三次追封是分不开的。

　　慈禧则更为特殊，她的谥号为"孝钦慈禧端佑康颐昭豫庄诚寿恭钦献崇熙配天兴圣显皇后"。其特殊之处有五点：第一，皇后谥号史无前例的达到了 22 字帝王最高的规格，有僭越之嫌；第二，这 22 字是一次上完，没有加谥；第三，谥号从帝谥中选用；第四，不删减徽号中字数，将 16 个字全部留用；第五，谥号中有两个钦字，两字重复，犯了谥号的大忌。慈禧的谥号为何如此超规格，这样特殊？主要是清廷考虑到慈禧"功德昭著，震古铄今"。光绪三十四年（1908）十月二十七日谕内阁："大行太皇太后垂帘训政四十余年，功在宗社，德被生民。所有治丧典礼允宜格外优隆，以昭尊崇而申哀恸。着礼部将一切礼节另行敬谨改拟具奏。"寻礼部奏："谨比照烈圣丧礼，敬谨斟酌，逐款改拟。"[①] 三十日又谕军机大臣："大行太皇太后功德昭著，震古铄今。现查《会典》所载后谥崇隆而又切合字样未用者已属无多，应于《会典》帝谥字样内参酌选择，敬谨恭拟，以重巨典而申显扬。"[②] 因为慈禧超规格的谥号明显违背祖制，遭到了当时的吏部侍郎于式枚的上书反对，只是晚清时代江山风雨飘摇，清廷已顾不上答复此事，此事竟不了了之。

---

① 《大清宣统政纪》，北京：中华书局，1986 年，第 17 页。
② 《大清宣统政纪》，第 21 页。

三、帝后谥号变动与政治格局变迁

谥号不仅是对一个人功绩和道德的评价,同时还代表着尊卑和嫡庶的地位。统治者通过封谥、追封或者剥夺某个人的谥号起到巩固统治或打击政敌的作用。可以说谥号在政治格局的变迁中起到了一定的作用。下文就帝后的谥号和政治格局的变迁之关联做初步的讨论。

(一)朝代建立之时遵循汉制追封远祖

崇德元年(1636),皇太极改国号为大清,制度创建时期自然要遵从汉制追封自己的祖先,提高自身的政治地位巩固统治。在盛京建立太庙之后,四月丙戌分别封四位祖先孟特木、福满、觉昌安、塔克世为泽王、庆王、昌王、福王 ①。顺治五年(1648)六月,被李自成焚毁的太庙重新修成,关外四祖和努尔哈赤以及皇太极的神主入奉太庙。当年十一月丙辰,顺治于此追尊关外四祖为肇祖原皇帝、兴祖直皇帝、景祖翼皇帝、显祖宣皇帝 ②。皇帝亲诣太庙奉先殿奉安致祭行礼,礼仪如时享仪。三天之后,举行庆贺礼。之后颁诏天下 ③。

(二)新帝登基之后给历代帝后加封谥号

清承明制,嗣皇帝登基之后先要给父母辈的帝后定谥号,之后再给前代的帝后追加谥号。这样才能完成政权交替过度的仪式。

---

① 赵尔巽:《清史稿》卷八二,第 2583 页。
② 赵尔巽:《清史稿》卷八二,第 2586 页。
③《康熙朝大清会典》卷六〇,《大清五朝会典》,第 815—816 页。

比如，雍正帝于雍正十三年（1735）八月二十三日驾崩。九月乙巳，朝臣和乾隆拟定雍正帝的尊谥为"敬天昌运建中表正文武英明宽仁信毅大孝至诚宪皇帝"，庙号"世宗"。十一月戊戌拟定孝敬宪皇后尊谥为"孝敬恭和懿顺昭惠佐天翊圣宪皇后"。十一月十二日雍正皇帝上谥号礼完成。十一月辛亥拟定追加太祖、孝慈高皇后、太宗、孝端皇后、孝庄皇后、世祖、孝惠章皇后、孝康章皇后、圣祖、孝诚仁皇后、孝懿仁皇后、孝昭仁皇后、孝恭仁皇后尊谥。乾隆元年（1736）三月乙巳正式完成列圣列后追封谥号礼，追加的帝后谥号有：太祖加"钦安"、孝慈高皇后加"懿德"，太宗加"昭定"、孝端文皇后加"慈僖"、孝庄文皇后加"纯徽"，世祖加"显武"、孝惠章皇后加"恭安"、孝康章皇后加"端敬"，圣祖加"中和"、孝诚仁皇后加"淑懿"、孝懿仁皇后加"和恪"、孝昭仁皇后加"安裕"、孝恭仁皇后加"慈纯"[①]。

这一给父母辈帝后定谥号之后再给前代帝后追加谥号的仪式，在太上皇乾隆驾崩后，子皇帝嘉庆登基后依旧颁诏执行，一直延续到清末宣统时期。

（三）因政治失势被剥夺或者被改谥号的帝后

1. 亲王加帝谥后，因在政治斗争中失势被废谥。因为亲王摄政，其政治权力滔天，俨然如天子，未有皇帝之名已有皇帝之实。皇帝未亲政和刚刚亲政时，为了笼络其亲信，摄政王和其亲属死后被当朝皇帝追加谥号，升入太庙供奉。由于皇帝亲政后要加强权势，必然削弱摄政王亲信的势力，已死摄政王及其亲属的谥号又被剥夺。顺治五年（1648），多尔衮被晋封为"皇父摄政王"；顺治七年（1650）八月，多尔衮之母阿巴亥被追谥为"孝烈恭敏献哲仁和

[①]《康熙朝大清会典》卷一四，《大清五朝会典》，第402—403页。

赞俪天圣武皇后",神牌升祔太庙①。七年(1650)十二月初九日戌刻,多尔衮死于喀拉城。随后十二月二十五日,顺治帝尊多尔衮为"成宗懋德修道广业定功安民立政诚敬义皇帝",其元妃被尊为皇后,神牌共同升祔太庙。顺治八年(1651)元月,皇帝亲政;二月,在郑亲王济尔哈朗等人的告发下,多尔衮以"谋篡"罪被剥夺财产、爵位,尊号。多尔衮及其母、元妃的谥号被追夺,神牌被从太庙中撤出②。

2. 鳌拜把持朝政,权倾一时,不顾朝臣反对把顺治皇帝的庙谥由"高皇帝"改为"章皇帝"。顺治帝崩27日制满,太子少保大臣孙廷铨请尊皇太后为太皇太后,尊嗣皇帝生母为皇太后,并率九卿上疏议大行皇帝谥号。孙廷铨认为:"大行皇帝龙兴中土,混一六合,功业同于开创,宜谥为高皇帝。"众大臣皆认同"高"的庙谥。唯独当时权倾一时的辅政大臣鳌拜持异议。在鳌拜的反对下,世祖的庙谥遂改定为"章"③,于是才称"世祖章皇帝"。

3. 后妃因受宠死后被追赠皇后谥,但因为丧事奢靡,且不受太后认可,未被正式纳入官方封后体系。顺治十七年(1660)八月十九日,董鄂妃去世,她死后三天皇帝发上谕"追赠董鄂妃为皇后";八月二十六日,举行上谥礼,正式追谥董鄂氏为"孝献庄和至德宣仁温惠端敬皇后"。然而,在顺治十八年(1661)元月初七,顺治帝去世后。新帝康熙并没有将董鄂氏的谥号系上顺治帝"章"的庙谥,也没有将她的牌位供奉到太庙和奉先殿内。《清会典》中也没有关于她丧事活动的记录,她的父母也并未因此推恩加封。

---

① 赵尔巽:《清史稿》卷八二,第9022页。
② 赵尔巽:《清史稿》卷八二,第9023页。
③《大清宣统政纪》,第9686页。

董鄂氏是一位满洲将军的夫人,顺治帝却横刀夺爱,占为己有。虽然董鄂氏和顺治皇帝感情甚笃,但因为董鄂妃受宠加剧了顺治帝和第二任皇后不和,故她未受孝庄太后的喜爱。[①]在去世前,顺治皇帝在罪己诏中也反思了自己的一大过错——给端敬皇后董鄂氏葬礼太铺张浪费:"端敬皇后于皇太后克尽孝道,辅佐朕躬,内政聿修。朕仰奉慈纶,追念淑贤,丧祭典礼,概从优厚,然不能以礼止情,诸事太过,逾滥不经,是朕之罪一也。"[②]董鄂氏没有受孝庄皇太后的认可,以及她奢侈的葬礼都是其牌位未纳入太庙和奉先殿官方封后体系供奉的原因。

4. 皇后因触犯国俗大忌被打入冷宫,死后失去谥号。孝贤皇后富察氏去世后,时为娴贵妃的乌喇那拉氏晋封皇贵妃代行皇后之职统摄六宫。乾隆十五年(1750)八月初二,乌喇那拉氏被正式册立为皇后。乾隆三十年(1765),乌喇那拉皇后陪同乾隆帝第四次南巡途中,突然失宠。在闰二月二十八日当天,皇帝派福隆安把皇后由水路提前送回京师,理由在当时并未说明。一年多之后,乾隆三十一年(1766),乌喇那拉氏去世,享年49岁。乾隆在她死后下旨仅以皇贵妃丧礼的规制下葬。不仅如此,她死后还遭受了一系列不公平的待遇,丧仪规格比皇贵妃还低:按照皇贵妃的丧仪每

---

① 汤若望《回忆录》载:"顺治皇帝,对于一位满籍军人之夫人,起了一种火热的爱恋,当这个军人因此申斥他的夫人时,竟被对于他这申斥有所闻知的天子,亲手打了一个极其怪异的耳掴,这个军人乃愤致死,或许竟因自杀而死。皇帝遂即将这位未亡人收入宫中,封为贵妃。这位贵妃于一千六百五十七年产生一子,是皇帝规定他为将来皇太子的。但是数星期之后,这位皇太子竟而去世,而其母于其后不久亦薨逝……"据陈垣先生考证,升为贵妃的后失去太子的将军夫人即董鄂妃,被夺妻的满洲军人即顺治的弟弟襄亲王博穆博果尔。

② 《清世祖实录》卷一四四,第1106页。

日有大臣、公主、命妇举哀、行礼被取消；乌喇那拉皇后既未附葬裕陵也未单建陵寝，而是附葬在了纯惠皇贵妃的地宫内；乾隆帝下令取消她的神牌，禁止对她进行祭祀。① 因此，乌喇那拉皇后只保留了皇后的尊号却没有谥号。

乌喇那拉皇后究竟犯了何等大错使得她遭此下场？ 乾隆四十三年（1778）的一条谕旨透露了其中的原因："（乌喇那拉氏）本朕青宫时皇考所赐侧福晋，孝贤皇后崩后，循序晋为皇贵妃。越三年，立为后。其后自获过愆，朕优容如故。国俗忌剪发，而竟悍然不顾，朕犹包含，不行废黜。后以病薨，止令减其仪文，并未削其位号。"② 由此可见，乌喇那拉氏是犯了"剪发"这个"国俗大忌"。满族人只有在国丧的时候才能剪发，在平常自断发的行为简直就是在诅咒皇帝死。至于她为何剪发，原因则不得而知。总之，乌喇那拉皇后因为断发犯了国俗大忌，被皇帝打入冷宫，虽然保留了后位，但死后被剥夺了谥号，成为清朝唯一没有谥号的皇后。

（四）因儿子政治实力提高而获得封谥的皇后

康熙皇帝的生母孝康皇后，康熙二年（1663）去世后竟未系世祖庙谥"章"，仅谥"孝康慈和庄懿恭惠崇天育圣皇后"。因此，既未升祔奉先殿，也没升祔太庙。作为皇帝生母和皇太后为何遭此冷遇？ 在康熙八年（1669）五月公布鳌拜罪状时，才水落石出，真相大白。鳌拜第九条罪状就是阻挠孝康皇后系庙谥和入祔奉先殿、太庙："罪九，皇上亲政，尊崇圣母孝康皇后，查取从前诏款，鳌拜不将配享太庙、奉先殿典礼奏请施行。此系欺君、轻慢圣母之处。"③

---

① 李寅：《乾隆乌喇那拉皇后剪发事因新证》，《清代档案与清宫文化——第九届清宫史研讨会论文集》，北京，2010 年第 229—230 页。
②《清高宗实录》卷一〇六六，第 262 页。
③《清圣祖实录》卷二九，第 398 页。

能够阻挠皇太后系庙谥、升祔奉先殿太庙这样重要的大事,可见当时鳌拜的权势滔天,气焰是多么的嚣张,康熙帝的皇权在鳌拜的打压下是多么势微。康熙八年(1669)除鳌拜后,九年(1670)五月丙辰立即给孝康皇后系"章"的庙谥,紧接着孝康章皇后升祔奉先殿和太庙。

康熙帝对生母曾经未系庙谥一事一直耿耿于怀。康熙五十六年(1717)十一月,孝惠章皇后去世。在议定谥号时,大学士马齐等大臣拟定大行皇太后谥号奏章中说错了孝康章皇后的谥号,没有给她加康熙九年(1670)系的庙谥,不称"章皇后"。康熙对此事十分重视,耿耿于怀。面对大臣,直接指出了他们的错误:"此奏甚属错误!尔等查太庙、奉先殿二位文皇后神主,便知其误矣。"① 还命令部院详查这件事。大臣们进入太庙和奉先殿,看见孝端、孝庄两皇后都系太宗庙谥,回来便写了奏章,向皇帝承认了错误,并在奏章中为孝康章皇后加了庙谥。但是还不足以平息康熙的怒火,议谥号的礼臣马齐、李光地等人受到了降级的处分。这足以见得康熙九年(1670)孝康章皇后系庙谥一事在康熙心中占有很重要的地位。总之,康熙除鳌拜,儿子的政治实力得到提升,是孝康章皇后得以系庙谥升祔奉先殿、太庙的最主要原因。

还有一位母凭子贵,凭借儿子政治地位提升获得皇后称号的是乾隆帝的孝仪皇后魏佳氏。魏佳氏在乌喇那拉皇后失宠后晋封为皇贵妃。乾隆四十年(1775)正月二十九日令贵妃去世,当时乾隆给其赐的谥号是"令懿皇贵妃",并未封后。但在乾隆六十年(1795)九月三日,她所生的皇十五子颙琰成为皇太子,第二天九月初四,便被乾隆下诏追赠为"孝仪皇后"。嘉庆即位后又于嘉庆四

---

① 《清圣祖实录》卷二七六,第706—707页。

年（1799）九月初六日，给其谥号增加"恭顺康裕慈仁翼天毓圣"十字，并系上乾隆"纯"的庙谥，成为"孝仪恭顺康裕慈仁翼天毓圣纯皇后"①。孝仪纯皇后是清代继董鄂妃之后第二位死后由妃被追谥为皇后的妃子。不同之处在于，孝仪皇后母以子贵系上了丈夫的庙谥，牌位进入了奉先殿和太庙官方供奉体系，成了名副其实的皇后。而董鄂妃却因为不受太后认可和葬礼太过奢靡没能系上丈夫庙谥，没能真正意义上纳入太庙皇后祭祀体系，成为真正意义上的皇后。

　　还有一个女人，既非皇帝的生母，生前又未被封为皇后，死后却享有皇后的殊荣。她便是道光帝的静妃、恭亲王奕䜣的生母博尔济吉特氏，又称孝静成皇后。那么她凭借什么被追封为皇后的呢？答案在咸丰五年（1855）皇帝给孝静皇后上谥号的诏书中。咸丰帝说道："（孝静皇后）念朕躬失恃于冲龄，十五载恩隆鞠抚，淑音久播。"② 原来孝静皇后之所以获此殊荣是因为她是咸丰皇帝的养母，无私地抚养了咸丰皇帝。自道光二十年（1840）孝全成皇后去世之后，宫中便无主位，皇四子奕䜣也成了没有母亲的孩子。于是，道光帝晋封静妃为静贵妃，令其统帅六宫，也把皇四子交给其抚养。咸丰帝即位后对博尔济吉特氏很孝顺。道光帝驾崩七天后，便尊封养母为皇贵太妃，徽号康慈。平日里的供养和礼遇也是超规格的。咸丰五年（1855）七月初一，康慈皇贵太妃病重，咸丰下旨尊为皇太后："朕维礼缘于义，首重闱之尊养；孝本乎诚，宜崇母范之鸿称。钦惟康慈皇贵太妃，侍奉皇考廿余年，徽柔素著；抚育朕躬十五载，恩恤优加。虽懿德摅谦，而孝忱难罄。今谨上尊号

---

①《清仁宗实录》卷五一，第648页。
②《清文宗实录》卷一八〇，第1018页。

为'康慈皇太后'。福履无疆,长承爱日之暄;寿考有征,永协亿龄之庆。一切应行典礼,着该部察例具奏。"[1]无奈太后时日无多,七月初九日,康慈太后去世,咸丰万分悲痛,下召谕内外廷,康慈太后丧礼应俱按照皇太后之礼妥善操办。康慈太后封皇太后、丧礼按皇太后标准操办已是超规格逾越礼制的行为了,那么在为养母定谥号一事上咸丰帝迫于群臣的压力就不得不按照礼制作出妥协。咸丰五年(1855)八月庚子(初十日),咸丰帝和群臣共同商议给康慈皇太后上谥号为"孝静康慈弼天抚圣皇后",不系宣宗庙谥,不祔太庙。[2]对此,咸丰皇帝给出解释:"详阅诸臣所奏,援引古礼。'请于尊谥之下,不加庙谥',爰考《会典》所载,太祖高皇帝三后,惟孝慈高皇后配祔太庙,谥号称'高'。是别殿奉祀,称号宜殊,非惟前代之旧章,实本我朝之定制。今明裎巨典,朕不敢以感恩之故,稍越常经,景铄鸿名。朕何敢以尽孝之私,致逾定礼,自应俯如廷议。"[3]努尔哈赤的元妃佟佳氏都没被封为皇后,那么咸丰帝也不能为了缅怀养母,逾越祖制给养母加庙谥了。康慈孝静皇后于咸丰五年(1855)九月二十二日举行上谥仪,十月十九日举行升祔仪升祔奉先殿。

咸丰十一年(1861)辛酉政变后,孝静皇后的命运又有了转机。在两宫皇太后和奕訢、奕譞联手扳倒了顾命八大臣之后,为了稳定政局和得到恭亲王的进一步支持,两宫皇太后于同治元年(1862)四月八日,以同治帝的名义发下诏书为奕訢的生母孝静皇后加谥"懿昭端惠"并系道光帝庙谥"成"字。[4]康慈皇太后的谥

①《清文宗实录》卷一七一,第896页。
②《清文宗实录》卷一七四,第947页。
③《清文宗实录》卷一七四,第948页。
④《清穆宗实录》卷二四,第659页。

号变为"孝静康慈懿昭端惠弼天抚圣成皇后"。同年九月初一日，派恭亲王奕䜣将皇后牌位升祔太庙。①

四、结论

综上所述，清代帝后的谥号有以下特点：

清代帝后谥号有严格的格式限制和字数限制，组成也更加模式化，但也不乏努尔哈赤、慈禧这样因贡献卓著，打破谥法礼制限制的帝后。从选定谥号到上谥号、加谥号、系庙谥、升祔礼均有一套完善的礼仪程序和严格的礼制。系帝谥的皇后条件也更加宽松，出现了雍正年间四后系庙谥升祔事件和同治元年（1862）咸丰养母孝静皇后系帝谥一事。另外，谥号中没有恶谥，完全是美谥，导致谥号惩恶扬善功能失效。最后，谥号满汉合璧，在继承明制基础上，鲜明地保留了本民族特色传统。

帝后谥号的变动也与清代政治格局的变迁有着密不可分的关系。

朝代建立之初皇帝为了巩固统治，提高自身的政治地位，往往追封自己的三四代祖先。新帝即位后给父母辈上谥号，再给前代帝后加谥号的行为，除了追寄孝思之外亦有此意。

谥号也成为宫廷斗争中打击政敌、笼络政治盟友的重要手段。

清初的权臣其政治实力极强可超过皇帝。多尔衮生前便追封其母为皇后，死后其夫妇被追谥为帝后。但顺治亲政后，为了削弱其亲信的实力，多尔衮夫妇及其母被剥夺帝后谥号和封号。鳌拜把持朝政时竟能决定帝后的庙谥和谥号。辛酉政变后，为了笼络

---

① 《清穆宗实录》卷二四，第 767 页。

恭亲王奕䜣,两宫皇太后给奕䜣的生母孝静皇后系道光帝庙谥并追加谥号。从清前期权臣可以决定和改动帝后的谥号,到晚期为了笼络权臣追封皇后谥号的变化中,不难看出,从清初到晚清权臣的政治实力逐渐式微。

从乌喇那拉皇后因触犯国俗大忌惹怒皇帝失去谥号一事,以及孝康章、孝仪纯、孝静成三位皇后母凭子贵,因儿子的政治势力、地位提升被谥为皇后,还有乾隆帝越过内阁直接拟定孝贤皇后、孝圣宪皇后谥号中,我们也可以看出皇权在帝后封谥中,特别是在皇后封谥中,有着举足轻重的地位,它的影响往往是决定性的。

（原载《黑龙江民族丛刊》,2021 年第 6 期）

乾隆皇帝《岱庙汉柏图》的历史文化意义

乾隆皇帝对泰山和岱庙的登临与祭祀

泰山自古被奉为五岳之尊，是历代帝王们向往的东方圣地，而封禅泰山更成为所有帝王渴望的荣耀。帝王封禅泰山，被视为天下太平、国家鼎盛的标志。皇帝更是在封禅礼仪中加重"奉天承运"、"真龙天子"的宗教、政治和文化色彩。自从秦始皇封禅泰山之后，历朝历代皇帝纷纷效仿，接连在泰山及其脚下封禅和祭祀，并且建岱庙（东岳庙），塑东岳大帝等神，勒石题字，以感谢上天"授命"之恩。明朝开始，朱元璋将封禅改为一般祭祀。乾隆皇帝也和历代君主一样，想通过祭祀泰山表达自己对"上天授命"的感谢，通过这一行为宣示自己政治统治合法性的同时，也在祈求国泰民安。因此，乾隆皇帝巡幸山东、祭祀岱庙及千年汉柏是一件极其重要的大事，他本人也非常重视。

乾隆皇帝曾前后共十一次来泰山，其中六次登上岱顶，十次拜谒岱庙。时间从乾隆十三年（1748）乾隆皇帝陪母亲崇庆皇太后第一次登临泰山始，至乾隆五十五年（1790）他最后一次巡幸山东并登临岱顶为止。

乾隆十三年（1748）二月，乾隆皇帝奉皇太后东巡至泰山，躬祀岱庙，仿康熙时之仪。翌日陪同皇太后祭祀碧霞元君（碧霞元君是东岳大帝的女儿,供奉于泰山护鲁山碧霞元君祠),第三日下山回岱庙,题岱庙匾额曰"资始惟元"。① 乾隆十六年(1751)、二十二年(1757)、二十七年(1762)、三十年(1765)的几次南巡,乾隆皇帝皆于回銮途中过泰山谒岱庙。② 乾隆二十七年(1762),乾隆皇帝同崇庆皇太后第三次南巡回程经过山东。正月二十四日,他遣官祭东岳,至曲阜祭元圣周公、先师孔子。二月初三,他祭先师孔子,遣平郡王庆恒行礼。四月十七日,乾隆皇帝至邹城北,到亚圣孟子庙拈香;又至曲阜县,谒先师庙行礼,下旨赏衍圣公孔昭焕表缎四匹、里缎四匹。是日驻跸泮池行宫③。十八日,乾隆皇帝谒孔林④,至墓门降舆,步入墓前,北面跪,三酹酒⑤后,行三拜礼。十九日,乾隆皇帝至泰安府岱庙拈香,是日驻跸泰安府城西大营。二十日,乾隆皇帝登泰山,至天仙庙、朝阳洞关帝庙、碧霞宫、玉皇顶处拈香,驻跸泰安府城西大营。二十六日,乾隆皇帝恭送皇太后登舟,由水路返京。⑥

乾隆三十六年(1771),乾隆皇帝为恭贺皇太后八十大寿,于春二月奉皇太后东巡谒岱庙,登岱祀碧霞元君。乾隆四十一年

---

① 《清高宗实录》卷三一一"乾隆十三年戊辰三月上",中华书局,1986年,第69页。

② 赵云田《乾隆帝出巡山东述论》,朱诚如、徐凯《明清论丛》第十六辑,故宫出版社,2016年,第330页。

③ 位于山东济宁,由衍圣公孔昭焕于乾隆二十一年(1756)在古泮池旧址上改建而成。

④ 又称至圣林,是孔子及其后裔的家族墓地。

⑤ 三次把酒浇在地上表示祭奠。

⑥ 《清高宗起居注》卷二一"乾隆二十七年正月至四月",中国第一历史档案馆编《乾隆帝起居注》第二十一册"乾隆二十七年",广西师范大学出版社,2002年,第23129页。

（1776），乾隆皇帝又奉皇太后至泰山谒岱庙、祀碧霞元君。乾隆四十五年（1780）、四十九年（1784）南巡，皆经过泰山、谒岱庙。乾隆五十五年（1790），逢自己的八十大寿，乾隆皇帝在阳春三月特意东巡谒岱庙，登岱祀元君。礼毕后，大宴群臣，重赏三军。乾隆皇帝回程经过沿途各州县，减免徭役租税，赐银与百姓数以万计。①

　　乾隆皇帝十一次登泰山，留下了大量摩崖诗刻和御笔碑碣，计130处（多集中在汉柏院内），其中最著名的是朝阳洞万丈碑，高20余米、宽9米，上刻御制朝阳洞诗。他在泰山留诗共计133题、241首。其中就包括写岱庙的《祀岱庙》《望岱庙》《谒岱庙六韵》《诣岱庙瞻礼》《环咏亭》《汉柏》《唐槐》等。

乾隆皇帝所绘《岱庙汉柏图》

　　弘历登泰山不仅留下了大量的御书碑刻和诗作，还御笔丹青，亲铺彩缣，绘制图卷。《岱庙汉柏图》为乾隆二十七年（1762）弘历第三次南巡回銮途经泰山，入泰山岱庙参拜时，见庙中有一汉柏甚为奇伟，据汉《郡国志》记载，此柏为汉武帝登封泰山时所植，弘历因此记下此连理汉柏的样貌（可能由随行词臣或宫廷画师协助绘好写生初稿），"以归毡庐，清暇点笔成图，并系短句"，"此汉柏诗图五月十九日由首领董经交内务府裱好装轴"。② 该图收录于《石渠宝笈续编》，记其曾收藏于宁寿宫。此画纵293.5厘米，横122厘米。在诗塘（画心上方的裱心）处，以柳叶篆书"御制汉柏诗图"六字。画心右

---

① 赵云田《乾隆帝出巡山东述论》，《明清论丛》第十六辑，第330—339页。
② 中国第一历史档案馆、香港中文大学合编《清宫内务府造办处档案总汇》
　　第27册，人民出版社，2005年，第181页。

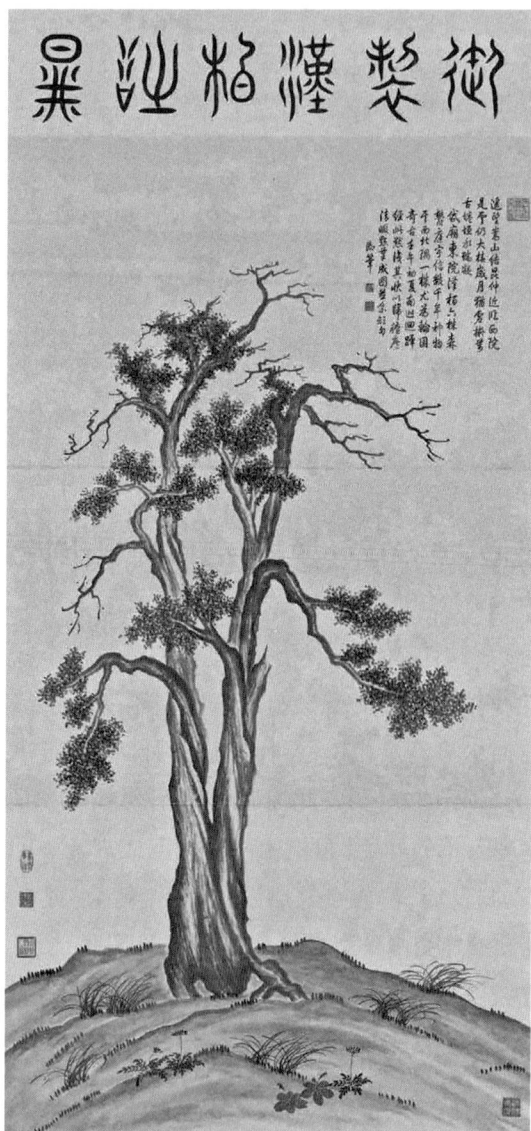

清　弘历　岱庙汉柏图轴
纸本水墨　纵293.5厘米　横122厘米
故宫博物院藏

上行书题诗并记："遥望嵩山结昆仲，近临西院是云仍。大椿岁月犹虚拟，万古堉垣永瑞凝。岱庙东院汉柏六株，森郁庭宇，信数千年神物，其西北隅一株尤为轮囷奇古。壬午（一七六二年）初夏，南巡回跸经此，默识其状，以归毡庐。清暇点笔成图，并系短句，御笔。"下钤"乾隆宸翰"（朱文）、"几暇怡情"（白文）二玺，诗跋右上角钤"石渠宝笈所藏"（朱文）、画右下角钤"摘藻为春"（白文）。画左下角钤"意在笔先"（朱文）、"烟云舒卷"（白文）以及溥仪所钤"宣统尊亲之宝"（朱文）。

　　弘历在绘画方面有很高造诣，在宫中重大题材绘制中，他与画臣之间围绕画风和画法展开探讨切磋。他常常亲自确定以何种方式、多大尺幅、何种画风画法和由哪位画臣来承担画作。同时，从弘历绘画作品中可见，他比较看重元代倪瓒和明代董其昌的画法，皴点并施，层次丰富，有的摹其笔墨，有的仿其布局。此幅《岱庙汉柏图》，技法颇合倪、董规矩，意境上追慕"元四家"雅趣。画面构图选择了最为对称均衡的侧面——汉柏同根合抱、一体双树，又以土丘、瑞草呼应盘根错节的汉柏根基，再以仰视角度展现出有1700多年历史的汉柏摄人心魄的生命力，既苍老斑驳，又清癯挺拔，寓意自强不息，昂扬向上的精气神。

　　弘历《岱庙汉柏图》中的汉柏与现实中的汉柏有所区别。图中汉柏的树干左旋而上，现实中其树干右旋而上。差异的原因，一是弘历回宫后凭记忆或是按照画臣草稿摹绘而来；二是乾隆时期，行宫位于岱庙连理汉柏北面，弘历从行宫内观察方向是右旋的，与我们观察角度不同；三是《岱庙汉柏图》已非单纯对汉柏简单写生模仿，而是对连理汉柏的艺术再加工、再创作，融入了弘历个人的理解，并将汉柏拟人化，寄托弘历特殊理念和情感。

《岱庙汉柏图》的衍生作品

在故宫博物院众多的藏品中,与弘历《岱庙汉柏图》相关的文物,除了《嵩阳汉柏图》原作外,还有五件衍生作品,即缂丝御制汉柏图轴、乾隆御题青玉填金汉柏长方插屏(一对,有大小之分)、清拓《乾隆御制汉柏图》、近拓《乾隆题汉柏院诗碑》。

《岱庙汉柏图》绘成之后,弘历下旨将这幅图勒碑立于岱庙汉柏院内。碑额作柳叶篆,碑阳刻图、跋、诗。碑阴为乾隆三十六年(一七七一年)刻《题汉柏》诗一首:"汉柏曾经手自图,郁葱映照

清　弘历　嵩阳汉柏图
纸本水墨
故宫博物院藏
作于乾隆十五年仲冬

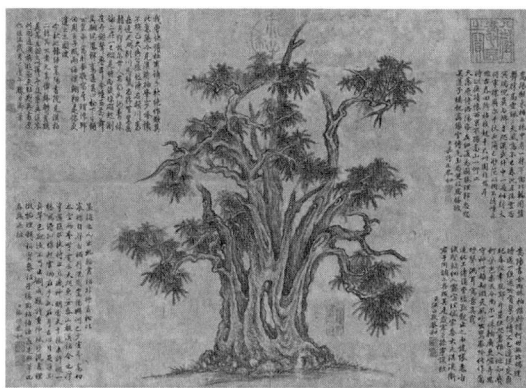

清　弘历　嵩阳汉柏图
纸本水墨
故宫博物院藏
作于乾隆十五年腊日

翠荫扶。殿旁亭里相望近,名实宾主谁是乎。"① 碑身北侧为乾隆
四十一年(1776)刻《汉柏口号题壬午碑图后》诗一首:"历劫哪知
荵与枯,谓犹多事写形吾。不禁笑指碑图问,久后还能似此无。"②
碑身南侧为乾隆四十五年(1780)刻《环咏亭》诗一首:"既成图画
复吟诗,汉柏精神那尽之。碑堵却空留一面,待兹来补岂非奇。"③
此碑即故宫博物院藏清拓《乾隆御制汉柏图》和近拓《乾隆题汉柏
院诗碑》的原碑。

　　除立碑外,乾隆皇帝还曾下令内务府造办处制作一对青玉汉
柏图插屏,将汉柏图和诗刻在插屏的正反两面。该组插屏有一大
一小两件,青玉质,花纹为阴刻填金。其中较大的一方插屏正面雕
汉柏图,以柳叶篆书刻"御制汉柏诗图"六字,右上刻题诗,诗后同
原图一样,钤"乾隆宸翰"、"几暇怡情"二玺。插屏的画面左下刻

①《清高宗御制诗三集》卷九六,《故宫珍本丛刊》第 559 册,海南出版社,
　2000 年,第 52 页。
②《清高宗御制诗四集》卷三六,《故宫珍本丛刊》第 561 册,第 157—158 页。
③《清高宗御制诗五集》卷五五,《故宫珍本丛刊》第 566 册,第 286 页。

"意在笔先"、"烟云舒卷"二印。画面右下角刻有"摘藻为春"印。此插屏的反面外框雕有填金的四条行龙和一条蟠龙以及火焰宝珠组成的云龙纹，外框中间留白。较小的一方插屏正面填金雕有弘历《岱庙汉柏图》，画面左下方刻有"意在笔先"、"烟云舒卷"二印。外框同样是填金云龙纹。该插屏反面刻行书"遥望嵩山结昆仲"诗。综观两方青玉插屏上刻的汉柏，比弘历原图中的汉柏树叶更茂盛，特别是在下半部两侧的枝干，树叶比原先多了三分之一左右，这令整幅汉柏图看起来要比原图丰满鲜活了许多。这是造办处的工匠在制作过程中加入自己的想象，经加工创造让画面美化升华之处。

清　御制岱庙汉柏图插屏（正、背）
长32.9厘米　宽21.2厘米
故宫博物院藏

乾隆皇帝还下令将《岱庙汉柏图》织成缂丝岱庙汉柏图，与原《岱庙汉柏图》有所区别。首先，墨色改成彩色，整体画面更加鲜活生动。其次，借助缂丝技艺的表现手法，加上运用从浅绿碧绿到墨绿不同层次颜色的搭配，使得汉柏枝叶更为茂盛，更加有立体感和层次感。第三,画面细节也有差异,如描绘汉柏树干时,将绘画的皴笔改为苔点。第四,该幅缂丝岱庙汉柏图的不足之处是构图比例与原画相比略显失调,由于树叶、枝干部分描绘过多,出现了上大下小、头重脚轻的局面,导致双柏看起来向画面左侧倾斜,给人即将倾倒的感觉。

清　御制岱庙汉柏图插屏(正、背)
长30.4厘米　宽20.1厘米
故宫博物院藏

乾隆皇帝重视《岱庙汉柏图》的原因

弘历重视《岱庙汉柏图》,将其立碑,并做成几个新版本的玉雕和缂丝工艺品。而相比之下,他绘制的另外四幅《嵩阳汉柏图》却没有衍生其他工艺品,究其原因有三:

首先,从政治上看,弘历将文献记载中的汉武帝登封泰山时手植汉柏一事绘图并勒碑撰文赋诗,表达他看重帝王封禅泰山的寓意,绘图赋诗为他祭祀泰山留下佐证,赋予其承继道统的政治象征意义。他一生东巡、南巡中有十一次至泰山、六次登岱顶祭祀、十次谒岱庙,更是延续两千年华夏统治正朔,强调清王朝皇权"受命于天"的合法性。

其次,从纪念其人生重大事件看,弘历绘制《岱庙汉柏图》突出了乾隆二十七年(1762)祭祀岱庙这一重要的政治、宗教活动。从《清高宗御制诗三集》中的几首御制诗可见其第三次南巡(1762)当年回銮至京师途经泰山的活动轨迹:《驻跸古泮池》《谒岱庙》《环咏亭》《汉柏》《登泰山》《登玉符山极顶》《至德州谒皇太后行宫》、《新城道中》、《南巡回銮驻跸圆明园作》。弘历东巡、南巡多次祭祀五岳之首泰山,是仿效祖父康熙皇帝只祭祀不封禅的传统,又蕴含着对明以前封禅泰山制度的继承,是以量取胜,反复祭拜泰山表达对"上天授命"的酬谢,宣扬皇位之合法性,得到"封禅泰山"的实际效果。

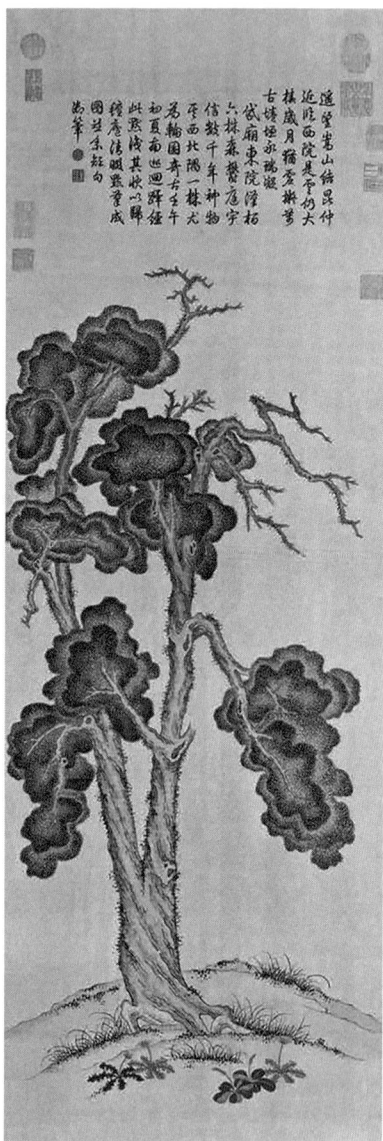

清　缂丝御制岱庙汉柏图
故宫博物院藏

再次，从个人目的看，弘历六次南巡的前四次和多次东巡，都是陪同圣母皇太后（从60岁到74岁）。他亲诣皇太后行幄问安，或岱庙瞻礼，或登泰山祭祀，或奉祀碧霞元君，极尽孝道。弘历亲绘《岱庙汉柏图》也有祈福皇太后长寿的心愿。中国古代向来有神树崇拜观念，柏树作为神树，自古有沟通天地、辨明忠奸、祛除邪魅的作用，也是长寿的象征。在掌管生死的泰山府君的地界上长出的千年汉柏可谓长寿树瑞，具有吉祥长寿寓意。弘历曾写下向汉柏祈求长寿的诗："亿禩神庥永，百年庙貌新。"（《谒岱庙六韵》）"佐天生万物，护国福烝民。庆落卜良日，展诚恰仲春。扶桑石突兀，炎汉柏轮囷。肃拜经九载，慈宁值八旬。抒忱颙有吁，介寿颜重申。"（《岁庚寅辛卯国家叠逢庆典预期遣内务府大臣刘浩赴泰山缮葺各工至是落成神庙倍增轮奂》）后一首诗写于1771年，时值乾隆皇帝生母崇庆皇太后八十大寿庆典。乾隆皇帝在诗中为母亲庆生，也向汉柏许愿祈请保佑母亲和自己长寿。[1]

《岱庙汉柏图》的绘制题记与御制诗折射出了弘历的时代心境。乾隆年间的清朝已经具备了盛世的特征，但是这盛世中亦有隐忧。虽经康熙、雍正两朝，社会矛盾有所缓和，但南方士人仍然没有真正在心理上接纳清朝承继中华文化根脉。在他们眼中，那些皇亲贵胄和八旗子民似乎仍然处于中华正统之外的文化地位。即使康熙皇帝尊儒右文，兴礼教谒拜孔庙，举办博学鸿儒科，尝试笼络江南知识阶层，其侍卫纳兰性德甚至浸濡其中，与明代遗老遗少相互唱和，共赋《黍离》悲戚[2]；即使雍正皇帝继续崇儒重道，倡

①《清高宗御制诗三集》卷九六，《故宫珍本丛刊》第559册，第52页。
②《诗经·王风·黍离》讲的是周大夫过镐京见荒草中依稀的旧时宗庙，有感于周已被颠覆，心生无限悲戚。后此篇常在历次朝代更迭时为前朝遗老所吟唱，以抒心中悲苦。

导程朱理学,在《大义觉迷录》中指出:"本朝之为满洲,犹中国之有籍贯。舜为东夷之人,文王为西夷之人,曾何损于圣德乎!"苦口婆心地强调但凡在文化上继承中华道统者即为"华夏",以期彻底解决春秋管仲辅佐齐桓公称霸时提出的"华夷之辨",反驳明末遗民视清朝为外来夷狄的统治。但是,这些作为也难以改变江南士子心底的文化成见。在这种社会氛围下,不难看出弘历南巡、东巡行程中祭祀泰山的意涵,其目的之一便是拜谒、寻访中华文化圣地和名胜古迹,彰显对历代君王的尊崇。在十一次临泰山、六次登岱顶祭祀中,弘历不间断地写下大量御制诗来讴歌岱岳大美,敬仰古代圣君先贤,抒发励精图治之志向,又专门为汉柏赋诗作画。这不只显示出其文化修养高标孤绝的自负,更蕴含了尽收江南士子之心的苦心孤诣。《岱庙汉柏图》更是一种象征,标志着弘历和大清王朝是步履先圣之踪,彰显盛世之"文治",已经彻底继承汉文化正统,是三皇五帝文武周公法统之一脉。同时,在祝福圣母皇太后万寿无疆,寄托孝心的潜台词中,还有着期盼大清千秋万代国祚永昌、福瑞呈祥的心声。

（原载《紫禁城》,2022 年第 4 期）

满语口语音变试析 ①

　　余生于辛亥革命后,正是排满思潮对中国产生影响的时期。到余学龄时,清末满语专家"同光清语六贤"中的族伯爱新觉罗朴厚和业师阿克敦布教授余满语文语和口语。因满语口语没有文字记载,都是口传心授,到后来随着懂满语的前辈相继离世,满语口语也几乎绝迹了。而仅存的这些会说满语的老人们对于满语口语理论却知之甚少,余深感痛心。适逢本文作者三位有志有识的青年学子愿意跟我学习,如此就能保证满语口语不至于失传。余把长辈们口传心授得来的知识传给这三位学子,这样余也就不遗憾了。也是余一生的夙愿。

爱新觉罗瀛生

　　满族是我国56个民族中的一个古老民族,源远流长,世居白山黑水之间,先秦时称肃慎,南北朝时称勿吉,隋唐时称靺鞨,辽、宋、元、明时称女真。满语与古时的匈奴语、其后的蒙古语同属乌拉尔阿尔泰语系。满语是以建州女真语为主要基础而构成的,满文自创制后就用来书写女真口语。当时的满族共同体是以建州女真为主体,同时吸收女真诸部而形成的,不但包括建州、海西、野人

---

① 本文与郑再帅、殷芳合作完成。

等部,也有赫哲、鄂温克、鄂伦春及其他诸部的人。这些成员各操乡音本语而纳入满族共同体,必然对建州女真的规范语言产生一定的影响,加之建州女真语也在不断变化中,因此造成满语与满文有许多不一致之处。原来说着女真语方言的各部人也对满语口语带来语音上的变化。满人入关后,长期生活在汉语环境中,满语与汉语互相作用,彼此影响,也使满语语音发生了很大变化。

虽然,满语口语音变产生的因素很多,但音变产生的最根本原因是"音声之变大抵由繁而简,兼易其声",即为了发音上的方便。日本语的"音便"之说就形象地说明了这一现象。英语的音变现象主要有连读、失音、弱化、浊化、同化、重音、缩读等形式。这些形式的产生归结为一个原则,即 Economy——"经济"原则,或称为"省力"原则。"省力"这两个简单的字眼可以解释几乎所有的音变现象。

一、重音造成的音变

满语是重头音节的语言,穆林德夫在其著作(1892)指出,满语同蒙古语一样,重音在最后一个音节。笔者向瀛生先生提及此问题时,瀛生先生说穆林德夫当时学习的只是满文,而非口语,书面语的重音是在尾音节。

满语的重音位于首音节,就会造成词末的音节弱化甚至脱落。瀛生先生说,他的老师曾经讲道:"或谓清语尾音有失者,谓之失音。其实此等尾音非失也,实轻也。细审之,语出刹那之间,音促韵轻而不露,然其唇舌仍处于辗转抵触之态。闻之,尾韵若无,实寓于唇齿错综之间;无闻着,轻而不露,蕴含于内也。"

一些满-通古斯语言学家认为,锡伯语属于满语的方言或旧满语的延续。锡伯语专家安俊先生(1985)说过:"……锡伯族就把清朝定为'国语'、'国文'的满语、满文逐步地作为了自己的语言文字,这样,随着时间的推移和社会的变迁、发展,满族和留居东北老家的锡伯族,由于长期和汉族杂居,逐步遗忘了自己的语言文字。而迁居新疆伊犁地区驻防的锡伯族,则由于生活在特定的'真空'环境里,把语言文字保留了下来……"此论述,瀛生先生深表赞同,并且认为锡伯语是受汉语影响较少的满语方言。朝克(2006)说过:"现在锡伯语口语中,第一音节的元音一般都发音较重、较清楚,后续各音节里出现的元音发音会逐渐变弱。"此论述与满语口语也是完全一致的。

书面语	口语	汉译
aibide	[ɑpit]	在何处
ainci	[ɑntɕ'i]	想是;或者
ainu	[ɑnu]	怎么
ajige	[ɑtɕiq]	小
anakū	[ɑnq'u]	钥匙
aša	[ɑʃ]	嫂
dehi	[teixi]	四十
ecike	[ətɕ'ik']	叔父
ehe	[əx]	恶;凶
emu	[əm]	一
gege	[kək]	女孩
haha juse	[χɑχtʂus]	男孩子们
ilan	[ilɑ]	三
jiha	[tɕiχ]	钱

menggun	[məŋŋu]	银子
muke	[muk']	水
nadan	[nɑdɑ]	七
orin	[ɔri]	二十
saman	[sɑmɑ]	萨满
tumen	[t'umə]	万
waka	[wɑq']	不是
yaha	[jɑχ]	炭
yali	[jɑnli]	肉
yalihangga	[jɑnliɑŋŋɑ]	胖的;肥的

二、语流音变

　　人们在说话时,不是孤立地发出一个个音节(字),而是把音节组成一连串自然的"语流"。在"语流"中,音素密切相接,音节之间停顿很小,使语音间相互影响而产生条件音变。语流缓慢时,有些音节尚不一定弱化脱落;语流加速后,有些音素为省力而逐渐弱化、同化以至脱落,有些音素则因加力发生增音现象。

(一)k、g、h 系列音变

　　此系列音变在满语口语中经常出现。k、g、h 根据在词中的位置不同,可以分别变为其他两个音。这三个音发音部位相同,都是舌根音(与阳性元音相拼时则为小舌音),其中 k、g 之间的变化主要是发音方法送气、不送气的差别,其与 h 之间的变化主要是发音方法塞音与擦音的差别。

　　瀛生先生在《满语杂识》中讲到 k、g、h 混变时指出,此为"声母之淆"。"清语诸音颇多声母之淆,大体言之,不外重声转为轻声。"k、g、h 系列中,k、g 为重,h 为轻,故多 k、g 向 h 转变。其实,这就是语言交际中,只要别人听得懂,人们就会尽量节省用力,少动发音器官,而自然产生的一种简化趋势,即音的弱化。

书面语	口语	汉译
agūra	[ɑxur]	器械
akjan	[ɑχʈʂan]	雷
akūn	[ɑxuŋ]/[ɑkuŋ]	没有;不
amaga	[amɑχɑ]	后来
amargi	[amarxi]	北
anagan	[anχan]	趁机
argan	[arχan]	芽
boigon	[peiχɔn]	产业
buku	[pʻuxu]	摔跤手
burga	[purχɑ]	柳条
dehe	[təkə]	鱼钩
febigi	[fəpixi]	蛴螬
fukjin	[fuqʻtɕin]	创始
gurgu	[kurxu]	野兽
jergi	[tɕirxi]	量词
kaicara	[gaitʃar]	叫喊
madagan	[matχan]	利息
nicuhe	[nidʒkə]	珍珠
sargan	[sarχan]	妻子
serguwen	[sərkʻuen]	凉快

serguwešembi	[sərk'uəʃəmi]	乘凉
temgetu	[t'əmxət'u]	铃记
tugi	[t'uxi]	云
uhume	[ukumə]	婶母
urgun	[urxun]	喜

（二）b、p、m、f、w 系列音变

此系列音变是从双唇音向唇齿音的变化。双唇音，旧称"重唇音"，由上唇与下唇接触以节制外出之气息而成；唇齿音旧称"轻唇音"，是由上门齿是切下唇之内缘以节制外出之气息而成。从双唇音到唇齿音的系列音变其实也是从重到轻的变化。

书面语	口语	汉译
bonio	[mɔniɔ]	申
abka	[avq'a]	天
fiya	[p'ia]	桦树
fiyan	[p'ian]	颜色
anafu	[anwu]	戍守
arbun	[arwun]	形象
buku	[p'uxu]	摔跤手
labdu	[laftu]	多
sabka	[safq'a]/[savq'a]	筷子
gebu	[kəfu]	名字
dalba	[talva]	旁,旁边
beri	[p'əri]	弓
be	[mə]、[fə]、[və]	把

sabu	[sɑwu]	鞋
yabumbi	[jɑfumi]	走
mokto	[pək't'u]	倔强

（三）j、d、r 变 n

j、d、r 音变为 n，即是由于语流音变造成的音的同化。音的同化是一种连续的现象，在两个音节或者两个词之间，为了使这两个音节或者词之间能够非常平滑的过渡，导致一个音受到相邻音的影响而发生的音变现象。

书面语	口语	汉译
banjimbi	[pɑnnimi]	生活
donjimbi	[tɔnnimi]	听见
fonjimbi	[fɔnnimi]	询问,打听
hendumbi	[xənnumi]	说
morin	[məni]	马
jenduken	[tʂənnuk'ən]	秘密的
dondoba	[tɔnnɔpɑ]	土蜂
funjima	[funnimɑ]	白蛉子
handa	[χɑnnɑ]	痘毒
handucun	[χɑnnutʂ'un]	秧歌
mandakan	[mɑnnɑχɑn]	略慢些

三、固定音变

固定音变首先发自语流,语流音变频频发生,言之既久,有些自然而然地固定下来,变成为固定音变或习惯音变。

（一）动词词尾 -mbi 读作 -mi，b 不发音

《清文启蒙》中，toombi 读作"托嘧"，saimbi 读作"萨衣（切）嘧"，hoššombi 读作"豁诗说嘧"，等等，不胜枚举。我们常常说的"阿查乌密"，即汉语的"合卺礼"，规范语为 acabumbi，其发音并非"阿查布穆必"。在口语中，词尾 -mbi 中的 b 不发音，所以读作"阿查布密"。但语速加快，词头 aca- 中的 c 发 š 音，c 后的 a 脱落，词中 -bu- 中的 b 发 w 音，所以该词也读作"阿什乌密"、"阿查乌密"。

（二）w、y 不发音

穆林德夫（1892）指出在 u 和 a 或者 e 之间添加 w，只是为了拼写的需要，是不发音的。因为在满语中，如果两个元音相连，那么第二个元音只能是 o 或者 i，不能为其他的元音。所以，添加一个 w，主要是形态学上的需要。词中的 y 也是一样的道理而不发音的。究其原因，应该是回纥文的局限性。

比如 tuwa 一词，假如把 w 省略，变成 tua，写成满文后变成 tun，而不是 tua。双元音的第二个元音只能为 i 或 o，而不能是 a、e、u、ū。

书面语	口语	汉译
tuwa	[tʻuɑ]	火
juwe	[tʂuə]	二
juwan	[tʂuɑn]	十
muwa	[muɑ]	粗壮
huwejehen	[χuətʂəhə]	围屏
huwejen	[χuətʂən]	屏风
gūwahiyan	[quɑχiɑn]	掎角之势
hūwalambi	[χuɑlɑmi]	破开，劈开

huwenji	[χuəntɕi]	有把儿的木碗
muwašmbi	[muɑʂami]	举止粗犷
tuweri	[t'uəri]	冬天
biya	[piɑ]	月亮
eniye	[əniə]	母亲
fulgiyan	[fulqiɑn]	红
talkiyan	[t'alχiɑn]	闪电
giyan	[qiɑn]	道理
funiyagan	[funiɑχɑn]	度量
funiyehe	[funiəχə]	毛,头发
niyekse	[niəq's]	单薄
niyanciha	[niɑntɕ'iχə]	青草

（三）-ng 后音节发鼻音

《清文启蒙》中讲道：凡联字内在 ang、eng、ing 头字下联写 gan、ga 俱念呵；go 俱念窝；ū、gū、gu 俱念屋；ge 念哦；gi 念衣；giya 念佳；giye 念噎；gan 念安；gen 念恩；gon、gun、guwen 俱念温；gin、giyen 俱念阴；giyan 念烟。《清文启蒙》虽然是清代成书最早、讲述最全面详细、例句最多的满语文教科书，但是也是在受汉语影响比较深的情况下编写的。因为满语里，很多音没有合适的汉字与之相对，所以只能勉强用"阿、额、伊、武"等对应。比如 šanggiyan 一词位于 ng 后面的 gi 变成了汉语音的"伊"，于是由 šanggiyan 派生出一个新词 šanyan。康熙以后，开始出现了 šanyan，满语词书中此二词并存，都是"白的"之义，到了清朝后期，šanyan 代替了 šanggiyan 而通用起来。瀛生先生的前辈编写的《清文音韵歌》中讲到"五头之下有鼻音"，是比较没有脱离满语实际的发音。

书面语	口语	汉译
manggi	[maŋŋi]	一味的, 只顾
nanggin	[naŋŋin]	廊檐
tanggū	[t'aŋŋu]	百
šanggiyan	[ʃaŋjan]	白色
gungge	[kuŋŋə]	功劳
gunggu	[kuŋŋu]	后脑勺高
nanggū	[naŋŋʊ]	木墩
senggete	[səŋŋət']	苍耳子
senggi	[səŋŋi]	血
senggimbi	[səŋŋimi]	友爱, 亲睦
danggi	[taŋŋi]	表示让步
funggin yali	[kuŋŋin janli]	带皮的老猪肉

（四）si 发 [ʃï] 音

在规范语中, si 音读 [ɕi]（接近汉语"西"）, 在口语中, si 有两种发音法, 一是同规范语发 [ɕi] 音, 另一则是发 [ʃï]。《清文启蒙》中说"此 si 字在联字中间下边俱念诗, 在联字首念诗西俱可, 单用仍念西"。国际音标中的 [ɕ] 是舌面前清擦音, [ʃ] 是舌叶清擦音, 二者发音部位接近。si 变为 [ʃï] 一般发生在词中或词末, 在词首时, 发 [ɕi] 或者 [ʃï] 音均可。

书面语	口语	汉译
aisi	[aiʃï]	利益
doosi	[tuɔʃï]	贪婪
siden	[ʃïtən], [ɕitən]	证据

aldasi	[ɑltɑʃï]	中间
esi	[əʃï]	当然
fusihūn	[fuʃïxun]	往下
gaksi	[qɑqʻʃï]	伙伴
umesi	[əməʃï]	非常
usin	[uʃïn]	田地
silun	[ʃïlun], [ɕilun]	猞猁
gūsin	[kuʃïn]	三十
uksin	[uχʃïn]	盔甲
fesin	[fəʃïn]	把儿, 柄

（五）n 和 ng 之变

n 变 ng，主要发生在词尾，并且重音在尾音节时才发生变化。词尾 n 若不是重音节，则容易失音。

书面语	口语	汉译
akūn	[akʻuŋ]	没有
hatan	[χatʻaŋ]	暴躁
hafan	[χafaŋ]	官吏
nahan	[naχaŋ]	炕
aigan	[aiχaŋ]	箭靶子
juwan	[tʂuaŋ]	十
saman	[sama]	萨满
tumen	[tʻumə]	万
nadan	[nata]	七

四、结语

近些年,世界上开始关注满语。据联合国教科文组织最新发布的《濒危语言图谱》,全世界有 7000 种语言,其中一半以上将在 21 世纪消亡,80%~90% 将在未来 200 年灭绝。平均每两个星期就有一种语言消失,满语也濒临灭亡。现今学习满语者,误认为满语规范语书面所写者读出即为口语,照规范语逐字拼读,有一字即发一字之音,产生了这种机械拼读法。瀛生先生说,他的前辈在讲满语时,只用满文书写,不会拉丁文转写。当讲到音变的脱落和增音时,用红笔将弱化至于脱落的音圈起来,增音也加红圈。例如 hūwaliyasun,其口语音用拉丁文转写即可写成 hualiasun,用满字则必须写出 w、y 来,为了表示口语音,前辈们就将此 w、y 用红笔圈起来,如同表示口语语流弱化脱音的办法,谓之"画红"。虽然,"画红"在一定程度上把满语口语的规律保留了下来,但是却有一定的局限性,因为并不是每个音变都能用"画红"的方法记录下来。所以,我们把满文转写为拉丁文之后,就很方便地把口语的音变传承下来。

另外,了解满语口语音变,对我们了解普通话中的一些词汇大有帮助。比如"萨其玛"(sacima),是一种野果加糖制成的点心,叫作"狗奶子糖缠"。后来北京的糕点铺参考其做法,制成了一种点心,称为"萨其玛"。还有,北方人称雪橇为"爬犁"。爬犁是北方人最常用的工具之一,它的制作比较简单,用两根一丈多长的硬杂木杆,前端烘烤弯如弓形向上翘起,作辕子,后部为木架板箱,坐人或装货。如果专供人乘坐,还可以搭篷挡风御寒。爬犁的形状类似滑雪板,上翘的辕头可以减少阻力,两杆贴地的一面砍削得很光滑,又在硬滑的冰雪路行驶,所以不用太大的牵引力就能快速前行,比车还要方便。有人说"爬犁"这一名称由来是因其像耕地的犁杖,又不用轱辘就可贴着地面行走,和"爬"差不多而得名的,这样的解释很形象,但只是臆测罢了。"爬犁"的称呼是从满语 fara 中来的,在满语中, fara 发生音变,音为 balia 或者 pali,音译为汉语"爬犁"。

所以,学习一种语言,不能只是概括地掌握一种语言系统,更重要的是掌握该语言的实际读音;不仅要掌握该语言单位孤立时的读音,还要掌握其音变的规律,只有这样才能真正掌握语言并有效地进行沟通交流。

参考文献

D·O·朝克:《现代锡伯语口语研究》,民族出版社,2006 年。

爱新觉罗瀛生:《满语杂识》,学苑出版社,2004 年。

安俊:《锡伯语言文字乃满语满文的继续》,《满语研究》,1985 年第 1 期。

〔清〕舞格寿平:《满汉字清文启蒙》,文宝堂刻本,雍正八年。

P. G. Von Möllendorff. 1892. *A Manchu Grammar With Analysed Texts*. Montana：Kessinger Publishing.

（原载《中国民族语言学报》第 4 辑,2022 年）

附录一：《称赞大乘功德经》
金铭版本考

笔者曾有幸在友人家中见到一尊传世鎏金银塔，内放金板经卷一卷。样式初断为辽代，金板上刻经卷《称赞大乘功德经》。在印象之中，应县木塔内似乎也出过一卷辽代刻的《称赞大乘功德经》，这更激发了我对此金板的兴趣，便请求拍照记录，以便进一步研究。此鎏金银塔和金板经卷尚未有人做过研究，但是相同类型的辽塔中藏金、银经卷已有人初步讨论过，文章仅有 4 篇，大多以考古报告为主。德新等人的《内蒙古巴林右旗庆州白塔发现的辽代佛教文物》[①]，对天宫中出土的凤衔珠鎏金塔内藏的银版陀罗尼咒做了介绍。朝阳北塔考古勘察队的《辽宁朝阳北塔天宫地宫清理简报》[②]，介绍了天宫中出土的四重金银塔内藏银经卷。《阜新县红帽子乡辽塔地宫清理记》[③] 则只对银塔中的银经卷描述了一番。唯一

---

① 德新：《内蒙古巴林右旗庆州白塔发现的辽代佛教文物》，《文物》，1994 年第 12 期，第 7—31 页。

② 朝阳北塔博物馆：《朝阳北塔考古发掘与维修工程报告》，文物出版社，2007，第 69 页。朝阳北塔考古勘察队：《辽宁朝阳北塔天宫地宫清理简报》，《文物》，1992 年第 7 期，第 1—29 页。

③ 赵振生：《阜新县红帽子乡辽塔地宫清理记》，纪兵：《阜新辽金史研究》第二辑，中国社会出版社，1995 年，第 147—148 页。

对金属板上刻经文做了研究的是晓田的《辽代经法舍利小塔》[1],其中对庆州白塔出土的109座小塔和枨竿陀罗尼的样式进行了讨论。

一、银塔及金经卷介绍

(一)银塔

鎏金银塔一座。以银板(厚0.2mm)分段捶揲,錾刻及铆固、焊接后又插接而成。塔表采用了鎏金和錾刻工艺,造型典雅端庄,精巧绝伦。由塔座、塔身(筒身)、塔檐(塔顶)、塔刹组成。总高30cm。塔底为六边形二层台式,边长6cm,底径12.1cm。塔座为束腰式须弥座,下半部分呈六棱覆莲状,共六个面,每面刻七瓣羽状莲花。中间束腰呈六棱柱形,每面交替刻有金刚杵莲花和莲生宝珠,样式与金铭边框内花纹一致。束腰上立仰坐莲台亦有六面,与下部对称。仰莲上有围栏式仰台,呈六边形,与底边平行。每面栏杆上刻有三个灵芝卷云头。仰台内还有一重莲花瓣环绕于筒身底部。筒身高10cm,直径6.6cm。上面三面刻有三尊男相菩萨,披袈裟,戴花冠,系璎珞,结契印,端坐于莲台之上。錾刻线条流畅,人物形象传神。塔檐可打开,筒身内即藏金质经卷。塔檐、塔顶、覆钵、塔刹联体。塔檐为六角形,每边6cm,檐出瓦当(勾头)排列有序,滴水以线条刻饰显示,瓦垄脊饰细微。檐头六角上分别悬系一风铎,风铎圆钟形,小巧逼真。檐上仰莲台作为刹座,上置覆钵,覆钵三重,呈葫芦状,上有相轮七道。上方塔尖为锥形。从塔尖和第七道相轮之间垂下六脉鎏金银链,连接檐角忍冬叶装饰。为典型的辽代中晚期作品。(参见图1、图2)

---

[1] 晓田:《辽代经法舍利小塔》,《收藏家》(Collectors),1997年第4期,第7—9页。

图1　鎏金银塔筒身局部

图2　鎏金银塔整体

此鎏金银舍利塔与河北净觉寺出土的舍利银塔形制相似。河北易县净觉寺1976年出土的银舍利塔的时代大致在辽天祚帝天庆五年（1115），为辽代中晚期宗教器物的断代标准器。该塔通高19.5mm，由塔座、塔身和塔顶三部分组成。塔下为六边形须弥座，上下各有三层叠涩，底缘残缺；其上是莲花座，套接六边形塔身，六隅阴刻圆柱，每面镂空壶门。塔顶为六角攒尖式，垂风铎；塔刹套接，由莲花座、宝珠、宝瓶等组成。[①]（参见图3）

鎏金银塔的六边形底座和底部的两层叠涩还有六棱柱形束腰须弥座、六角形塔檐和攒尖式塔刹的形制与易

图3 易县净觉寺银舍利塔[②]

县净觉寺银舍利塔基本一致，在装潢上甚至比它更精致。可以断定，鎏金银塔是辽代中晚期的佳作。

（二）《称赞大乘功德经》金铭

金铭被金丝捆好放置在鎏金法舍利塔的内部，为经卷式，总长94cm，宽11cm，重227g。分卷首画、经文、卷尾题记三部分。卷首有与应县木塔出土的契丹藏《大法炬陀罗尼经》卷首画相似的"佛祖讲经图"。卷首画长9.4cm，宽10cm。卷中经文部分为雕刻的

---

① 参见河北省文物管理处：《河北易县净觉寺舍利塔地宫清理记》，《文物》，1986年第9期，第76—77页。

② 河北省文物管理处：《河北易县净觉寺舍利塔地宫清理记》，《文物》，1986年第9期，第77页。

《称赞大乘功德经》（参见图4），该部分长79.6cm，框内宽7.4cm。其文字内容和版式与应县木塔契丹藏"《称赞大乘功德经—女》玄奘译"基本一致，第一版有经名，千字文编号"女"（只有首版刻有千字文编号），及译者，每版28行，每行16—17字，加上卷尾题记共2140字。版片号在每版第一行和第二行之间，仅刻二、三两页版码，四、五版没刻。但不同的是边框和装饰，该金铭文字左右单边，上下双边。双边构成边框，单侧边框宽1.8cm。内装饰有交替的金刚杵莲花和莲生宝珠，一侧为18个，上下两侧共36个。卷尾题记长5cm，其文字与应县木塔出土的《释摩诃衍论通赞疏卷第十》《释摩诃衍论通赞疏科卷下》的卷尾题记基本一致。题记为："咸雍七年十月吉日。燕京弘法寺奉宣校勘金铭。殿主讲经觉慧大德臣沙门行安勾当。都勾当讲经诠法大德臣沙门方矩校勘。右街天王寺讲经论文英大德赐紫臣沙门志延校勘。经院判官朝散郎守太子中舍骁骑尉赐绯鱼袋臣韩资睦提点。"（参见图12）据卷尾题记，金铭应雕刻于辽道家咸雍七年（1071）及其后期。

图4　鎏金银塔内藏金经卷（金铭）《称赞大乘功德经》卷头

二、金铭的真伪及与契丹藏的关系

（一）金铭与应县木塔所出契丹藏中的雕印本《称赞大乘功德经》对比

《称赞大乘功德经》金铭的版式与应县木塔出土的《称赞大乘功德经》最为相似，因此有必要对两者进行细致入微的对比，以理清两者的异同，辨别真伪。

在对比之前，有必要弄清应县木塔出土的契丹藏《称赞大乘功德经》的版本问题。

《契丹藏》，又称《辽藏》，是辽兴宗到辽道宗时期由官方主持雕印的一部汉文大藏经，在年代上晚于我国第一部刻本大藏经《开宝藏》。现存《辽藏》有 1974 年应县木塔发现的 40 余件刻经，1987 年河北丰润辽代天宫寺塔藏的 8 帙册页装、3 卷卷轴装佛经，1982—1988 年内蒙古辽代庆州释迦舍利佛塔（庆州白塔）中发现的几十件辽圣宗到辽道宗时期的卷轴装经卷，以及拍卖行流出的辽卷轴装刻本契丹藏《观弥勒菩萨上生兜率天疏》。[①]

据专家考证，契丹藏分为两个系统，一种版本是应县木塔发现的卷轴装契丹藏，每版经文 27—28 行，每行 16—17 字，在卷首卷尾均有经名卷次及千字文编号。其中千字文号和经目的对应顺序是按照唐玄宗年间智昇编写的《开元释教录·入藏录》中设计的经目千字文顺序安排的。这种《大藏经》可能最早校勘雕印于辽圣宗十年（991），经兴宗、道宗两朝不断增定续补，最晚于咸雍四年（1068）完成全藏。共 579 帙，一千多卷。兴、道两朝续刻的卷轴装

---

① 参见李际宁《佛经的版本》，江苏古籍出版社，2002 年，第 88—103 页。

版式基本依据圣宗朝样式。卷轴装的《契丹藏》在兴、道两朝又多次被官方重新翻印,亦有寺院翻刻的单刻经。

另一种版本便是丰润天宫寺塔发现的册页装(蝴蝶装)小字本《辽藏》,虽然同一部经的千字文帙号俱与应县木塔契丹藏相一致。但蝴蝶装的此版本纸薄字密,每版刻经12行,每行30字左右,其雕印时间大概在辽兴宗重熙初年(1032)至辽道宗咸雍末年(1074)。总之,两种版本虽然版式不同但内容大体一致。①

而本文所要对比应县木塔发现的圣宗时雕印的契丹藏《称赞大乘功德经一女》是所有发现的应县木塔刻经中最完整的一卷。按它的卷轴装版式每版28行,每行16—17字来说应属于《契丹藏》原件。但专家认为它是圣宗时僧人根据官方雕印的契丹藏《称赞大乘功德经一女》刻造的单经。其依据为卷尾题记中僧人道䛒对于刻经的感慨"遭逢圣代,幸偶遗风,敢雕无上之经",以及文末"统和贰拾壹年记"②的纪年,明显透露了此经是在统和二十一年(1003)道䛒仿照官方雕印的契丹藏亲自校阅后,找人刻了这卷经。虽然是仿刻经,但无论是在字体上还是版式上,都与应县木塔的其他官方雕刻的原本《契丹藏》一致(只是少了卷首画),③故可当作官方雕刻的《称赞大乘功德经》来研究契丹藏的内容和样式。(参见图5)

---

① 参见李富华《关于〈辽藏〉的研究》,何梅、李富华:《汉文佛教大藏经研究》,宗教文化出版社,2003年,第135—142页。

② 阎文儒等:《山西应县佛宫寺释迦塔内发现的契丹藏和辽代刻经》,《文物》,1982年第6期,第13页。

③ 参见张畅耕、毕素娟:《论辽朝大藏经的雕印》,《中国历史博物馆馆刊》,1986年第9期,第18—19页。

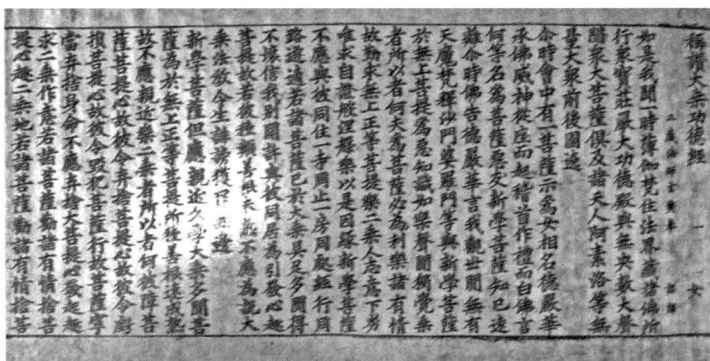

图5　应县木塔《称赞大乘功德经》首页①

因此，辽代法舍利塔中所藏的金铭《称赞大乘功德经》与应县木塔中《称赞大乘功德经》做对比研究，可视作与统和年间流通的官版《称赞大乘功德经》的对比。为下文讨论方便，"金铭《称赞大乘功德经》"简称为"金铭"，应县木塔所出民间仿刻本辽藏《称赞大乘功德经》简称为"应县木塔《功德经》"。

下面是金铭与应县木塔《功德经》的对比（以应县木塔出《功德经》为主，还包括应县木塔的其他经）：

1. 版式对比

表1　金铭与应县木塔《功德经》版式对比②

	金铭	应县木塔《功德经》	结论
样式	经卷式	卷轴式	一般佛经刻在贵金属上，均为卷起来的形式，与应县木塔的卷轴式相似

———————

① 山西省文物局、中国历史博物馆主编：《应县木塔辽代秘藏》，文物出版社，1991，卷前彩页。

② 应县木塔《功德经》的数据出自山西省文物局、中国历史博物馆主编：《应县木塔辽代秘藏》，第11—44页。

	金铭	应县木塔《功德经》	结论
边框	左右单边，上下双边。双边构成边框，单侧边框宽1.8cm。内装饰有交替的金刚杵莲花和莲生宝珠，一侧为18个，上下两侧共36个 图6 金铭边框花边	四周单线边框，无装饰	应县木塔所出的正版官刻契丹藏单、双线边框都有出现。在圣宗至道宗时期官方雕印的单经中也出现了卷轴装的佛经，为双线边框，内刻有宝珠、祥云或金刚杵图样的装饰。说明金铭依据的雕印母版可能是在统和契丹藏的基础上由官方重刻的单经
卷首画	卷首有与应县木塔出土的契丹藏《大法炬陀罗尼经》、《中阿含经》卷首画相似的"佛祖讲经图"，长9.4cm，宽10cm（见图7）	无卷首画	详见（二）卷首画对比
千字文号	女	女	一致
版码	版码在每版第一行和第二行之间，仅刻二、三两页版码，四、五版没刻。在"萨"、"愿"的右侧	除第一页外，每版均有版码，前两个版码在第一行和第二行之间，在"萨"、"愿"的右侧，四、五两个在卷末	若是现代行家高仿的赝品，是不会出现漏刻版码的情况，金铭漏刻版码这种错误只能是当时的金匠造成的
长宽高	金铭总长94cm，宽11cm，卷首画长9.4cm，宽10cm。卷中经文部分至卷末长79.6cm	框高21.8cm，版广52.7cm—53.5cm，纸纵27.8cm，总长275.3cm	因边框各异、卷尾题记长度不同，无法对比
每页版式	每版28行，每行16—17字	每版28行，每行16—17字	版式一致，说明重刻的《称赞大乘功德经》还是按照原来段落的格式刻的
卷尾题记对比			详见（三）卷尾题记对比

2. 文字内容对比

（1）文字风格对比

金铭的字体是比较淳厚端正的楷书，颇有唐楷之风，与应县木塔所出的《称赞大乘功德经》和咸雍七年（1071）雕印流通的《释摩诃衍论通赞疏科卷下》的字形基本一致，与《释摩诃衍论通赞疏科》稍为纤细的字形较为相似。由于是在金板上刻字，故相比之下还是有些粗犷，形态基本上介于敦厚沉稳的《大乘功德经》和有些纤细的《释摩诃衍论通赞疏科》之间。从相似度上来看，可料想金铭也是一位雕刻技巧相当高超的刻工精心制作的，并形成了与原来风格略有差别的字体，不是现代人能仿造得出来的。

（2）文本内容及俗体字、避讳对比

俗体字和避讳及文本内容是判断文物和文本真伪的关键，下面主要通过金铭与应县木塔《功德经》的文字内容对比，再参照辽僧人智光编的佛经俗体字字典《龙龛手鉴》[①]（简称"《龙龛》"），和秦公先生辑录的《碑别字新编》[②]（简称"《碑别字》"）中收录的历代俗体字来考察金铭的真伪。

首先，通过金铭与应县《功德经》和通行的《龙藏》中《称赞大乘功德经》的内容对比来确定金铭内容的版本。对比发现，应县《功德经》和金铭内容基本一致，两者与《龙藏》、《功德经》有两处相异：一是"获罪无边"，《龙藏》作"获罪无量"；二是"彼为见佛处众嘿然"，《龙藏》作"彼为见佛处众默然"。[③] 可认定，金铭与应县《功德经》为同一版本。

---

① 智光辑录，潘重规主编：《龙龛手鉴新编》，中华书局，1988 年。

② 秦公：《碑别字新编》，文物出版社，1985 年。

③《称赞大乘功德经》，《乾隆大藏经》大乘五大部外重译经第 0272 部第 39 册，台北传正有限公司乾隆版大藏经刊印处，1997 年，第 443—446 页。

　　其次,金铭和应县《功德经》都无避讳字,"光"、"真"二字无讳。而应县木塔中发现的圣宗时期的雕版印经无讳,但其中道宗咸雍七年(1071)的《释摩诃衍论通赞疏卷第十》却讳"光"(德光)、"明"(德光)、"贤"(辽景宗)、"真"(宗真)四字。专家据此就认为辽代道宗时所有的佛经都应该避讳,其实不然。辽代是少数民族建立的王朝,其避讳制度一直很混乱。丰润天宫寺塔发现类似的辽代刻经中道宗时期刻的契丹藏《金刚般若波罗蜜经》中"真"字就没有避讳。故不能依据道宗咸雍七年(1071)刻的金铭"光"、"真"二字无讳就否定其是真品。

　　再次,对金铭和应县《功德经》的俗体字的综合分析对比是确定金铭真实性的一项有力的证据。笔者从金铭和应县《功德经》中找出属于同一正字,写法却完全不同的俗体字共11对;同时另外选出了两卷经中相同的10对俗体字,再参考《龙龛》和《碑别字》中收录的俗体字,编成"金铭与应县《功德经》相同俗体字表"(表2)和"金铭与应县功德经相异俗体字表"(表3),来综合分析金铭的文字状况。表里收录《碑别字新编》的俗体字下注的小字代表该字体出现的朝代。

表2　金铭与应县《功德经》相同俗体字表

字	金铭中俗体字	应县《功德经》中相应俗体字	《龙龛手鉴》、《碑别字新编》中记载的俗体字		金铭中俗体字是否出现在《龙龛》、《碑别字》上
1.尊	槀	槀	槀	《龙龛》附录页七3404	是
			寧傳 尊𡩋等 寽寽尊㈱	《碑别字》页八二一	
2.輕	軽	軽	軽 軽	《龙龛》附录页六	是
			軽 軽軽軽軽㈱軽軽㈱	《碑别字》页三〇六	

续表

字	金铭中俗体字	应县《功德经》中相应俗体字	《龙龛手鉴》、《碑别字新编》中记载的俗体字		金铭中俗体字是否出现在《龙龛》、《碑别字》上
3.驱	駆	駆	駈	《龙龛》索引一四七	是
				《碑别字》	
4.断	断	断	断 断 断	《龙龛》页三四八1525	是
			断 断 逝 逝 断 断 断 断	《碑别字》页四〇六	
5.趣	趣	趣	趣 越 趋 趋	《龙龛》页二七八12107	否
			趣 趣 趣	《碑别字》页三三八	
6.坑	坑	坑	坑 坑 坑	《龙龛》页二六00902	否
			塽 坑 埫 坑 埫	《碑别字》页四三	
7.蔑	蔑	蔑	蔑 蔑 蔑 蔑	《龙龛》页三三二14456	否
			蔑 蔑 蔑 蔑 蔑 蔑 蔑 蔑	《碑别字》页三三四	
8.聾	聋	聋	聋 聋	《龙龛》页三六一15727	否
			聋 聋 聋	《碑别字》页四六四	
9.微	微	微	微 微	《龙龛》页二二五09707	否
			微 微 微 微 微 微 微	《碑别字》页二三八	
10.鼓	鼓	鼓	鼓 鼓 鼓	《龙龛》页二五二10946	否
				《碑别字》	

注：应县木塔《功德经》的数据出自山西省文物局、中国历史博物馆主编、《应县木塔辽代秘藏》，第11—44页；秦公：《碑别字新编》，1985年；智光辑录，潘重规主编：《龙龛手鉴新编》，1988年。

表3　金铭与应县《功德经》相异俗体字表

字	金铭中俗体字	应县《功德经》中相应俗体字	《龙龛手鉴》、《碑别字新编》中记载的俗体字		金铭俗体字是否出现在《龙龛》、《碑别字》上
1.經	経経	経	経	《龙龛》	否，无"經"
			経経経経経　経経(俗)	《碑别字》页二五六	
2.義	羛羛羛	義	羛	《龙龛》索引一〇五	否
			羛(俗)羛羛羛　羛(俗)義	《碑别字》页二五七	
3.劇	劇	劇	劇劇	《龙龛》页二五四1102	否
			劇劇劇(俗)　劇(俗)	《碑别字》页三十三	
4.擯	擯	擯	擯	《龙龛》页三二二1497	否
				《碑别字》	
5.薰	熏	薰	薰薰薰	《龙龛》索引一七〇	否
			薰(俗)薰(俗)	《碑别字》页三八六	
6.啞	瘂	瘂	瘂瘂	《龙龛》索引一〇二	否
				《碑别字》	
7.支	支	支	支	《龙龛》页八00165	否
				《碑别字》	
8.喜	喜	喜	喜	《龙龛》页二九二12691	否
			喜喜喜喜(俗)喜(俗)	《碑别字》页一九三	
9.匶	区	匶	匶匶	《龙龛》页一四八06211	否
				《碑别字》	
10.惱	惱	惱	惱惱惱惱	《龙龛》页一五七06579	否
			惱惱惱惱(俗)惱惱(俗)	《碑别字》页二〇二	
11.胝	胝	胝	胝胝胝胝胝胝	《龙龛》页五四	否
				《碑别字》	

注：应县木塔《功德经》的数据出自山西省文物局、中国历史博物馆主编：《应
　　县木塔辽代秘藏》，第11—44页；秦公：《碑别字新编》，1985年；智光辑录，潘
　　重规主编：《龙龛手鉴新编》，1988年。

从表中可以看出，在挑选的 10 个完全一致的俗体字中有 4 个出现在《龙龛》或《碑别字》上，而且其中的 3 个俗字仅在辽代使用；另外 6 字是从未出现过的，这既验证了金铭与应县《功德经》的一致与真实性，又说明了《龙龛》与《碑别字》所收录的俗体字并不全面广泛。表 3 "金铭与应县《功德经》相异俗体字表"则进一步证明了金铭的真实性。通过将存在金铭中却从未出现在应县《功德经》上的 11 个俗体字与《碑别字》或《龙龛》中记载的该正字的俗体字做比较，笔者发现，这 11 个俗体字都是该正字在唐代或辽代的俗体字基础上的简笔或变形。它们符合象形文字发展的基本规律，并不是现代人凭空臆想就能造出的，应该是工匠在雕刻金板时进行的简化。此外，金铭中还出现了同一正字用几种不同的俗体书写的现象。可见金铭是在应县《称赞大乘功德经》的基础上，按照当时的俗字书写形式雕刻而成的。

最后，金铭中出现的两个错误也充分印证了其非赝品。参照应县《功德经》，发现金铭中刻错两字、漏刻一字。应县《功德经》第一页"示为女相名德严华，承佛威神从座而起"，金铭则刻成"承佛威神从萨典起"，可能是刻工看走眼将"座"左侧的"萨"刻在原来位置上，又将"座"下面的"而"看成了"典"。这更能说明金铭是当时文化水平较低的刻工制造的，并非行家伪造的赝品。

（二）金铭与应县木塔《大法炬陀罗尼经》卷首画对比

金铭《称赞大乘功德经》卷首画"佛祖说法图"（图 7）与应县木塔出卷轴装契丹藏《大法炬陀罗尼经》、《中阿含经》的卷首画基本一致，但区别在于，金铭的卷首画是十分完整的，而先述两部《契丹藏》的刻经卷首画都残缺了大致相同的部分。

如图所示（图 8），《大法炬陀罗尼经》残缺比较严重，此图中下部和左下角还有右下角都已残，中间的女性供养人只剩一半，右

图7　金铭卷首画

图8　《大法炬陀罗尼经》卷首画①

侧的金刚力士仅余躯干和半只
足。而《中阿含经》（图9）状况
相对好一些，画面基本完整，中
部经修复存有裂缝，右下角的金
刚力士比《大法炬陀罗尼经》修
复得要完整，但是项颈之间部分
缺损，而且由于长时间的污水浸
泡，躯干右侧和腰身以下的部分
已经模糊不清，基本上只能辨认
躯干和头颅。左右两尊金刚力士

图9　《中阿含经》卷首画②

成为和金铭卷首画对比的关键部分。从两幅相同的佛经卷首画中
我们能总结出两个金刚力士的基本特征。两者均挺拔健硕、肌肉

---

① 山西省文物局、中国历史博物馆主编：《应县木塔辽代秘藏》，第39页。
② 山西省文物局、中国历史博物馆主编：《应县木塔辽代秘藏》，第52页。

饱满,有唐金刚之风骨。左下角的力士头戴宝冠飘带,项着璎珞,怒目圆睁,张口大呼,作愤怒之相;左腿叉开、右腿半蹲于云端之上;右手握拳置于脑后,左手握一棍棒垂于左膝,作跃跃欲试降魔伏妖之状;此应为金刚密力士(俗称"哼哈二将")中的"哈将"。而右下角残损严重的力士也是头戴宝冠,上身半裸披一缥带,但他忿颜闭唇,面带愤怒可怖之相,此应为"哼将"。模糊的线条之下只能辨认出他作半蹲状,右腿斜叉。

金铭的出现使我们对于图像认知得更为完整。两尊力士的雄浑壮硕的风格依然保留,但是金属板的质地上以针点状的线条雕刻使画面略微简陋粗糙(图7)。首先,金铭中位于左下角的哈将外形动作基本与佛经中一致,只是左手的棍棒刻得很短,几乎辨认不出来,这是由雕刻金铭很难创造透视效果造成的。其次,从金铭的哼将刻画可以辨认出佛经图像的原貌。他右腿叉开,左腿蹲在云阶之上,右手握拳放于膝上,左手成空拳状置于脑后,推测左手在原画中可能握有棍棒,因长棍要穿过面部胸前不好处理透视效果,故省去不刻。总之,从金铭与两经卷首画中残缺部分的对比可以看出,金铭与版画风格大致相似,也能基本补全画中缺失的部分,在没有完整张本的情况下,现代人不可能补全这两尊姿势奇特的神像。故断定,金铭乃是辽中晚期根据印刷的契丹藏雕刻的真品,统和年间官刻本《契丹藏》应该也有卷首画。据《应县木塔辽代秘藏》中统计,应县木塔中的十一卷官版《契丹藏》(仿刻本《称赞大乘功德经》除外)中仅存卷首的只有三卷,而这三卷均有卷首画:《大方广佛华严经卷四十七》残损天王像一幅,《大法炬陀罗尼经第十三》和《中阿含经卷第三十六》卷首的释迦牟尼讲法图均残,剩下《阿毗达摩发智论卷第十三》和《佛说大乘无量寿决定光明如来陀罗尼经一卷》的卷首画仅存残边。可断定官方版的《契丹藏》每卷应该都有卷首画，而金铭也有与某一部官版《契丹藏》相似的卷首画，并且据上文可知，版式也与《契丹藏》基本一致。这可以说明，金铭的单刻经母版可能是统和年官藏《称赞大乘功德经》的重刻版。此金铭卷首画因金属质地得以完整保存，是今天可见最为完整清晰的辽代契丹藏卷首画。

（三）卷尾题记与《释摩诃衍论通赞疏卷第十》对比

应县木塔《称赞大乘功德经》卷尾题记内容较长（图 10），与金铭和《释摩诃衍论通赞疏卷第十》的内容完全不同，主要包括此经的内容概述、写经刻经的目的及写经人、雕工姓名。最后一句“弘业寺释迦佛舍利塔主沙门智云书，穆咸宁、赵守俊、李存让、樊遵四人共雕”。① 而金铭卷尾题记较短，仅包括刻经时间和校勘负责人，并未刻刻工名字。应县木塔和丰润天宫寺塔出的大多数辽代官方刻经的卷尾题记也并未刻刻工，只是刻了时间和负责人。这可以说明大多数辽代官方刻经是不刻刻工名字的。

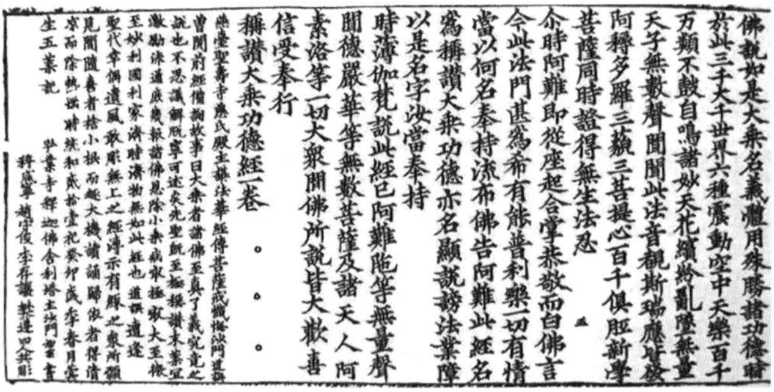
佛說如是大乘名義體用殊勝諸功德時
於此三千大千世界六種震動空中天樂百千
万類不鼓自鳴諸妙天花繽紛亂墜無量
天子無數聲聞聞此法音覩斯瑞應皆發
阿耨多羅三藐三菩提心百千俱胝新學
菩薩同時證得無生法忍
尒時阿難即從座起合掌恭敬而白佛言
今此法門甚為希有能普利樂一切有情
當以何名奉持流布佛告阿難此經名
為稱讚大乘功德亦名顯說謗法業障
以是名字汝當奉持
時薄伽梵說此經已阿難陁等無量聲
聞德嚴華等無數菩薩及諸天人阿
素洛等一切大衆聞佛所說皆大歡喜
信受奉行
稱讚大乘功德經一卷

图10　应县木塔《称赞大乘功德经》卷尾题记②

① 山西省文物局、中国历史博物馆主编：《应县木塔辽代秘藏》，第 39 页。

② 山西省文物局、中国历史博物馆主编：《应县木塔辽代秘藏》，第 39 页。

　　另外，金铭的卷尾题记与应县木塔出官方单刻经《释摩诃衍论通赞疏卷第十》《释摩诃衍论通赞疏科卷下》的卷尾题记基本一致。金铭与这两经的对比可以进一步弄清它的版本问题。《释摩诃衍论通赞疏卷第十》《释摩诃衍论通赞疏科卷下》两卷经使我们得以一窥辽代官方单刻经的基本面貌。

　　《释摩诃衍论通赞疏》，辽代兴、道时期著名高僧守臻撰述，是对龙树的《释摩诃衍论》的解释。应县木塔此经卷仅存第十卷，为卷轴装，四周单线边框，每版28行，每行17—18字，每版有版码，每两纸的接缝处盖有"应州文书"的印，卷末有卷尾题记。①

　　《释摩诃衍论通赞疏科》是对守臻撰述的《释摩诃衍论通赞疏》的解释，应县木塔仅存下卷。为卷轴装，四周单线边框，每版28行，每行12—13字。经背面印有"宣赐燕京"的印文，亦有卷尾题记。②两经均避辽讳，卷尾题记都为："咸雍七年十月　　日。燕京弘法寺奉宣校勘雕印流通。殿主讲经觉慧大德臣沙门行安勾当。都勾当讲经诠法大德臣沙门方矩校勘。右街天王寺讲经论文英大德赐紫臣沙门志延校勘。印经院判官朝散郎守太子中舍骁骑尉赐绯鱼袋臣韩资睦提点。"③（图11）说明这是奉道宗之命皇家寺院校勘雕刻的官方单刻经。

　　从文字风格上看，两《释摩诃衍论》经略显细腻清丽，而金板刻经文字有些拙朴，与雕版印刷刻经的方式相比，金铭雕刻由于其要微雕文字，难度更大，故文字略显粗糙也无妨。如图所示（图12），金铭的格式内容与两经题记极为相同，但是咸雍七年（1071）十月后面添加了"吉日"，这应该是刻金铭的工匠为了金铭瘗藏入

---

① 参见山西省文物局、中国历史博物馆主编：《应县木塔辽代秘藏》，第14页。
② 山西省文物局、中国历史博物馆主编：《应县木塔辽代秘藏》，第14页。
③ 山西省文物局、中国历史博物馆主编：《应县木塔辽代秘藏》，第312页。

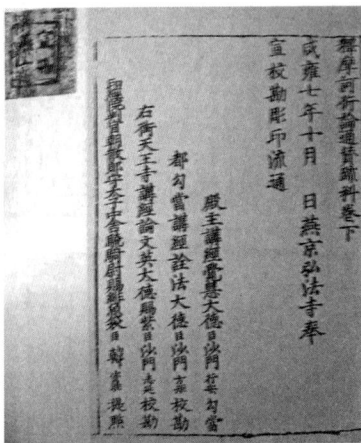

图11　《释摩诃衍论通赞疏科卷下》
卷尾题记①

图12　金铭《称赞大乘功德经》
卷尾题记

塔后加的字。"校勘雕印流通"为"校勘金铭"。"右街天王寺讲经"
的"经"字写作"**经**","印经院判官"被刻作"经院判官"。印经院
在古代常被简称作"经院"这一点变化表明,金铭题记并非直接照
搬应县木塔出《释摩诃衍论通赞疏》的卷尾题记。总之,这几个细
微的差别恰恰说明了金铭是按照辽道宗咸雍七年(1071)雕印版
《称赞大乘功德经》原文及卷尾题记制作的,并不是后人按照图谱
将《释摩诃衍论通赞疏卷十》的卷尾题记拼接在契丹藏《称赞大乘
功德经》之后。

三、结论

综上所述,通过金铭与应县木塔所出辽代经书的对比可以得
出以下几点结论。

① 山西省文物局、中国历史博物馆主编:《应县木塔辽代秘藏》,第312页。

首先,金铭虽然与应县木塔《称赞大乘功德经》基本相似,但在文字风格、版式和文字写法上都与应县木塔《功德经》有着一定程度的差别,这反映了辽代不同时期、不同地域、不同雕刻工匠的差异。这种变化不是现代人能仿造出来的,因此金铭无疑是辽道宗咸雍七年(1071)雕刻的真品。并且,从金铭卷首画中可以看到契丹藏《大法炬陀罗尼经》卷首画的原貌。

其次,根据前文对金铭版式的讨论可以认定,金铭有卷首画和版码,每版28行,每行16—17字的格式虽与契丹藏相似,但其他方面的差异很大,并不能归于契丹藏。相比之下,更接近于有版码每版28行,每行字数在12—18字的范围之间,卷尾题记与之几乎一致的咸雍七年(1071)的官方单刻经。因此可以确定,金铭参照雕刻的纸质底本应为咸雍七年(1071)官方校勘雕印流通皇家专用的单刻经,其前面的格式没有修改校勘,而是直接按照统和年间官印《契丹藏》中《称赞大乘功德经》的格式直接进行复刻。

再次,根据以上可以推测辽代咸雍年间皇帝可能下令刊刻过一套皇家和官方寺院专用的经书精选集,其中包括了统和年间部分契丹藏的经书,还有当代名僧的经典著作,并将之一起赐给燕京众寺院。其中统和契丹藏的刻印版本未加以任何修改或另找僧人

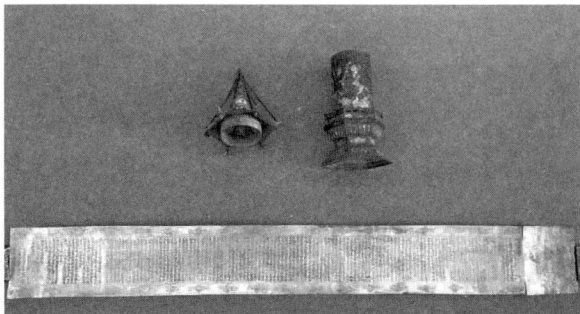

图13 金铭展开图

写经,就直接用作范本雕印新版,雕成金铭的纸质底本(该纸质版本至今未见,有待进一步考古发现验证)。在按照原经雕刻金铭时,刻工又根据自己的书写习惯刻出了与原经文略有差异的异体字和俗字。同时又出于审美需要,在经的上下两侧加了边框和装饰的莲花,之后将金铭装入银塔中供奉。

最后,通过金铭与统和契丹藏的对比可开启对于契丹藏新的认识。比如:在每卷经的卷首印有版画可能是圣宗时契丹藏的通例;统和与咸雍两种契丹藏都没有写经人的卷尾题跋,更不需要刻上刻工和写经人的姓名,只需在卷尾题记刻上负责校勘人的姓名官衔及刊刻的时间。

总之,金铭是辽代道宗时期雕刻的真品,版式是按照咸雍七年(1071)官方奉命校勘雕印、依据统和年间的契丹藏《称赞大乘功德经一女》重新雕印的单刻经样式刻的。

(原载《中国佛学》2021 年总第 48 期)

附录二：唐人眼中的金刚不坏之身

一、唐代普通民众的舍利观

就佛祖要求其弟子供奉舍利的最初目的而言,舍利只是释迦牟尼自身的象征,并不是灵异祥瑞之物,供养舍利是为了激励人们向释迦佛学习,以求得参透佛法,但是在平民看来却并非如此。庶民百姓是舍利信仰最广泛,最基础的支持者,但是民众们崇奉舍利其实是最疯狂的,他们不惜花费大量的钱财供养舍利甚至不惜伤身毁命。唐人笔记《杜阳杂编》卷下对百姓供养舍利的疯狂行为进行了生动的描述:"时有军卒,断左臂于佛前,以手执之,一步一礼,血流洒地,至于肘行膝步、啮指截发,不可算数。"① 《入唐求法巡礼行记》也说:"有人施百石粳米、廿石粟米;有人施无碍供念头足;有人施无碍供杂用钱足;有人供无碍薄饼足;有人施诸寺大德老宿供足。如是各各发愿布施,庄严佛牙会,向佛牙楼散钱如雨。"② 从他们近乎倾家荡产的供养方式中足以看出对舍利的疯狂崇信已深入

---

① [唐]苏鹗:《杜阳杂编》卷下,《影印文渊阁四库全书》,第1042册,台北:台湾商务印书馆,1986年,第623页。
② [日]圆仁著,白化文等校注:《入唐求法巡礼行记校注》卷三,北京:中华书局,2019年,第365页。

民心。但是,民众们一旦碰到令人厌恶恐惧的现象便不再信任和崇奉舍利,《宣室志》中记载岐阳法门寺僧人佛陀萨坐化之后其肉身舍利仍旧长头发这一怪事吓坏了岐阳的乡民,他们竟然把塔窗封上不再敬奉舍利,而只有佛菩萨的弟子还仍旧帮坐化的师傅剔去长长的头发①,这足以证明百姓对舍利理解之浅。所以,对舍利见识浅陋的民众的观点常常被僧侣、士大夫、皇室所左右,延州妇人一故事体现得最为明显。《续玄怪录》载:"昔延州有妇女,白皙颇有姿貌,年可二十四五。孤行城市,年少之子,悉与之游,狎昵荐枕,一无所却。数年而殁,州人莫不悲惜,共醵丧具为之葬焉,以其无家,瘗于道左。大历中,忽有胡僧自西域来,见墓,遂趺坐具,敬礼焚香,围绕赞叹。数日,人见谓曰:'此一淫纵女子,人尽夫也,以其无属,故瘗于此,和尚何敬耶?'僧曰:'非檀越所知,斯乃大圣,慈悲喜舍,世俗之欲,无不徇焉。此即锁骨菩萨,顺缘已尽,圣者云耳。不信即启以验之。'众人即开墓,视遍身之骨,钩结皆如锁状,果如僧言。州人异之,为设大斋,起塔焉。(出《续玄怪录》)"②

　　从上述故事中可以看出,唐代的民众其实对佛法佛舍利并不了解,不知"淫纵女子"乃观音度化世人的分身之一,等到胡僧向

_____

① "有佛陀萨者,其籍编于岐阳法门寺。自言姓佛氏,陀萨其名也。常独行岐陇间,衣黄持锡。年虽老,然其貌类童騃。好扬言于衢中,或诟辱群僧。僧皆怒焉。其资膳裘絈,俱乞于里人。里人怜其愚,厚与衣食,以故资用独饶于群僧。陀萨亦转均于里中穷饿者焉,里人益怜其心。开成五年夏六月,陀萨召里中民告曰:'我今夕死矣,汝为吾塔瘗其尸。'果端坐而卒。于是里中之人,建塔于岐阳之西冈上,漆其尸而瘗焉。后月余,或视其首,发仅寸余,弟子即剃去。已而又生,里人大异,遂扃其户,竟不开焉。(出《宣室志》)"[宋]李昉等编:《太平广记》卷一〇一,北京:中华书局,1961年,第654—655页。

② [宋]李昉等编:《太平广记》卷一〇一,第682页。

他们解释以后再加上锁骨舍利的显灵，大家才起塔祭拜延州妇的舍利。可以说，百姓对佛舍利的态度其实往往没有自己的判断，极易受僧人的影响蛊惑，这是因为他们对佛舍利的祭拜仅是为了祈福，从来不求大彻大悟佛法，所以常常会因为祈求舍利受骗上当。就像《北梦琐言》中被洪密用鱼目冒充舍利的太原妇人一样愚蠢。《北梦琐言》载："泽州僧洪密请舍利塔，洪密以禅宗谜语鼓扇愚俗，自云身出舍利。曾至太原，豪民迎请，妇人罗拜。洪密既辞，妇人于其所坐之处拾得百粒。人验之，皆枯鱼之目也。将辞去山中，要十数番粗毡。半日获五百番。其惑人也如此。（出《北梦琐言》）"[1]总之，不知佛法，抱着功利心态祈福于舍利的民众对舍利的态度是最浅薄简单的，因而他们才会受僧侣蛊惑，倾家荡产地疯狂供奉舍利，甚至不惜伤身损命。

二、民间舍利故事中反映的佛教观念

从唐代民众喜闻乐道的舍利故事中我们也可以一窥当时普遍存在于民众心中的佛教信仰观念和求佛心态。

1. 善无畏和道宣故事与毗沙门天崇拜观和密宗、律宗的微妙关系

《开天传信记》载："唐无畏三藏初自天竺至，所司引谒于玄宗。玄宗见而敬信焉，因谓三藏曰：'师不远而来，故倦矣。欲于何方休息耶？'三藏进曰：'臣在天竺，常时闻大唐西明寺宣律师持律第一，愿往依止焉。'玄宗可之。宣律禁戒坚苦，焚修精洁。三藏饮酒食肉，言行粗易。往往乘醉喧竞，秽污绷席，宣律颇不能

---

[1]［宋］李昉等编：《太平广记》卷二八九，第 2032 页。

甘之。忽中夜,宣律扪虱,将投于地。三藏半醉,连声呼曰:'律师律师,扑死佛子耶。'宣律方知其异人也,整衣作礼而师事焉。宣律精苦之甚,常夜后行道,临阶坠堕忽觉有人捧承其足。宣顾视之,乃一少年也。宣遽问:'弟子何人? 中夜在此。'少年曰:'某非常人,即毗沙门天王子那吒太子也。以护法之故,拥护和尚,时已久矣。'宣律曰:'贫道修行,无事烦太子。太子威神自在,西域有可以作佛事者,愿太子致之。'太子曰:'某有佛牙,宝事虽久,然头目犹舍,敢不奉献。'宣律得之,即今崇圣寺佛牙是也。出《开天传信记》)"①

　　这个具有传奇色彩的故事虽然有趣,但是犯了关公战秦琼的错误。律宗大师道宣与密宗狂僧善无畏所处时代虽有重叠,但是道宣卒于唐高宗乾封二年(667),而善无畏到达长安是在开元四年(716)②,整整相差五十年,所以说道宣与善无畏根本不可能相遇,由此而引发的这一"抓虱"故事也就成了无稽之谈了。这一点《宋高僧传》的作者赞宁也有所察觉,他在《宋高僧传》卷第十四"唐京兆西明寺道宣传"中记述道:"又无畏非开元中者,贞观、显庆已来莫别有无畏否?"③表明赞宁也没有一个合理的解释,而只是以第二个善无畏来弥补记载的逻辑缺陷。他在《宋高僧传》"唐洛京圣善寺善无畏传"的记述中,更表现出对此事的怀疑:"若观此说,宣灭至开元中仅五十载矣,如畏出没无常,非人之所测也。"④但赞宁并没有否定这一说法,只是用"如畏出没无常,非人之所测也"的隐遁之辞来自圆其说了。另外,哪吒三太子赠道宣佛牙事之真伪尚待

①［宋］李昉等编:《太平广记》卷九二,第610页。
②［宋］赞宁:《宋高僧传》,北京:中华书局,1987年,第330页。
③［宋］赞宁:《宋高僧传》,第330页。
④［宋］赞宁:《宋高僧传》,第330页。

商榷，除了《开天传信记》记载的三太子佛牙故事以外，日僧园仁的《入唐求法巡礼行记》中也记录了会昌元年他听到的这则传说："三月二十五日，诣崇圣寺，礼释迦牟尼佛牙会。有人多云，终南山和尚，随毗沙门天太子，得此佛牙。那吒太子从天上将来与和尚。今置此寺供养。"[1] 但是《宋高僧传》中皇帝未明确指出舍利是哪吒三太子授予的："代宗大历二年敕此寺三纲：'如闻彼寺有大德道宣律师传授得释迦佛牙及肉舍利，宜即诣右银台门进来，朕要观礼。'"[2] 唐代的哪吒崇拜观念如此浓厚，官方却没有提到舍利的感应来源，而日僧园仁所记的哪吒赠舍利故事也只是"有人多云"的道听途说而已，可见虽然佛牙舍利确实是道宣所得，但不一定是天人授予，只是会昌年间（或更早时期）以来流行的传说而已，可能与西明寺中的毗沙门天像有关[3]。故两件事俱不可信，那么这传奇故事又是如何产生的呢？这与当时作者身边发生的两件大事有关，《太平广记》中所引的这则故事来自《开天传信记》（此书说是将开天时期的奇闻逸事传信于后世，其实据前文可知，故事大都不足为信）。作者郑棨是昭宗时的宰相，此书是他在懿宗时做吏部员外郎时所撰。[4] 懿宗皇帝对佛牙舍利的崇拜尤其狂热，唐懿宗曾亲自莅临供奉舍利的福门，下楼膜拜时十分诚挚，竟然泪流满面[5]。在此之前，还加封当年得到佛牙舍利的道宣为"澄照法师"。《宋高僧传》云：

---

① [日] 园仁：《入唐求法巡礼行记》，上海：上海古籍出版社，1986年，第53页。

② [宋] 赞宁：《宋高僧传》，第330页。

③《册府元龟》载："元和十年三月甲申，西明佛寺僧迁寺中之毗沙门神像于开业寺，帝（宪宗）命假之骑军，前后翼卫，其徒以幢盖引侍，凡数里不绝，观者倾都。"（[宋] 王钦若等编纂；周勋初等校订：《册府元龟》卷五二《帝王部·崇释氏》，南京：凤凰出版社，2006年，第1037页）

④ 刘叶秋：《历代笔记概述》，北京：北京出版社，2006年，第79页。

⑤《资治通鉴》卷二五二，中华书局，1956年，第8165页。

"懿宗咸通十年,左右街僧令霄、玄畅等上表乞追赠(道宣)。其年十月敕谥曰澄照,塔曰净光。"① 可能是懿宗对于舍利崇拜的虔诚和加封道宣一事给郑棨以灵感,再联系起与道宣同时代的密宗奇僧善无畏,结合了当时三太子赠佛牙舍利的坊间传说,编出了道宣与善无畏生动有趣的传奇故事。

　　两条传闻虽为虚妄之言,但一定程度上也反映了中晚唐的佛教观念。首先是无畏求见道宣一事,无畏的"破酒肉戒、言行粗鄙"使道宣不能忍受,但是后来夜间"投蚤于地"受到无畏斥责杀生及最后道宣礼敬无畏的故事,体现了中晚唐时代的密宗和律宗微妙的关系。律宗产生于初唐贞观年间,由道宣创立,其主张是严格恪守佛教戒律《四分律》。而开元年间传入中国的广受推崇的密宗则主张即身成佛和"染欲",提倡要成佛只需按照一定的宗教仪式供养神佛和进行口、身、意上的修炼,在满足自身的欲望中体会佛理,不必严守佛教的清规戒律。如此截然相反的两种主张看起来好像必然会产生争论。但就实际而言,双方还是以互相学习为主,因为正如同郑棨的故事中所反映的一样,某些密宗的法师虽然表面上不守戒律而实际上对戒律理解得很深刻,他们也有时会以身作则,如肃宗时赞赏密宗大师不空"执律舍缚,护戒为仪",并加封他为肃国公②。另外,也像故事中说的那样有很多律宗大师很尊重密宗法师,并向密宗僧人学习戒律,如律宗著名法师昙一曾向善无畏学习戒律,并受菩萨戒③。文中无畏、道宣通过互相交流消除偏见以及密教中流行的哪吒三太子神授予律宗法师佛牙舍利的传说,正是中晚唐时期密宗律宗既有一些分歧争论又互相交流学习的最好体现。

① [宋]赞宁:《宋高僧传》,第330页。
② 周一良:《唐代密宗》,上海:上海远东出版社,1996年,第138页。
③ 周一良:《唐代密宗》,第138页。

　　再者,毗沙门天、三太子赠佛牙之虚构也能体现出当时自开元天宝年间以来一直到晚唐对毗沙门天和哪吒的崇拜观念。毗沙门天(即多闻天)和哪吒都是南亚佛教中的护法神,最早传入中土是在北凉时期翻译的《佛所行赞》:"犹如天帝释,诸天众围绕,如摩酰首罗,忽生六面子,设种种众具,供给及请福,今王生太子,设众具亦然,毗沙门天王,生那罗鸠婆,一切诸天众,皆悉大欢喜。"[①] 毗沙门天和哪吒的崇拜观念在初唐并不流行,真正鼎盛的时期始于唐玄宗开元年间"三大士"翻译密宗经典,宣传密教咒语法术,将密宗毗沙门天的崇拜纳入中土信仰。佛典中把毗沙门天描绘成神通广大洞察四方的护法天王,领北方夜叉众,犯过杀戒的人如皈依佛法,崇敬毗沙门天,死后便可升入天界,成为毗沙门天之子。[②] 这利于吸引那些在将场上厮杀的军人"放下屠刀皈依佛法",同时不空在佛经《北方毗沙门天随军护法仪轨》中又杜撰了毗沙门天和哪吒三太子领天兵助唐军于安西城的传说。[③] 因此毗沙门天和哪吒

①《佛所行赞》卷一,《碛砂大藏经》整理委员会:《碛砂大藏经》第88册,北京:中华书局,2005年,第6551页。

②《法苑珠林》卷一一六《送终篇遣送部》、卷六《三界篇奏请、眷属》、卷一〇五《八戒部功能》。

③《仪轨》云:"北方大毗沙门天王。唐天宝元载壬午岁,大石康五国围安西城,其年二月十一日有表请救援。圣人告一行禅师曰……有表请兵,安西去京一万二千里,兵程八个月,然到其安西,即无朕之所有。一行曰,陛下,何不请北方毗沙门天王神兵应援。……一行曰,唤取胡僧大广智即请得。……大广智曰,陛下执香炉入道场,与陛下请北方天王神兵救……真言未二七遍圣人忽见,有神人二三百人。……大广智曰,此是北方毗沙门天王第二子独健,领天兵救援安西故来辞。……奉佛教敕,令第三子那吒捧塔随天王。……天王第三子那吒太子,捧塔常随天王。"(《大正新修大藏经》第四十七册,台北:佛陀教育基金会,1990年,第228页。据专家考证,此经并非不空译,可能是唐代密僧假托。)

崇拜大肆流行军中民间,最终在开天年间成为唐朝的军神和护国神,后来被宋元明清小说家演绎为托塔李天王和哪吒三太子。正是因为当时毗沙门天和哪吒的信仰在民间如此流行才会产生三太子赠佛牙的故事。

总之,郑綮创作的无畏与宣律宗的故事真实地反映了懿僖年间流行于民间的毗沙门天、哪吒崇拜信仰以及当时的律密宗派互相交流的情况。

2.众生平等皆有佛性观

太宗时,西域求法的三藏法师所创立的唯识宗奉行的是源于印度种姓制度的众生佛性不同的理论,有些人生来佛性就高,有些人愚笨一辈子都不能成佛。那么对于下层民众来说,他们是怎么看待佛性的呢?舍利是成佛得道的明证,通过对坊间流传的舍利故事,我们可以管窥当时唐朝普通民众对于这个问题的理解。

最有代表性的就是商居士和延州妇人与长生猪的故事:

张读的《宣室志》中商居士成锁骨菩萨的传说:

> 有商居士者,三河县人。年七岁,能通佛氏书,里人异之。后庐于三河县西田中,有佛书数百编,手卷目阅,未尝废一日。……闻居士每运支体,坨然若戛玉之音,听者奇之。或曰:"居士之骨。真锁骨也,夫锁骨连络如蔓。故动摇之体,则有清越之声,固其然矣。昔闻佛氏书言,佛身有舍利骨,菩萨之身有锁骨,今商居士者,岂非菩萨乎! 然荤俗之人,固不可辨也。"居士后年九十余,一日,汤沐具冠带,悉召门弟子会食,因告之曰:"吾年九十矣,今旦暮且死,汝当以火烬吾尸,慎无逆吾旨。"门弟子泣曰:"谨听命。"是夕坐而卒。后三日,门弟子焚居士于野,及视其骨,果锁骨也,支体连贯,若纫缀之状,

风一拂则纤韵徐引。于是里人竞施金钱，建一塔，以居士锁骨瘗于塔中。(出《宣室志》)[1]

《续玄怪录》中亦有前文提到过的延州妇女出锁骨舍利的逸闻："昔延州有妇女，白皙颇有姿貌，年可二十四五。孤行城市，年少之子，悉与之游，狎昵荐枕，一无所却。数年而殁，州人莫不悲惜，共醵丧具为之葬焉，以其无家，瘗于道左。大历中，忽有胡僧自西域来，见墓，遂跌坐具，敬礼焚香，围绕赞叹。数日，人见谓曰：'此一淫纵女子，人尽夫也，以其无属，故瘗于此，和尚何敬耶？'僧曰：'非檀越所知，斯乃大圣，慈悲喜舍，世俗之欲，无不徇焉。此即锁骨菩萨，顺缘已尽，圣者云耳。不信即启以验之。'众人即开墓，视遍身之骨，钩结皆如锁状，果如僧言。州人异之，为设大斋，起塔焉。(出《续玄怪录》)"[2]

牛肃的《纪闻》中也有猪死后火化出舍利的故事："唐开元十八年，京菩提寺有长生猪，体柔肥硕，在寺十余年。其岁猪死。僧焚之，火既烬，灰中得舍利百余粒。(出《纪闻》)"[3]

可以看出，锁骨舍利的观念在唐代流行，一般的居士和前文提到的延州妇女都可以死后得到锁骨舍利，连寺院圈养的长生猪也可以被佛法熏染产生舍利子。可见即身成佛、众生平等均有佛性的观念在唐朝已经基本形成，支持普通民众的佛教舍利信仰。

3. 密宗的双修法术及以染达净的观念

前文已述，延州妇女的故事既反映了唐代的民众对佛法佛舍

---

[1]［宋］李昉等编：《太平广记》卷一〇一，第 680 页。
[2]［宋］李昉等编：《太平广记》卷一〇一，第 682 页。
[3]［宋］李昉等编：《太平广记》卷一〇〇，第 670 页。

利的真实情形,又体现了众生皆有佛性的观念已深入人心。

那么在此故事中还有一点令我迷惑不解的是,在禁欲主义的佛教中,神圣的观音菩萨怎么可能化身为"娼妇"来普度众生?那么,让我们来看一下故事的背景。此事发生在大历年间,正是不空在大肆宣传密宗教义,密宗在唐代大红大紫的鼎盛时期。故事所体现的菩萨以欲施舍众生正是与当时印度密宗要推广的即身成佛的方便法门之一"以染达净"的修行方法有关。印度密教的理论基础就是建立在"女性慈悲之力"的崇拜基础之上的。他们把宇宙间的阴性力量视作万事万物的源泉,通过与女性的接触,体悟生命宇宙的本质。因此,密宗的成佛修炼方法中,最高的就是无上瑜伽部也就是男女双身修法,其最大特点就在于在男女接触中去体悟佛性和宇宙"空"的本质。这是佛教内以欲制欲、以染而达净的修法。女子以爱欲降伏那些阻碍修法的魔障,最后将被降伏者引导到佛智上来。此故事的另一版本是北宋叶廷珪在《海录碎事》中写下的"金沙滩上马郎妇"的故事,更明确地指出了菩萨色诱众生是为了"以染达净"。"释氏书:昔有贤女马郎妇,于金沙滩上施一切人淫。凡与交者,永绝其淫。死,葬后,一梵僧来,云,'求吾侣。'掘开,乃锁子骨。梵僧以杖挑起,升云而去。"[1] 其他佛教经典也能证明这一点。《维摩诘经》记载:"(菩萨)或现作淫女,引诸好色者,先以欲钩牵,后令入佛智。"[2] 即把"欲念"作为导引使人从善信佛。密宗经典《四部平毗那夜迦法》中讲述了观音化为美女,调服毗那夜迦王,以无畏的施予来满足他无穷的欲望,然后以大慈悲心去点化,使他信奉了佛法,并成了佛教的护法神,修成了男女双

---

① [北宋] 叶廷珪:《海录碎事》,北京:中华书局,2002 年,第 251 页。
② [后秦] 鸠摩罗什译:《维摩诘经》,《大正新修大藏经》第五十七册,第 418 页。

身同体的"欢喜佛"的故事 ①。《华严经》中，善财童子被引荐到筏苏蜜多女那儿去，这是一位所谓"淫女"，她要求"如是一切所有众生来诣我所，亲近于我，一切皆得住离贪欲际，入于菩萨一切智地最胜解脱" ②，目的是帮助人们远离欲求，修成正果。澄观在《华严经·普贤行愿品疏》中解释为"在欲行禅"、"处染利他"、"今欲断之，必固纵之"。采用这种以欲止欲，接纳而非苛责，正视而非逃避的方法，使人跳出三界之外。③ 延州妇女应该是取材于佛经中菩萨化为风尘女子以欲勾人使众男子皈依佛法的故事，正是唐代时传入中原的密宗男女双修以染达净观念的体现。更深一步说，这种以"性"作为"方便法门"，"以色度人"的密教义理正是印度原始生殖崇拜的体现。古印度人比中国人更看重"性"的力量，其中以"性力崇拜教派"——"恒特罗"派最为突出。他们崇拜湿婆大神的生殖能力，认为宇宙一切的起源都是在湿婆与莎克蒂的"永恒拥抱"中产生的。这种观念后来被密宗纳入宗教理论之中，成为"以染达净双身修法"的方便法门。因此，延州妇女的故事体现了密教中印度性力的崇拜观与中国传统文化的结合。

但是，在中土传统文化中，这个如妓女般的菩萨是不可能被接受的，于是在锁骨菩萨信仰传播过程中，产生了马郎妇的版本，从故事中看出女主角虽然也是以色诱众人皈依佛法，但是她的性格由"淫荡"变为了"贞洁"。南宋僧人念常在《佛祖历代通载》中记载：

> 马郎妇，不知出处。方唐隆盛，佛教大行。而陕右俗习骑

---

① 《大圣欢喜双身大自在天那夜迦王归依念诵供养法》，《大正新修大藏经》第二十四册，第 303 页。
② 《大方广佛华严经》，《大正新修大藏经》第八十二册，第 716 页。
③ 《华严经》，《大正新修大藏经》第七十册，第 613 页。

射，人性沉鸷，乐于格斗，蔑闻三宝之名，不识为善仪则。妇怜其憨，乃之其所。人见少妇单子，风韵超然，姿貌都雅，幸其无侍卫，无羁属，欲求为眷。曰："我无父母，又鲜兄弟，亦欲有归。不好世财，但有聪明贤善男子年诵得我所持经，则吾愿事之。"男子众争观求之，妇授以《普门品》曰："能一夕通此，则归之。"至明，发诵彻者二十余辈。妇曰："女子一身，家世贞洁，岂以一人而配若等耶？可更别诵。"因授以《金刚般若》，所约如故，至旦通着犹十数。妇更授以《法华经》七轴，约三日通彻此者，定配之。至期，独马氏子得通。妇曰："君既能过众人，可白汝父母，具媒妁聘礼，然后可以姻。盖生人之大节，岂同猥巷不检者乎？"马氏如约具礼迎之。方至，而妇谓曰："适以应接体中不佳，且别室俟少安，与君相见未晚也。"马氏子喜，顿之他房。客未散而妇命终，已而坏烂，顾无如之何，遂卜地葬之。未数日，有老僧紫伽黎，姿貌古野，仗锡来仪。自谓向女子之亲，诣马氏问其所由，马氏引至葬所，随观者甚众。僧以锡拨开，见其尸已化，唯金锁子骨，僧就河浴之，挑于锡上，谓众曰："此圣者，悯汝等障重缠爱，故垂方便化汝，宜思善因，免堕苦海。"忽然飞空而玄。众见悲泣瞻拜。自是陕右奉佛者众，由妇之化也。①

这与唐代之后密教在中国的衰微是有联系的，而更主要的原因还是宋代以来理学家们对"性"的强烈压抑。对人们来说，延州妇女故事中那种突破传统的、明显的"性"描述，实在是太有悖常

① 《佛祖历代通载》[明永乐北藏本]卷二一，《中华大藏经》编辑局编:《中华大藏经》(汉文部分)第 83 册，北京:中华书局，1985 年，第 536 页。

理了,因此很难广为流传。而马郎妇故事中,观音化身招亲少妇,用以身相许为诱饵惩恶劝善,引男子背诵佛经,少妇为了守贞,拒绝与马郎同室,甚至不惜牺牲生命,解释真相的胡僧变为了道行高深的中土老僧,这一系列行为,得到了受礼法观念束缚的百姓的认可,于是,马郎妇的故事广为流传,观音的信仰也大行其道。

三太子赠佛牙舍利和延州锁骨菩萨的传说反映了密教观念盛唐时期在中原本土的流行,但后来受到宋代理学的影响,在中原地区逐渐消失。

4.念《法华经》舌不烂和《金刚经》身不坏观念

唐人笔记小说中有很多念法华经后舌不烂的故事:如张读《宣室志》中记载:"唐贞观中,有王润山悟真寺僧,夜如蓝溪。忽闻有诵法华经者。……明夕,俱于蓝溪听之,乃闻经声自地中发,于是以标表其所。明日穷表下,得一颅骨,在积壤中,其骨槁然,独唇吻与舌,鲜而且润,遂持归寺,乃以石函置于千佛殿西轩下。自是每夕,常有诵法华经声在石函中。(出《宣室志》悟真寺僧)"①《法苑珠林》中亦有记载:"后魏末,齐州释志湛者,住太山北邃谷中衔草寺。省事少言,人鸟不乱,恒诵法华。将终时,神僧宝志谓梁武帝曰:'北方衔草寺须陀洹圣僧,今日灭度。'湛之亡也。无恼而化。两手各舒一指,有梵僧云:'斯初果人也。'还葬山中。后发看之,唯舌如故。众为立塔表焉。"②

颂法华经可使舌不烂与《法华经》本身的内容有关。《法华经》法师功德品第十九中有一段称常颂《法华经》即可修得舌功德:"尔时佛告常精进菩萨摩诃萨,若善男子、善女人,受持是法华经,

①〔宋〕李昉等编:《太平广记》卷一〇九,第747页。
②〔宋〕李昉等编:《太平广记》卷一〇九,第742页。

若读、若诵、若解说、若书写,是人当得八百眼功德、千二百耳功德、八百鼻功德、千二百舌功德、八百身功德、千二百意功德,以是功德、庄严六根,皆令清净。"

偈语曰:"是人舌根净,终不受恶味。其有所食啖,悉皆成甘露。以深净妙声,于大众说法。以诸因缘喻,引导众生心。闻者皆欢喜,设诸上供养。"[①] 修得舌功德意味着说法讲经口才高超,能够传播妙法普度众生,这是大乘僧人毕生的愿望。这一愿望与佛教最高的追求涅槃后留下舍利相结合产生了"舌不坏"的期许。以诵《法华经》而舌不烂证明自己既修得了讲经的能力,也达到了涅槃的境界。《太平广记》的"舌不烂"故事均以僧人为主,翻译过《法华经》的雄辩法师鸠摩罗什就曾发愿自己"若所传无谬者,当使焚身之后,舌不焦烂",圆寂焚身之后果然"薪灭形碎,唯舌不灰耳"[②]。与之相似的是唐代僧人释道裕:"唐释道俗者,不测所由,止醴泉山原,诵《法华经》为业,乃至遍数千。贞观中,因疾将终,告友人慧廓禅师曰:'此虽诵经,意望有验。吾死之后,当以十年为限,试发视之。若舌朽灭,知诵无功,若舌如初,为起一塔,庶生俗信。'言讫而终。至十一年,依言发之,身肉都尽,唯舌不朽。一县士女,咸共赞叹,乃函盛舌本,起塔于甘谷岸上。(出《法苑珠林》)"[③] 可见"不烂之舌"是对说法功德显著的僧人的最高评价。总之,诵《法华经》舌不烂与《法华经》中宣传的奉颂此经即可修得说法的舌功德和僧人们的涅槃理想有密切的关系,不烂之舌的故事反映了隋唐时期僧人对于说法能力的重视。在宋元时期讲经与话本文学相结合后,

---

① 《法华经》,《大正新修大藏经》第四十二册,第 216 页。
② [宋]李昉等编:《太平广记》卷八九,第 585 页。
③ [宋]李昉等编:《太平广记》卷一〇九,第 747 页。

"不烂之舌"便从赞美僧侣的说法能力演变成用来比喻能言善辩的说书艺人，进而与《史记》中形容人善于雄辩"毛遂自荐"的"三寸之舌"相结合，产生了"三寸不烂之舌"这一"成语"。①

念《金刚经》可使肉身不坏的观念也颇为流行，《太平广记》中对此有很多记载。《酉阳杂俎》中讲述了河氏妻念《金刚经》预知死期坐化成肉身舍利的故事。"何轸以鬻贩为业。妻刘氏，少断酒肉，常持《金刚经》。先焚香像前，愿年止四十五，临终心不乱，先知死日。至唐大和四年冬，四十五矣，悉舍资装供僧，欲入岁，遍别亲故。……至岁除日，请僧授八关，沐浴更衣，独处一室，跌坐高声念经，及辨色悄然。儿女排室看之，已卒，顶热灼手，状貌若生。轸以僧礼塔葬，在荆州北部。（出《酉阳杂俎》）"②《法苑殊林》亦有金刚经护佑念经死僧肉身的事例。"唐显庆中，平州人孙寿于海滨游猎，遇野火，草木荡尽。唯有一丛茂草，独不焚，疑草中有伏兽。遂烛之以火，竟不爇。寿甚怪之，入草中窥视，乃获一函《金刚般若经》，其旁又有一死僧，颜色不变。火不延燎，盖由此也。始知经像非凡所测，孙寿亲自说之。（出《法苑殊林》）"③

《金刚经》的内容虽然宣扬佛法的神威及般若性空论，但是从未提及念此经可修得不坏之身，那么为什么会产生诵《金刚经》肉身不坏的观念呢？这要从《金刚经》本身的名称和唐代《金刚经》信仰的观念说起。《金刚经》全称《能断金刚般若波罗蜜经》，又称《金刚般若波罗蜜经》。"金刚"是金中之精坚者（即金刚石），百炼不销，能断万物，佛教以此来比喻佛法，喻其能断除人的贪欲恶习

---

① 参考刘影：《"三寸不烂之舌"与〈法华经〉》，《文史知识》，2007 年第 6 期。
②［宋］李昉等编：《太平广记》卷一〇八，第 730 页。
③［宋］李昉等编：《太平广记》卷一〇三，第 693 页。

和种种颠倒虚妄之见。"般若"为梵语音译,意指明见一切事物及道理的高深智慧。"波罗蜜"亦为梵语音译,意为到彼岸,即离生死此岸,渡烦恼中流,达涅槃彼岸。① 而"金刚"一词在其他经中也常常被比作释迦牟尼的法身(佛法)。《大宝积经》卷五二:"如来身者,即是法身,金刚之身,不可坏身,坚固之身,超于三界最胜之身。"② 进而又自法身不坏中引出以金刚比喻肉身的内涵:如《涅槃经》卷三:"云何得长寿,金刚不坏身。"③ 金刚不坏身于是有了肉身舍利的含义,在中国肉身不坏就意味着道家所追求的长生不老,故唐代广宣《安国寺随驾幸兴唐观应制》有诗曰:"初传宝诀长生术,已证金刚不坏身。"金刚不坏身已完全与肉身不坏等同起来。而《金刚经》自传译到中土,就成为一部家喻户晓的佛教经典,达到了几乎人人持诵,家家传习的程度。唐代诵读《金刚经》能够逢凶化吉保佑平安的观念已广泛存在。《太平广记》中《金刚经》报应的条目之下,有近九十多条念《金刚经》求得神佛保佑化险为夷的小故事④,与以僧人为主的舌不烂传说相比,《金刚经》使肉身不坏的故事一般发生在普通百姓身上。在不懂佛法的民众心中,《金刚经》的"金刚"二字恰恰又能与"金刚不坏身"联系起来,因而产生诵读《金刚经》得金刚不坏肉身的观念也不足为怪了。总之,持念《法华经》舌不坏的观念反映了唐代僧侣们追求讲经普度众生的能力和超世的涅槃理想,而一般百姓心中诵读《金刚经》会求得不坏之身则反映了他们对于永生的追求。僧侣的超脱轮回理想与百姓的追求永生的求佛目的同时存在于唐朝,体现了唐代佛教在中土

① 杜正乾:《金刚经研究述评》,《五台山研究》,2007 年第 1 期。
② 北大藏影印本《大宝积经》,台南:和裕出版社,1999 年,第 56 页。
③《涅槃经》,《大正新修大藏经》第五十一册,第 320 页。
④ [宋]李昉等编:《太平广记》卷一〇二——〇七,第 684—738 页。

的传播过程中，一方面保留了部分佛法的原貌，另一方面顺应了百姓的世俗需求。

三、结论

从下层民众信奉舍利的盲目疯狂和舍利故事反映的佛教观念中，我们也看到了大乘佛教俗说宣传的威力。佛舍利由佛祖大智大慧的象征神化成了可以护佑一切的圣物。产生舍利子的条件由深悟佛法精进修行转变成了念念佛经、受到佛教的熏染就可以练就不坏之身，甚至是寺院中的动物也可以产生舍利，这正是为了证明众生平等、万物皆有佛性的传教理念。而本是护法天王的毗沙门天却成了军神，在穷兵黩武的唐代被看作护国主和财神爷。就连中国人最忌讳的"性"也成了即身成佛的方便法门，造就了锁骨菩萨的艳情传说，但又通不过理学家们的道德审查，便穿上了贞洁的外衣，保留了色诱度人的本质，成了贞洁神圣的马郎妇，大为中土人士所信奉。为了传播艰涩难懂的佛经、佛教义理，佛僧在民间创造出诵经舌不坏身不烂的传说，迎合了民众追求长生的愿望，把佛经崇拜、诵读推向了一日念百遍的极致。总之，佛教的俗说满足了人们对神灵救赎、平等、金钱的渴望以及对食色之欲、彼岸世界的追求，还有永生的渴望等几乎所有的人性中最基本的和终极的需求，使人们在对佛教的无限投入和期待中得到了心灵的释放与满足，这一点相比于只关注现实"未知生焉知死"、"敬鬼神而远之"的儒教和追究自由、洒脱隐逸的老庄之学以及追求羽化成仙超脱尘世的道教要更胜一筹。再加上佛教能因俗（本土文化）而传，在宋明理学发达的情况下脱去密宗及其他宗派中"性力崇拜"、"度入空门，切断尘缘"等与礼教相悖的成分，因而能够博得民众的认可，成为中国这个以儒家功利思想为主导的祖先崇拜、泛神灵文化中主要供奉（而非虔诚信仰）的宗教。可以说，并不是佛教的佛法精辟和佛祖舍利本身促成了佛教的广泛传播，而是僧人们适应当地文化和民众心态所创造的"俗说"使得佛祖的法身舍利能够代代相传，佛教传教过程中的"因缘点化"、"依人传法"、"方便法门"正是佛教成就金刚不坏之身的无上大法。

跋

岁在辛丑(2021年)深秋霜降前一天,格非走了,永远离开了这个世界。她的生命就像划过苍穹的一颗彗星,绚烂而短暂。说好了,等父亲退休之后,父女俩一起研究历史,写文章、著书立说,怎么就爽约了。风华正茂的三十三岁,多少事在等着她去做,多少世间万象等着她去经历和琢磨。可她走了,只留着这本厚重深邃的文集,将自己的纯净和睿思融入了深邃的永恒。

这年初,格非把《乾隆皇帝〈岱庙汉柏图〉的历史文化意义》一文提纲拿给我征求意见,又言《黑龙江民族丛刊》将发表她的《清代帝后谥号与宫廷政治格局变迁》论文,不久就要评上副高职称了,喜悦之情溢于言表。中秋后,我应邀返校到保定参加河北大学百年校庆,回京后陪同国际儒学联合会刘延东会长参观中国佛学院。那天,中国佛教协会会长演觉上师展示了刚刚评为国家级学术核心期刊的《中国佛学》首期样刊。该期第一篇论文就是格非的《辽代〈称赞大乘功德经〉金铭版本考》。在场的北京大学燕京学堂院长袁明教授惊喜地说:"这孩子是我看着长大的,她聪明刻苦又家学渊源。"

谁曾想天妒英才,噩耗降临!

我和格非的母亲身负难以承受的悲痛,在亲朋好友的帮助下,于疫情期间为孩子料理后事。白发人送黑发人,怎不心力交瘁。面对格非留下的大量学术文章和研究成果怎么办？总不能给孩子留下遗憾吧！此时，格非的同事好友、华艺出版社编辑部主任殷芳先生、编辑郑再帅先生主动提出，愿意整理格非的全部遗作。他们是格非学术上的搭档和同窗，为拯救满语、留下纯正京城满音，2011年春天，三人共同承担了华艺出版社《满语口语音典》出版项目。为此，他们拜谒晚清顺承郡王爱新觉罗文葵的胞弟、北京市文史研究馆馆员、国际知名满语口语专家、满学家瀛生先生，之后师从瀛老学习满语语音。他们又向中国社会科学院民族文学研究所研究员、资深满文专家、萨满文化研究学者宋和平教授系统学习满文语法和词汇翻译。他们还合作在《中国民族语言学报》上发表了论文《满语口语音变试析》。因对格非这般熟稔，故而使其文集编辑工作进展神速。

　　面临选择出版社时，格非的另一位好友、北大文科状元、休宁才子吴浩教授出手鼎力相助。吴浩教授是北京外国语大学丝绸之路研究院执行院长、外语教学与研究出版社人文社科分社社长，兼任《中华读书报》国际文化专刊主编，他曾为格非许多文章的发表颇费心力。辛丑芒种时节，他邀约我带着格非与中国佛教协会刘威秘书长、中国佛学院李贺敏处长在广济寺小聚；后又促成格非与广济寺妙林法师、佛学院可潜法师、《中国佛学》主编思和法师相识并切磋佛学。辛丑小暑时节，吴院长安排格非在香山李石曾先生别墅小南园与京城学人、高僧品茗雅集。格非病逝后，吴院长几次与我讲，"文章千古事"，格非的文集学术性强，选出版社非中华书局莫属。不久，他引介中华书局俞国林副总编辑、白爱虎编辑承担文集的编辑工作。俞副总编辑是学术出版名家，著有《水村图索隐》，主持编辑出版过《顾颉刚全集》《容庚学术著作全集》。他学养深厚、功底扎实，始终把握文集编纂的基调，为其出版奠定了根基。责任编辑白爱虎先生，少年老成，博古通今，编辑过大量古典文献和名家著述,与学术界宿儒及其后代多有交往。他在文集编校过程中,查注解、核史实、补缺漏,念兹在兹,付出极大的辛劳。我的同事毕志勇先生,多年来把格非当作小妹妹,一直关心爱护,他在整理文集过程中,担负了烦琐的各方联系工作,任劳任怨。我的弟子、四川美术学院王灏教授,以其当世少有的油画、国画、书法、篆刻和摄影综合艺术天赋,筹划设计格非纪念册,为世人怀念她,添加了斑斓的文化艺术色彩。

经过近两年的努力,岁在癸卯(2023年)的寒露时节,格非的文集初稿成形了。我怀着忐忑的心情邀请闻名海内外的清史专家刘小萌教授、张永江教授为书作序。两位先生是当代清史研究领域的学术重镇和学科翘楚,他们在百忙中欣然应允,在不长的时间里写下了既有史学家大气峥嵘又饱含师生情感的文字,可谓“字字珠玑”。

刘小萌教授是我河北大学的校友、学长,中国社会科学院近代史研究所研究员、清史专家。他的序言回忆了与格非交往的点点滴滴,对格非学术研究成果及意义做了全面的点评,展现了敏锐的学术辨析能力。他指出了未来清史研究的方向,也期许后学们效仿格非,在做学问上要“通博”且“专精”。小萌教授是看着格非长大的,序言中他以长辈的视角讲述了许多格非学习、工作、生活中为人处事的故事,称赞她的品德,哀痛她的早殇,文字锥心刻骨,读来催人泪下。

张永江教授是中国人民大学历史学院教授、清史研究所研究员,清史和蒙古学研究专家。他是格非研究生的指导老师。他的序言《静美格非》以极富情感的文字,描述了学生时代的格非,对她治学方向的确定,优良的学术潜质和锲而不舍、大器早成的学术抱负,条分缕析、娓娓道来。永江教授极为赞赏格非的问学态度和研究开拓能力,曾多次讲到,格非是他所带研究生中最不费力的一个。中国传统对逝去者一生之总结,常用“盖棺论定”形容。“论定"是用极其精炼的词汇概括逝者的生命底色。永江教授用几乎是诔文体的《静美格非》作为代序，着实良苦用心，令人感动，"静美"二字不啻"谥"乎！

格非在故宫工作八年，她热爱自己的本职和研究事业，更是将世界文化瑰宝——故宫视为纯净心灵的"世外桃源"。格非病故后，故宫博物院王旭东院长，娄玮、任万平、王跃工副院长在格非治丧期间，不仅给予家人亲属亲切的慰问，更以单位撰写生平的方式，给予格非极高的评价与赞誉。故宫博物院宫廷部主任、清史专家严勇先生是格非的直接领导，他回忆起格非八年的工作经历，佩服她为人谦和，娴淑雅静，做事严谨，学术研究一丝不苟。他回忆起为纪念故宫紫禁城落成600周年，格非全力以赴地参加各类布展和恢复宫廷陈列等工作，特别是完成了清皇室祭祀祖先的家庙——奉先殿内35件帝后神牌的满汉文字复原及恢复皇室祖宗牌位原状陈列的任务。在故宫，格非人生最后的工作何尝不是如《论语》中曾子所言"慎终追远，民德归厚矣"。她在"克绍箕裘""慎思明辨"的学术研究与锐意事功中，实现了生命的自觉，达到了她企望的"曼陀罗"境界。

岁在壬寅（2022年）清明前，格非下葬那一天巳时，亲友们把她发表的《辽代〈称赞大乘功德经〉金铭版本考》一文与骨植同窆，以安灵魂，而晴天丽日忽起大风，一刻即止，后得知那阵风竟然吹倒了故宫太和殿正面的一扇高大的门。我宁愿相信这前所未有的现象，是格非的魂魄眷恋着故宫和她的研究事业。

　　　　人间二月风满天，同日惊闻太和殿。
　　　　门启兜率知接引，墓掩泉壤忘流连。
　　　　卅载生命通须弥，万言经籍惟佛篇。

星耀三垣添新宿,永怀格非八宝山。

格非去世一年后的秋天,岁在壬寅寒露时节,故宫举办了名为"照见天地心"的《中国古代书房文化展览》。在午门和东西燕翅楼内,文物异彩纷呈,展柜鳞次栉比,展览结尾处赫然摆放着一本《紫禁城》杂志"照见天地心"专集,格非那篇《乾隆皇帝〈岱庙汉柏图〉的历史文化意义》文章名列封面。当此际,她文集的编纂也已展开,一首《苏幕遮》悼词描摹了那天的心境。

叶纷黄,霜染地,斗转偏西,画就夕阳气。燕翅楼长牵万里,照见天心,汉柏书绝笔。 永相隔,泪滴忆,卅载亲情,处处温馨记。梦闻呼父诗句觅,醒校遗篇,字字春秋力。

格非的文集即将付梓,刘小萌教授序言中评价这是格非"十年寒窗,焚膏继晷"之后的升华,是她短暂学术生涯取得的丰硕成果;张永江教授序言中讲这是格非"人生三不朽"之一"立言"的体现。然而,法相森严,缘会为证,成就一个人和一个人成就一件事,万缘因果蕴含其中。正是有那么多格非的恩师、领导、同窗、同事和朋友在她生命历程中给予她教诲、关爱和帮助,才使她能够写下、发表这些文字并令之结集出版,流传人间。我和格非的母亲唯有心存感恩,方能替格非表达万分的谢忱!格非有这样的恩师、领导、同窗、同事和朋友,不枉此生!人间有这样一本传世之作,也足以告慰格非在天之灵!

辛 旗

二〇二三年十月二十二日